자비중심치료 경험하기

치료자를 위한 자기연습 · 자기성찰 훈련 워크북

Russell L. Kolts · Tobyn Bell · James Bennett-Levy · Chris Irons 공저
조현주 · 강민정 · 변서영 공역

Experiencing Compassion-Focused Therapy from the Inside Out

A Self-Practice/Self-Reflection Workbook for Therapists

학지사

Experiencing Compassion-Focused Therapy from the Inside Out:
A Self-Practice/Self-Reflection Workbook for Therapists
by Russell L. Kolts, Tobyn Bell, James Bennett-Levy, and Chris Irons

역자 서문

자비중심치료는 영국의 임상심리학자인 폴 길버트(Paul Gilbert)가 만성 우울장애의 경계선 성격의 특징을 지닌 제인을 심리치료하면서 발전시킨 이론이다. 제인은 입양아로 자신은 '실패자이고 버림받았다'는 생각에 인지행동치료의 대안적 사고 훈련에도 불구하고, 기분의 변화가 일어나지 않았다. 제인은 그런 자신을 혐오했으므로 스스로를 수용하고 친절하게 대하는 데 어려움을 겪었다. 이처럼 정서적 외상 기억으로 수치심이 강한 내담자는 자신을 비난하는 냉혹한 내면의 목소리가 있어서 인지적 접근의 한계가 있었다. 이에 길버트는 제인에게 긍정 정서를 활성화하는 데 초점을 두고, 심상화 작업(이상적인 자비상의 붓다)과 힘든 상황에 적응적으로 대응하는 훈련을 한 뒤 우울장애의 재발을 막을 수 있었다. 길버트는 이러한 자신의 임상 사례 경험을 토대로 진화심리학, 뇌신경과학, 애착 발달 이론, 사회적 정신화 이론 등을 통합하여 자비중심치료 이론을 구축하였다. 이후 자비중심치료는 다양한 임상 장애 환자에게 적용하는 사전-사후 개입 연구에서 뇌신경생리화학적 연구, 무선할당 연구(RCT)로 확장하면서, 증거 기반 이론의 통합적 심리치료로 진화하고 있다. 역자는 처음 '자비중심치료'를 우리나라에 소개한 이후, 과학적 연구와 불교적 관점을 통합한 『마음챙김과 자비』 그리고 자비중심치료의 임상 실제에 관한 『임상가를 위한 자비중심치료 가이드북』을 번역하였다. 그러나 여전히 자비중심치료를 임상적으로 적용하는 데에 한계를 느끼던 시점에서, 이 책을 만났다.

이 책은 임상가가 내담자에게 자비중심치료를 적용하기 전에, 먼저 치료자 자신이 이 이론을 스스로에게 적용하여 연습(self practice: SP)하고 개인 및 전문적인 측면에서 성찰(self reflection: SR)하는 훈련으로 구성되어 있다. 일찍이 심리치료의 선구자인 프로이트는 정신분석 훈련에서 개인치료(교육분석)의 중요성을 강조하였다. 이후 마음챙김 기반 치료 프로그램이 등장하면서, 치료의 자기연습 및 성찰이 치료 훈련과 개인/전문적 발달에 중요하다는 인식이 증가하였다. J. Bennett-Levy와 A. Finlay-Jones의 개인 연습(the

Personal Practice: PP) 모델에 따르면, 개인 연습은 개인적 자기에서 자기인식과 대인관계 신념 및 태도가 증진하며 성찰을 통해 치료자의 기술 발달로 이어져 궁극적으로 개인적 자기와 치료자적 자기를 통합하는 효과적인 훈련이라고 설명한다. J. Bennett-Levy의 인지행동치료를 필두로 여러 저자들이 자비중심치료, 스키마 치료, 수용전념치료 등 심리치료의 SP/SR 시리즈를 길포드 사에서 출판하고 있다. 이 책 역시 이 시리즈 중 하나로 자비중심치료의 SP/SR 훈련을 통해 치료자 개인의 삶을 보살피고 안녕감을 증진하는 동시에 전문가로서 치료적 기술을 숙달하는 데 주안점을 두었다.

자비중심치료는 진화심리학의 입장에서, 인간의 고통은 구뇌와 신뇌의 끊임없는 상호작용에 의한 진화적 적응의 결과로서 '당신 잘못이 아니다'라는 데 깊이 공감하며, 이에 자비롭게 대응하도록 안내한다. 구체적으로 우리의 뇌 속에는 세 정서 시스템이 존재하는데 구뇌의 각 시스템은 동기-정서-생리화학-행동 반응을 활성화하면서 사고 기능인 신뇌와 끊임없이 상호작용한다는 것이다. 예를 들면, 위협-보호 시스템은 내외부 위협 상황으로부터 유기체를 보호하기 위해 동기화되어 부정 정서를 유발하여 행동 반응하도록 이끌고, 추동-활력 시스템은 자원을 확보하고 성취하도록 동기화하여 고각성 긍정 정서를 유발한다. 진정-친화 시스템은 안정된 관계 속에서 심신을 달래고 보살피도록 동기화된 긍정 정서의 자비 기반 행동을 이끈다. 이러한 뇌 작용은 유전 그리고 사회문화 환경적 경험에 의해 조형되므로, 이들의 작동 원리를 명료하게 알아차리고 세 정서 시스템의 균형을 맞출 수 있도록 도와야 한다. 특히, 현대인들은 경쟁적이고 성취 지향적인 환경에 노출되어 주로 위협-보호 시스템과 추동-활력 시스템이 과잉 활성화되어 다양한 정신신체병리에 취약해질 수 있으므로, 진정-친화 시스템을 활성화하는 다양한 방법을 통해 세 정서 시스템의 균형을 맞추는 것이 필요하다.

따라서 이 책은 자비중심치료에 관심 있는 정신건강 전문가들뿐만 아니라 정서적 소진으로 자기돌봄이 필요한 직업인들 나아가 정신건강에 관심 있는 일반인에게도 비교적 쉽게 다가갈 수 있는 자기 치유서이자 훈련서라고 할 수 있다. 이 책은 영남대학교 박사과정을 수료한 강민정 선생님과 변서영 선생님이 초벌 번역을 진행하였고, 이후 1저자가 초벌 번역과 원저자의 문장을 줄 단위로 검토하면서 재수정하는 작업을 통해 완성하였다. 번역은 원저자의 의미를 담는 데 역자의 부족함을 마주하게 되는 불편한 작업이기도 하다. 그럼에도 불구하고 자비중심치료 관련 책을 계속해서 소개하는 것은 앞으로만 달려가는 현대인들에게 잠시 멈추고 스스로를 보살피고 되돌아보면서 전문가로서의 삶뿐만 아니라 개인적 삶에서도 재충전하는 데 조금이라도 보탬이 되고자 하는 마음 때문이다. 끝으로, 자비중심치료 관련 책을 소개할 수 있도록 계속해서 지원해 주신 학지사의 김진환 사장님과 원고를 편집하는 과정에서 자료를 꼼꼼하게 검토해 주고 예쁘게 편집해 주신 이세희 선생님께도 깊이 감사드린다.

2025. 7.

조현주

서문

심리치료는 우리 자신의 마음을 통해 타인의 마음을 이해하고, 그 마음이 표현되고 치유되며 변화할 수 있도록 상호작용을 이끄는 과정이다. 정신분석 심리치료 초기에는 치료자가 내담자의 마음을 탐색할 때, 자신의 방어기제에 얽매여 투사하지 않도록 충분한 개인적 통찰과 자각을 가져야 한다는 인식이 있었다. 따라서 치료자의 개인적 치료와 경험은 훈련에 필수적인 부분이었다(Ellenberger, 1970). 물론 이러한 이해는 새로운 것이 아니다. 수천 년 동안 명상 전통에서도 우리 자신이 그 길을 걷지 않는다면 다른 사람에게 '깨달음'을 주고 본질적인 삶의 고통에 동참하도록 도울 수 없다는 것을 인식하고 있었다. 두 전통 모두 자신에 대한 통찰이 필수적인 것으로 간주되었다.

그러나 인지행동치료(CBT)가 등장하면서, 심리치료 개입은 더욱 기술적이고 기법 중심으로 변화했다. 인지적 재평가와 마찬가지로 행동 수정 및 노출이 개입의 초점이 되었으며, 치료자의 마음은 희미한 배경으로 남았다. 실제로 인지행동치료 초창기에는 치료자는 자신에 대한 통찰이 거의 없어도 치료자가 될 수 있었다. 대부분 CBT 치료자들은 CBT를 전달하는 과정에서 치료자의 경험을 강조하지 않았기 때문에, 자신이 적용하는 기법이나 기술들을 개인적으로 경험하지 못했을 수도 있다. 이는 암을 치료하기 위해서 암에 걸릴 필요가 없으며, 실력 있는 외과 의사가 되기 위해 수술 받는 경험이 필요한 것은 아니라는 의학적 접근과 다소 유사하다. 그러나 심리치료를 배우는 것은 외과 의사들에게 필요한 기술을 배우는 것과 같지 않고, 오히려 운전을 배우고 운전을 가르치는 것과 더 가깝다. 이 비유에 따르면 당신의 마음은 자동차와 같다. 당신이 많은 자동차들을 타 봤을지라도, 실제로 운전을 해 봐야지 운전 실력이 좋아질 수 있다. 실질적인 운전 경험을 통해 도로 상황에서 순간순간 반응하기 위한 기술을 닦을 수 있는 것이다. 운전은 기어를 바꾸고, 가속 또는 브레이크 페달을 밟으며, 대화를 할 수도 있고, 다른 운전자, 도로 상황, 그리고 여행 방향을 모니터링을 하는 등 멀티테스킹이 수반하는 특별한 행동이다.

치료자로서 우리는 우리 안에서 일어나는 다양한 경험들을 동시에 놓치지 않고 유지해야 한다. 우리는 상호작용의 흐름을 자동적으로 감지하고 반응하면서, 내담자에게 무슨 일이 일어나고 있는지 이해하고, 어떻게 하면 가장 도움될 수 있는지를 결정한다. 실제로, 우리는 때때로 기술적으로 정확하게 행하려고 너무 집중하느라 내담자와 공감적인 접촉을 놓칠 수 있다. 만약 당신이 좀 더 능숙한 운전자가 되고 싶다면, 단지 온라인 과정만 듣는 것이 아니라 실제로 난코스를 운전하게 되는 고급 운전 코스 과정을 수강할 것이다. 마찬가지로 만약 당신이 숙련된 치료자가 되고 싶다면, 물론 치료 기술들은 필수적이지만 치료 과정에서 순간순간 느끼는 것에 더 큰 통찰력을 갖는 것이 엄청난 도움이 될 것이다. 그것은 선언적 지식(declarative knowledge)과 절차적 지식(procedural knowledge)의 문제를 제기하는 것이며, 여러 면에서 이 책의 초점이 된다.

'자기탐색(Inside out)'의 심리치료 접근은 저자 중 한 명인 제임스 베넷-레비(James Bennett-Levy)의 핵심적인 열정이다. 그는 치료적 기술이 자기연습(self-practice)과 자기성찰(self-reflection)을 통한 학습과 접목되는 것이 지속적인 치료적 발달의 핵심이라고 언급하였다. 이러한 접근 방식에서, 치료자는 그 과정에 대해 호기심을 가져야 한다. 개방적인 호기심을 유지하기 위해서는 우리 자신에게 치료적 개입을 투영함으로써 가능하다. 결과적으로 우리는 예상치 못한 어려움, 두려움, 장애물, 그리고 저항을 발견하고 때때로 단순히 "어, 내가 미처 그건 몰랐네"를 관찰하면서 치료 기법에 대한 내적 경험을 얻게 된다. 마찬가지로 중요한 것은 자비로운 마음을 계발을 통해 변화 과정을 관찰하고 인내하고, 공감하고, 안정감을 느끼고, 세상에 대해 온화하게 바라보고 갈등과 패배를 다양한 방식으로 다루고, 자기비난 이면에 있는 두려움을 조율해서 자신 및 타인에 대해서 자비로운 방향으로 대체하는 능력을 강화하고 발전하는 것을 관찰하기 시작한다는 것이다. 또한 용기 있는 헌신을 발달시킨다. 자비로운 마음을 함양하는 것은 우리에게 평화로움과 심지어 기쁨을 느낄 수 있게 하며, 보다 마음챙김하며 생활하고, 우리 주변 세상의 감각적 복잡성에 대해 감사하고 음미할 수 있게 한다.

이 책은 당신 자신의 진실한 경험을 통해 자비로운 마음 훈련을 배우도록 돕고자 고안되었다. 진정한 경험은 삶에 접근하고 치료실에서 작업하는 방식에 강력한 변화를 일으킬 수 있다. 그럼으로써 당신이 매우 자비로운 태도로 삶에 접근할 수 있도록 인간의 마음에 대한 특정 모델과 마음을 함양하는 방법에 대해 생각해 보도록 한다. 이는 도전이다. 자비중심치료(Compassion-focused therapy: CFT)는 사고 및 정서 모니터링, 유추적 연결, 재평가, 행동 노출, 예행연습 등 잘 정립된 여러 심리치료적 개입들을 활용하는 통합적 심리치료이다. 이러한 훈련들은 앞으로 만나게 될 것이다. 우리가 '자비로운 자기(compassionate self)'라고 부르는 특정 패턴을 구축하고, 탐구하고, 함양하게 되면, 당신은 자비로운 사람이 되는 것이 어떨지, 그리고 이러한 자비로운 관점에서 자신이 어떻게 느끼고 생각하고 행동할지 상상을 유도하는 연기 기법들에 참여할 것이다. 또한 자비로운 마음 훈련은 동양의 명상적 전통에서 발견된 특성들을 많이 공유하고 있는데, 예를 들어 마음챙김, 그라운딩(grounding), 신체작업, 그리고 자비로운 자기계발(불교에서는 보리심 수양이라고 부름)이 있다. 자기훈련은 항상 지도자 또는 멘토의 지도가 필요하다. 이 책은 안내된 발견(guided discovery), 개인적 실험, 훈련, 그리고 성찰 과정을 중심으로 구성된 일종의 자기탐색 멘토링(mentorship)을 경험하도록 고안하였다.

이 책에서 마주하게 될 다양한 연습을 통해 자비로운 자기를 구축하는 것은 미주신경, 자율신경계의 패턴화, 전두엽, 그리고 옥시토신 시스템과 연결되어 있는 특정 종류의 생리적 패턴들을 자극하기 위한 것이기도 하다. 이 요소들이 중요한 이유는 우리가 힘겹거나 두려운 것들을 대하기 위해 이러한 생리적 패턴들을 사용하기 때문이다. CFT에는 위협 처리 과정의 진화 기반 조절자인 자비의 생리적 패턴을 만들어 내기 위해 고안된 모델이 있다. 예를 들어, 아이들은 그들이 어머니로부터 받는 자비롭고 친절한 신호를 통해 진정될 수 있도록 생물학적으로 준비되어 있다. 그래서 자비 그 자체는 그라운딩 경험을 제공하며, 이는 사람들이 압도당하거나 괴로울 때 돌아갈 수 있는 안전 기지와 같은 것이다. 게다가 자비로운 상태는 전두엽에 영향을 미쳐, 곧바로 둔감해지면 얻을 수 없는 색다른 통찰을 가질 수 있게 해 준다.

자비중심치료

자비중심치료(CFT)의 주요 초점은 인간 조건의 본질인 고통의 본질, 즉 우리가 어떻게 그리고 왜 고통을 겪고 있으며 이것에 대해 무엇을 할 수 있는지를 다루는 것이다(Gilbert, 2009, 2010, 2014). 이것은 2,500여 년 전 싯다르타가 깨달음을 얻고 부처(말 그대로 깨달은 자를 의미함)가 되기 위한 여정에서 추구했던 것이기도 하다. 지금과 마찬가지로 그 당시에도 존재의 본질과 매 순간 변화하며 찰라적인 속성에 대해 깊게 성찰한 것이다. 우리는 모두 유전적으로 유도된 생물학적으로 유한한 존재로 태어나고, 성장하고,

쇠퇴하고, 죽는다는 사실을 목격하게 된다. 우리는 선과 악의 상호 의존성이 높은 세계에서 질병과 부상에 취약하다. CFT는 인간 존재의 본질에 대한 새롭고 오래된 통찰 외에도, 진화생물학적 존재로서 우리 자신에 대한 이해가 마음의 본질과 고통에 대한 취약성에 어떤 영향을 미치는지, 그리고 이러한 상황에 나타난 도전들을 어떻게 대처해 나가는지 등 초기의 정신역동적 질문들을 다시 불러일으킨다.

그래서 이 책은 지극히 개인적이고 때때로 도전적인 CFT에 대한 입문서이다. 우리는 두려움, 증오, 동경, 사랑, 슬픔이 가능한 뇌를 가지고 있다는 인간의 보편성과 우리가 무엇에 사로잡혀 있는지에 대해 성찰하는 시간을 가질 필요가 있다. 우리의 뇌 안에는 포유류의 역사가 담겨 있다. 2백만 년 전, 영장류들 중 하나인 인간은 어떤 동물도 가지고 있지 않은 사고, 상상, 그리고 특별한 종류의 통찰력과 알아차림 능력을 갖춘 새로운 역량을 진화시키기 시작했다. 자연은 인간의 마음을 탄생시켰다. 우리는 마음의 내용을 의도적으로 알아차릴 수 있는 의식을 갖게 되었다. 우리 자신이 우리의 생각에 어떻게 융합되었는지 얘기하는 치료들이 있지만, CFT는 우리가 어떻게 의식과 내용을 혼동하는지 알고, 우리 자신을 이야기 속의 인물 내용에 의해 정의하기보다는 그 내용을 관찰할 수 있도록 알아차림하는 것을 강조한다. 나는 화가 난 사람인가 아니면 분노를 경험하는 의식인가? 나는 트라우마를 경험한 사람인가, 아니면 트라우마에 반응하는 뇌의 결과를 경험하는 의식인가?

불교학자 마티유 리카르(Matthieu Ricard)는 종종 마음은 물과 같아서 독이나 약을 담을 수 있지만, 독도 약도 아니며, 만약 둘 중 하나에 동일시하면 혼스러워진다고 말한 바 있다. 마음은 많은 것을 비출 수 있지만 비추는 대상에 의해 정의되지 않는 스포트라이트와 같다. CFT가 진화적인 접근 방식을 취하는 것은 사람들이 마음의 내용의 본질을 이해하도록 돕고, 마음의 내용의 특정 측면을 과도하게 동일시하는 것에 거리를 둘 수 있도록 돕는다. 때로 사람들은 스스로를 '화난 사람' 또는 '트라우마가 있는 사람' 또는 '슬픈 사람…… 또는 행복한 사람…… 또는 영리한 사람…… 또는 멍청한 사람'이라고 생각한다. 그러나 이런 것들은 모두 각각 다른 시간대에 마주하거나 재현하는 경험 패턴에 대한 개별적인 꼬리표일 뿐이지 궁극적으로 우리 자신을 정의하지는 않는다. 대니얼 시겔(Daniel Siegel, 2016)에 따르면, 심리치료는 우리 안에 있는 다양한 과정을 지나치게 동일시하지 않고 이들을 인식하기 시작하면서 점진적으로 분화되고, 변화를 일으켜 통합을 가능하게 하는 과정이라고 말한다. CFT에서, 우리는 이러한 변화가 일어나게 하는 주요 동기 과정을 자비로 본다. 자비는 마음의 어려움들을 과잉 동일시하거나 융합하거나 회피하거나 압도당하는 대신 마음의 어려움을 향하여 눈을 돌리고 함께 작업할 수 있도록 도와주기 때문이다. 우리는 정신 상태와 마음 상태가 우리를 어떤 상태에 가두는 패턴으로써 보기 시작하였다. 이는 내가 『우울증: 심리학에서 뇌 상태까지』(Gilbert, 1984)라는 책에서 상당히 다루려고 했던 주제이다. 따라서 행동, 인식, 신념 또는 감정이 초점이 될 수 있지만 이것을 단순히 변화하는 것이 아니다; CFT는 뇌가(특히, 신경가소성과 후성 유전학에 대해 알게 된 지금) 다른 패턴으로 스스로 조직될 수 있는 기회를 만들어 본질적인 변화가 일어날 수 있는 맥락을 제공한다는 것을 강조한다(Gilbert & Irons, 2005).

어두운 면을 다루는 것의 중요성 이해하기

흔히 자비가 우리 삶에서 자신에게 친절하고 지지적이며 평온하게 인도하는 것에만 집중한다는 인상을 받기 쉽다. 이것이 나쁜 목표는 아니고, 실제로 우리 자신과 타인에게 호의, 친화, 친절한 태도를 계발하는 것은 매우 중요하다. 이러한 자질들은 관계를 형성하고, 목소리 톤과 얼굴 표정같이 친절함과 관련된 자극을 만들어 내며, 편도체와 미주신경과 같은 생리적 구조들에 영향을 미친다. 한편 자비는 우리가 고통을 해결하기 위해 용기 내기를 요구하기도 한다. 실제로, 우리는 가장 용기 있는 사람이 때로는 친절한 사람이 아닐 수 있음을 안다(예를 들어, 불타는 집에서 우리를 구해 줄 사람들). 그리고 친절한 사람이 항상 용감하지만은 않다는 것도 안다. 확실히 자비가 불친절한 행동으로 나타나는 것은 아니지만 맥락에 따라서는 정서로 경험이 되기도 한다. 예를 들어, 사람을 구하기 위해 불타는 집에 들어가거나 불의에 맞서 싸우는 것은 반드시 친절과 관련된 것은 아니지만 자비로운 용기 행동이다. 꼭 친절한 것으로 여겨지지는 않겠지만 자비롭게 용감한 것으로 느껴질 것이다. 반면 친절함은 다른 사람들에게 정서적인 기분을 표현하는 것으로 나타날 수 있다. 친절은 사람들이 우리를 안전하고 위협적이지 않으며, 사려 깊은 사람으로 경험하도록 돕는다. 그들을 '염두에 두고 있음'을 보여 준다. 흥미롭게도, 사람들에게 자비로운 표정을 보여 달라고 하면 일반적으로 부드러운 미소와 웃는 눈의 친절한 표정을 보여 줄 것이다(McEwan et al., 2014). 그러나 우리가 고통받고 있을 때는 웃는 표정이 아무리 온화하더라도 자비로운 것으로 느껴지지 않는다(Gerdes, Wieser, Alpers, Strack, & Pauli, 2012).

자비는 사실 명확한 의미를 가지고 있다: 자신과 타인의 고통에 대한 민감성과 그러한 고통을 덜어 주고 예방하려는 헌신이다(Gilbert, 2017a, 2017b). 모든 동기와 마찬가지로, 우리는 자비의 동기에 대한 신호를 감지하고 거기에 대응해야 한다. 그래서 자비 역량은 고통을 회피하거나 분리시키기보다 고통에 주의를 기울이고 거기에 관여하는 것을 포함한다. 두 번째로, 자비는 고통에 충동적이거나 경솔하게 반응하기보다 고통 완화와 예방을 위해 현명한 노력을 기울이는 것을 포함한다. 이 책은 무엇이 자비이고 무엇이 자비가 아닌지에 대한 깊은 이해로 이끌어 준다. 그리고 자비를 가능하게 하는 내면의 알아차림과 경험들을 발달시키는 데 도움을 준다.

CFT는 또한 마음의 어두운 면, 즉 절망을 자살로, 분노를 살인으로, 복수를 폭력으로, 피해망상을 은폐로 몰아가는 마음의 측면들, 고통 속에 빠질 수 있고 다른 사람에게 고통을 일으킬 수 있는 마음에도 초점을 맞추는 것이 중요하다는 것을 인식하고 있다. 자비중심 치료자들은 진화의 맥락에서 인간의 마음을 조상들이 생존하는데 원형적 과정(archetypal processes)에 의해 주도되는 극적인 사건에 쉽게 휘말리고 각본에 따라 움직이는 것으로 보았다. 우리는 모두 사랑받고, 소속되고, 존중받고, 만족스러운 성관계를 맺고, 번성할 자식들을 낳고, 오래 건강한 삶을 살고자 한다—이와 동등하게 우리를 위협하는 대상들을 대적하기 위해 필요한 자원들을 얻고자 한다. 그리고 우리는 처한 상황에 따라 다른 사람들과 관계 맺기를 원하기도 하고 원하지 않게 되기도 한다. 마음은 좋든 나쁘든, 환경에 의해 구성된 요구, 선호, 욕망, 소망, 그리고 원하는 것들의 집합체로부터 나온다. 이러한 인간 마음의 내재된 성향은 훌륭한 업적을 이루는 역량뿐만 아니라 실로 끔찍하고 무시무시한 행동을 할 수 있는 능력이 있음을 역사를 통해 증명해 왔다. 자비는 가장 용감하고 헌신적인 동기 중 하나이다. 자비는 우리 인간성의 어두운 측면을 바라보고 이들과 작업하는 데 책임을 지는 고된 작업을 할 수 있도록 돕는다.

만약 우리가 아기 때 납치되어 폭력적인 마약 갱단에서 자랐다면, 현재와는 분명히 매우 다른 모습일 것이다. 이런 일이 나에게 일어났다면, 현재의 폴 길버트의 모습은 존재하지 않았을 것이다: 나의 유전적 표현형이 다를 것이며, 뇌 구조도 다를 것이며, 나의 가치 역시 다를 것이고, 폭력에 대비하는 것도 다를 것이다. 그렇다면 진짜 폴 길버트는 어디에 있는가? 우리가 단일 '자기'가 아니라 생물학적인 패턴, 환경이 의식을 구성하고 그러한 환경에 따라 다양하게 자기가 규정된다는 것을 깨닫는 것과, 우리의 정체성에 대한 이러한 통찰은 치료자에게 매우 도전적이다. 하지만 이러한 통찰은 왜 우리 내부에서 그리고 사람들 사이에서 일어나는 일들의 많은 부분이 우리 잘못이 아닌지에 관한 이해를 돕는다—이는 뇌에 장착된 것이다. 이러한 관점은 치료에서 강력한 방향성을 제공해 준다. 예컨대, 당신이 끔찍한 일을 저지른 사람과 함께 작업할 때, 그들이 아주 적은 통찰을 지니고 통제력이 부족하다고 해도 그런 모습이 그들을 둘러싼 맥락에 의해 맞추어졌다는 것을 기억하는 것이 중요하다. 물론 자유의지에 대한 흥미로운 논쟁에서는 우리의 설득이 받아들여지지 않는다. 그러나 이는 단순히 의지의 문제가 아니라 생물학적 설정이라는 것이다. 이 통찰은 또한 책임이 커짐에 따라 의무도 커진다는 것을 제기한다. CFT는 우리의 마음이 기능하는 방식과 관련하여 자연이 우리에게 준 심각한 문제들에 대해 윤리적·도덕적 지향을 구축하는 것이 중요하다고 본다. 실로, 우리가 고통의 실상과 이것이 인간 존재에 얼마나 고질적인지를 알기 시작하면, 자비가 모든 것을 이해할 수 있게 하는 유일한 대응임을 발견하게 된다. 그래서 자비는 단지 자신과 타인의 괴로움을 다루는 것만이 아니라, 의도적으로 자신과 타인에게 고통을 야기하지 않으려는 동기도 포함한다. 그래서 우리는 비난하거나 수치스러워하는 것에서 벗어나 우리 자신의 행동에 대해 책임을 지려고 노력한다.

자비중심치료자들이 자비심을 향해 나아가는 길에 "나는 할 수만 있다면 언제든지 고통을 해결하려는 책임을 질 것이다."라고 진정으로 말하려면, 고통과 고통의 원인에 직면하는 용기를 계발해야 한다. 이를 통해 우리는 우리가 생명의 흐름의 일부이며, 단지 존재하게 되었으며, 생존하고 번성하려고 하고, 마침내 존재하지 않게 된다는 것을 알게 된다. 생명의 흐름에 대한 깊은 내적 연결성을 계발하는 것은 우리 자신이나 내담자와의 작업에 깊은 영향을 미친다. 우리는 더 이상 스스로나 내담자를 병리적으로 문제가 있거나 단순히 부적응적 스키마나 태도(비록 둘 다일 수도 있지만)에 의해 허우적대는 존재라 보는 것이 아니라, 오히려 우리 자신과 타인들을 고군분투하는 존재로 보게 된다. 우리가 여기 있기로 선택하지 않았고, 특정 유전적 구조를 선택하지 않았으며, 삶이라는 춤 속에서 이러한 행동을 선택하지도 않았고, 괴롭고 허덕이기로 선택하지 않았다. 만약 우리가 이런 인식을 가진다면, 자기비난이나 다른 방식으로 자신을 해치려는 욕망은 자연스럽게 사라질 것이다. 사람들은 수치심에서 벗어나 도우려는 동기를 불 지피는 자비로운 이해로 나아갈 수 있다.

우리 모두가 삶의 흐름의 일부임을 자각하는 것과 인간의 보편성을 함께 인식하는 것은 현실에서 자비가 사람들 사이에서나 내적으로 유입되도록 한다. 우리가 보편적인 인간성으로 함께 하며 우리 모두가 삶의 흐름에 일부임을 자각하는 것은 자비가 개인 내면에서 그리고 상호 간에 유입된다는 사실을 깨우치게 한다. 다른 사람들을 위해 계발할 수 있는 자비가 있을 뿐만 아니라, 다른 사람들로부터 자비를 받을 수 있는 개방성도 있다. 실제로 자비로운 마음 훈련은 자기자비뿐만 아니라 이러한 자비의 흐름을 계발하는 것이다. 만약 우리가 지나치게 자신을 의지하거나 타인을 신뢰하지 않거나 또는 다른 사람들이 우리를 돕는 것을 허락하는 데 두려움을 느낀다면, 어려움에 빠질 수 있다는 것을 보여 주는 연구들이 많다. 당신의 여정 중 일부는 자신을 위한 자비를 계발하는 것만이 아니라 자비의 흐름이 어떻게 당신의 마음을 조직하는지 인식하는 것이다. 다른 사람에게 자비로울 때, 이 자비는 뇌와 마음의 발달에 영향을 준다. 당신이 개방되어 있고, 수용적이며, 감사 또는 단순한 안정감(당신 주위의 사람들이 도움 되었기 때문에)과 함께 타인의 자비에 반응할 때, 이러한 개방된 상태는 당신의 뇌와 마음의 발달에 영향을 줄 것이다. 그리고 당연히 당신이 자신의 마음을 진정 공감적 자비로 대할 수 있게 될 때 또한 당신의 뇌와 마음의 발달에 영향을 미칠 것이다. 이러한 길을 간다는 것은 이러한 흐름을 방해할 수 있는 수많은 두려움, 막힘, 그리고 저항들을 다루어야 함을 의미하기도 한다.

어떤 측면에서, 자비는 우리의 마음뿐만 아니라 다른 사람들의 마음까지 펴져 나가 상호 연결성을 통해 의식의 패턴을 창조한다는 점에서 자비를 장(場) 발생기(field generator)의 일종으로 볼 수 있다. 우리가 행동 방식과 신봉하는 가치를 통해 주변에 두려움, 편견, 그리고 적대감을 발산할 수 있는 것처럼, 그렇게 의식의 자비로운 장(field)을 창조할 수 있다. 우리의 관점은 우리 자신의 머리에서 일어나는 일을 넘어설 수 있다. 우리가 대인관계적 장에서 우리 자신을 참여자로서 바라보기 시작할 때 우리의 관점은 자신의 입장을 조망하여 볼 수 있게 된다(Siegel, 2016).

이 책에 관하여

이 책은 CFT에 관심을 가진 독자들이 CFT의 훈련, 성찰, 철학적 지향성을 자신에게 사용하는 사람들을 돕고자 하는 바람, 그리고 CFT가 이들을 어디로 데려갈지 알고 싶은 바람에 의해 작성되었다. 이 책은 CFT에 대해 사례 예시와 참고 사항들을 읽는 대신에, 당신을 개인적인 훈련과 성찰로 안내할 것이다. 이것은 쉬운 일이 아니지만 저자들은 이 여정에 풍부한 경험을 제공하고 있다. CFT와 자비에 대한 여러 책들의 저자인 러셀 콜츠(Russell Kolts)는 법의학적 장면에서 개인에게 CFT의 개념을 전해 주는 방법을 찾고자 했다. 이에 CFT를 분노 치료에 적용하여 진정한 강점 프로그램(True Strength Program)을 개발하였다. 그는 감옥에 있는 사람들이(일부 난폭한 범죄를 저지른 사람들도) 일단 그들이 자신의 저항을 극복하게 되면, 자비로운 마음을 기르는 길을 걷기 시작할 수 있고 자비를 깊이 이해하는 것을 발달시킬 수 있다는 놀라운 통찰을 얻었다. 이와 같은 중요한 전환은 자비를 그들의 삶과 마음에 가장 어두운 부분을 마주할 수 있는 용기를 주는 강인함의 형태로 이해할 수 있게 되면서 시작되었다.

아주 풍부한 임상 경험을 지닌 토빈 벨(Tobyn Bell)은 CFT 훈련을 지원하고, 슈퍼비전 집단들을 운영하며, 다중자기 연습과 같은 몇몇 훈련들의 영향을 탐구하는 박사학위 연구를 진행하고 있다. 제임스 베넷-레비(James Bennett-Levy)는 여기서도 보게 될 몇 가지 원칙과 CBT 같은 타 치료들에 있는 자기연습 · 자기성찰(SP/SR)의 사용을 개척해 왔다. 크리스 아이언스(Chris Irons)는 다년간의 CFT 훈련을 받았으며, 우리는 많은 기사와 책의 여러 챕터들을 함께 출판했다. 그는 아주 숙련된 임상가이며 런던에서 치료 슈퍼비전 집단을 운영하고 또한 일반 대중들의 자기계발을 위한 자비로운 마음 훈련 집단은 자기연습을 운영하고 있다. 모든 저자는 연습을 통해 자비를 삶으로 가져오고자 하는 핵심 욕구를 공유하고 있다.

저자들은 CFT 숙련된 치료자로서 우리의 마음이 어떻게 작동하는지, 그리고 어떻게 마음의 패턴을 변화하도록 시작할 수 있는지, 그리고 여러 핵심 개념에 대한 통찰을 계발하도록 안내하였다. 당신은 진화적인 기본 설계와 의도의 측면에서 동기와 정서의 진화적 기능을 고려하는 방법을 배울 것이다. 이러한 관점은 당신을 분노나 불안, 복수 또는 자기비난 등의 마음의 내용에서 물러나기 위한 길 위에 올려 줄 것이다. 그리고 이는 당신이 누군지와 분리하여 경험의 패턴으로 바라볼 수 있게 해 줄 것이다. 여기서 문제는 당신이 패턴의 변화를 이어가거나 시작하길 원하는가이다. 당신이 반응 패턴을 바꾸고 싶다면, 방법이 있다. 다음 네 가지 주제들은 마음의 특정 역량들을 계발하는 것들이다. 첫 번째 주제는 마음챙김(mindfulness)이다. 즉, 당신 안에 무엇이 일어나는지 그것에 더 주의를 기울이고 감각의 특성들을 이해하게 되면, 감각적인 세상 속에서 살아가는 것을 배우게 된다. 두 번째 주제는 마음 알아차림(mind awareness)이다. 즉, 당신의 마음이 왜 그렇게 작동하는지, 왜 화가 나거나 불안한지 또는 왜 성욕이나 와인을 즐기는지를 이해하게 된다. 세 번째 주제는 자비(compassion)이다. 자비가 실제로 무엇인지 또는 무엇이 자비가 아닌지 그리고 자비를 지원하는 각각의 역량들에 관한 것이다. 예를 들어, 공감 발달시키기, 고통 감내하기, 여러 종류의 지혜, 특정 행동 훈련을 배우는 것이다. 당신은 또한 CFT가 그저 신념을 변화시키는 것이 아니라 특정 자비로운 자기 정체성을 만들어 내고 그 정체감으로 살아가는 훈련에 집중하는 것 또한 배우게 될 것이다. 당신은 화난 경험을 바탕으로 구성된 정체성보다는 자비로운 정체성이 당신의 삶을 매우 다르게 구성하는 것을 상상해 볼 수 있다. 만약 화난 자기를 키우도록 매일 연습해서 삶에 분노 공격을 더 많이 하도록 만들고 사소한 일에도 매번 짜증 내 버릇한다면, 당신의 삶은 매우 다른 결과를 얻게 될 것이다. 이는 자비로운 자기로 살기를 신중하게 선택한 것과 명백한 대조를 이룬다. 자비로운 자기는 용기, 지혜, 그리고 고통을 완화 및 방지하며, 마음의 패턴으로부터 벗어나 최선을 다해 삶의 어려움을 다루고자 하는 자질들로 유도한다. 네 번째 주제는 의도성(intentionality)이다. 어떻게 자비로운 의도를 만들어서 일상의 사건들 순간순간에 행동으로 옮길 수 있을까? 어떻게 일상의 습관에 자비로운 동기와 의도를 세울 수 있을까? 우리가 의도를 세워 이것을 고수하면 습관이 된다는 연구들이 증가하고 있다. 실제로 사람들이 일상의 삶에서 만나는 특정 어려움을 자기로운 자기로 연결하기 시작하면, 이것이 심박변이도를 올리는 강력한 효과를 지닌다고 보고한다(Matos et al., 2017). 이 책을 읽는 동안 당신은 자비 역량을 습관으로 세우는 것을 돕기 위해 설계된 많은 연습들, 훈련 기록지, 그리고 훈련에 대한 자기성찰의 기회를 발견하게 될 것이다.

저자들이 논의하는 핵심 주제 중 하나는 몸을 준비시키는 것이다. 우리는 '훈련을 지원하기 위해 몸을 준비시키라'라는 모토를 종종 사용한다. 왜냐하면 몸이 마음을 지원하는 데 사용되기 때문이다. 만약 당신의 몸이 혼란 상태에 있다면, 당신의 마음을 평온한 상태로 유지하는 것은 어렵다. 특정 호흡 훈련, 자세, 목소리 톤, 얼굴 표정으로 당신의 몸을 그라운딩하기를 배우는 것은 당신이 자비로 지향하도록 도울 것이다. 그렇다고 자비가 늘 그라운딩하고 위안하기에 그치는 것을 의미하지 않는다. 왜냐하면 때때로 자비는 문제나 위협을 단호하게 다루거나 두려움에 대해 행동을 취하고 부당함에 맞서 싸우는 것과 같이 화를 내는 것도 포함하기 때문이다. 그러나 여기서 제안된 훈련들은 종종 그라운딩을 포함하며, 만일 이 저자들이 제시한 그라운딩을 따라간다면 당신은 더 그라운딩 됨을 느끼기 시작할 것이다.

마지막으로, 저자들이 강조하듯이, 자비로의 여정이 반드시 행복과 번영으로 가는 것은 아니다. 이러한 여정은 고통도 맞물릴 수 있기 때문에 쉽지 않은 일일 수 있다. CFT는 안전(safety)과 안정감(safeness)을 명확히 구별한다. 안전(Safety)은 매우 중요하지만, 잠재적인 위해를 회피하는 데 초점이 맞춰져 있다. 예를 들면, 당신이 차에 탔을 때, 당신은 안전벨트를 맨다; 만약 당신이 산에 오른다면, 반드시 당신의 로프가 튼튼한지 검사할 것이다. 만약 당신이 체육관에 간다면, 직원들은 당신이 어떻게 하면 안전하게 기구들을 사용할 수 있을지 알려 줄 것이고 당신이 근육이 감당할 수 없는 무게를 들게 하지 않을 것이다. 이처럼 안전은 위해에 대한 방지인 것이다. 일단 위해가 최소화되거나 예방된다면, 우리는 탐험하고, 개발하고, 기르고 그리고 훈련으로 나아가기 위해 안정감(safeness)을 확보하는 데 집중할 수 있다. 이것은 사실상 치료든 어떤 훈련이든 똑같다. 여정을 시작하기 전에, 자신의 속도를 주의 깊게 관찰하고 준비가 되기 전까지는 자신에게 과부하가 될 수 있는 일에 참여하지 않겠다고 마음 안에 분명한 의도를 세워야 한다. 때로는 다른 사람들과 이러한 훈련을 함께하는 것이 상당히 효과적일 수 있으므로, 당신과 책을 같이 보고 경험을 나눌 수 있는 친구들을 찾아도 된다. 이 책의 저자들이 분명히 밝힌 것처럼, 그들과 함께하는 당신의 여정은 깨달음, 성장 및 발전 중 하나이므로, 때때로 길이 조금 어려워지더라도 그 의도를 염두에 두기 위해 최선을 다해야 한다. 물론 궁극적으로, 개인적인 훈련을 위해서는 당신 스스로의 웰빙을 돌볼 필요가 있을 것이다.

이제 나에게 남겨진 것은 자비 훈련으로 나아가는 당신의 여정이 잘되길 바라는 것이다. 이것을 여정의 시작으로 보길 바란다. 만약 당신의 내면에 용감하고, 통찰력 있고 자비롭게 현명한 자기 또는 뇌의 패턴이라고 말하는 삶의 능력이 심화되었다면, 당신의 삶이 어떨지, 그리고 치료자로서 어떨지 상상해 보라.

Paul Gilbert, PhD, FBPsS, OBE

참고문헌

Ellenberger, H. F. (1970). *The discovery of the unconscious: The history and evolution of dynamic psychiatry*. New York: Basic Books.

Gerdes, A. B. M., Wieser, M. J., Alpers, G. W., Strack, F., & Pauli, P. (2012). Why do you smile at me while I'm in pain?: Pain selectively modulates voluntary facial muscle responses to happy faces. *International Journal of Psychophysiology, 85,* 161-167.

Gilbert, P. (1984). *Depression: From psychology to brain state*. Hove, UK: Erlbaum.

Gilbert, P. (2009). *The compassionate mind: A new approach to the challenge of life.* London: Constable & Robinson.

Gilbert, P. (2010). *Compassion focused therapy: Distinctive features*. London: Routledge.

Gilbert, P. (2014). The origins and nature of compassion focused therapy. *British Journal of Clinical Psychology, 53,* 6-41.

Gilbert, P. (2017a). Compassion: Definitions and controversies. In P. Gilbert (Ed.), *Compassion: Concepts, research and applications* (pp. 3-15). London: Routledge.

Gilbert, P. (2017b). Compassion as a social mentality: An evolutionary approach. In P Gilbert (Ed.), *Compassion: Concepts, research and applications* (pp. 31-68). London: Routledge.

Gilbert, P., & Irons, C. (2005). Focused therapies and compassionate mind training for shame and self-attacking. In P. Gilbert (Ed.), *Compassion: Conceptualisations, research and use in psychotherapy* (pp. 9-74). London: Routledge.

Matos, M., Duarte, C., Duarte, J., Pinto-Gouveia, J., Petrocchi, N., Basran, J., et al. (2017). Psychological and physiological effects of compassionate mind training: A pilot randomised controlled study. *Mindfulness, 8*(6), 1699-1712.

McEwan, K., Gilbert, P., Dandeneau, S., Lipka, S., Maratos, F., Paterson, K. B., et al. (2014). Facial expressions depicting compassionate and critical emotions: The development and validation of a new emotional face stimulus set. *PLoS ONE, 9*(2), e88783.

Siegel, D. J. (2016). *Mind: A journey to the heart of being human*. New York: Norton.

차례

Part Ⅰ 자비의 이해 계발하기

Part II 자비로운 존재 방식 계발하기

Part III 자비의 흐름 계발하기

Part IV 다중 자기에게 자비롭게 대하기

CFT SP/SR 훈련을 위한 기반 마련하기

제1장
자비중심치료, 내면 경험으로 안내하기

다른 사람의 행복을 원한다면, 자비를 수련하라.

그리고 당신이 행복해지고 싶다면, 자비를 수련하라.

–달라이 라마 14세 성하

우리는(Russell, Tobyn, Chris) 제임스(James)가 CFT에 초점을 맞춘 자기연습 · 자기성찰(Self-Practice/Self-Reflection, 이하 SP/SR) 책을 펴낼 때 초대해 주어 무척 기뻤다. 정신건강 문제와 작업하고 행복한 삶을 구축하는 데 있어 자비의 가치를 지지하는 과학적 연구들이 점점 많아지고 있다. 따라서 내담자와의 작업에서 자비 실습을 통합하는 방법을 배우려는 임상가들도 빠르게 증가하고 있다. 최근 몇 년 동안 치료자들이 이 작업을 할 수 있도록 지원해 주는 방안들이 개발되었다. 그리고 CFT 치료자나 자비 및 마음챙김에 초점을 맞춰 작업하는 사람들과 오랜 시간 얘기를 나누어 보면, "자비나 마음챙김을 가르칠 생각이라면, 스스로 실습해 봐야 합니다."라고 말하는 것을 반복해서 듣게 될 것이다. 이러한 표현은 치료 모델 전반에서 치료자의 SP/SR이 치료 작업을 심화하고 강화시킬 수 있다는 인식이 늘어나고 있음을 시사한다(다수의 과학적 문헌을 반영함). 이 책의 목표는 CFT의 근본적인 경험을 당신의 삶에서 계발하고, 적용하고, 성찰함으로써, 이를 속속들이 배우도록 돕는 것이다.

간략한 CFT 오리엔테이션

사람들은 당신의 전문 치료 분야가 자비중심치료라고 말하면, 다음 두 가지 반응 중 하나를 보일 가능성이 높다. 첫 번째 반응은(흔히 눈썹을 치켜세우며) "자비…… 좋네요.

우리는 모두 더 많은 자비가 필요하지 않나요? 다 자비가 많이 필요하죠, 그렇지 않나요?" 두 번째 종류의 반응은(종종 정말로 흥분된 목소리로) 다음과 같다: "자비중심치료! 저도 제 경력 내내 해 왔던 것이에요. 자비는 매우 매우 중요해요! 두 반응 모두 자비 중심치료, 즉 CFT는 단순히 자비롭게 치료를 한다는 가정에 기초하고 있다.

치료실에서 자비를 체화하는 것이 CFT의 일부분이긴 하지만(어떤 치료든 그렇게 되길 원하는 것처럼), CFT에는 그 이상으로 많은 것들이 있다. CFT는 폴 길버트(Pual Gilbert)가 개발한 것으로, 전통적인 인지행동치료(CBT) 접근법으로 도움을 받고자 고군분투하는 많은 환자들이 수치심과 자기공격 패턴에 사로잡혀 오랜 시간을 할애한다는 관찰에 대응하여 만들어진 것이다. CFT를 '치료 모델'이라고 생각할 수 있지만, CFT는 실제로 인간이 되는 것은 무엇을 의미하며, 우리가 어떻게 그리고 왜 투쟁하게 되는지, 어떻게 하면 사람들이 그들의 투쟁과 효과적이고 효율적으로 관계 맺도록 도울 수 있는지에 대한 과학적 지식을 통합하려는 시도에 가깝다. 이러한 의미에서 CFT는 불교와 같은 지혜로운 전통 외에도 다양한 과학적 문헌에 기반한다. CFT는 진화가 우리의 뇌를 복잡한(tricky) 방식(애초부터 우리가 특정한 어려움에 처하도록 설정해 놓은 방식)으로 형성해 오도록 한 것을 이해하고자 진화심리학적 접근을 가져왔다. CFT는 초기 애착 경험이 우리가 어떻게 발달하고 자기 자신 및 타인과 관계 맺게 되는지를 강력히 조성할 수 있다는 것을 보여 주는 과학적 근거도 가져왔다. 또한 삶의 경험을 강력하게 조형하는 감정과 동기가 뇌와 마음에서 어떻게 작동하는지 알려 주는 정서신경과학 연구를 가져 오고, 강력한 변화의 기술들을 알려 주는 행동적 및 인지적 전통을 가져왔다. 그리고 CFT는 행복하고 건강한 삶, 공동체, 그리고 문명을 구축하기 위해 어떻게 자비와 마음챙김 수련을 계발할 수 있는지, 수천 년간 탐구해 온 불교와 같은 전통을 직접적으로 가져왔다(Gilbert, 2010).

우리의 접근

다양한 관점들이 CFT에서 어떻게 녹아 있는지를 기술한 유용한 책들이 많이 있다. CFT 기법은 이러한 영향력들을 근본적인 인간의 깨달음 및 이해의 형태로 생생하게 떠올리고, 내담자들이 친절과 전념으로 그들의 투쟁을 향해 나아갈 수 있게 용기를 고무시키며, 인간의 삶에서 피할 수 없는 도전들을 다룰 때 의지할 수 있는 모든 자비로운 힘들을 기를 수 있도록 돕는 것을 포함한다. 이것이 이 책의 초점이다. 즉, CFT에 대하여 말하려는 것이 아니라, 당신 스스로 CFT를 경험함으로써 당신의 삶 속으로 가져다주려는 것이다. 앞으로 전개될 모듈들에서 나타날 모든 영향력이, 당신의 개인적 그리고 전문가적 삶 모두와 관련될 수 있을 것으로 기대한다.

앞서 언급했듯이, 본 워크북의 목표는 내담자에게 자신과 타인에 대한 자비를 발달시킬 수 있도록 돕기 위해 CFT가 추구하는 다양한 방법을 동일하게 치료자 자신에게 훈련하고 성찰하는 경험을 제공하려는 것이다. 이 과정에서 당신은 경험의 특정한 측면과 더불어 당신의 마음이 어떻게 작용하는지 생각해 보라는 메시지를 받게 될 것이다. 또한 자기 자신과 타인이 관계하는 법과 이러한 전략들이 자신의 인생 경험에서 어떻게 형성해 왔는지 생각해 보라는 질문을 받게 될 것이다. 당신은 삶의 맥락 속에서 시도해 볼 수 있는 다양한 자비 훈련을 하게 될 것이다. 그런 다음 이러한 훈련에 대한 성찰의 기회가 주어질 것이다.

책의 구성

『자기탐색으로 자비중심치료 경험하기(Experiencing CFT from the inside out)』의 다음 네 장은 책의 나머지 부분인 SP/SR 모듈들을 준비하고 방향성을 제시하였다. 제2장은 기본적인 CFT 개념을 소개한다. CFT에 대한 포괄적인 설명을 위해 쓴 것은 아니므로, 자세한 내용은 폴 길버트(Paul Gilbert, 2009, 2010, 2014) 및 다른 CFT 저자들의(예: Kolts, 2016; Welford, 2016; Irons & Beumont, 2017) 책들을 읽기 바란다. 그보다 제2장은 모듈에 소개된 몇 가지 개념을 간략하게 제시하였다.

제3장은 SP/SR 훈련 접근법에 대한 근거와 배경을 제공하였다. 책을 활용하기 위해 굳이 이 장을 읽을 필요는 없지만, 우리가 왜 이 책을 자기 경험적 방식으로 설계하였는지를 이해하고 싶다면 그 이유를 여기서 찾을 수 있을 것이다.

제4장은 길지만 중요한 장이다. 이 책을 최대한 활용하려면 제4장을 반드시 읽어 보길 권한다. 제4장의 전반부는 SP/SR 훈련이 실시될 수 있는 다양한 맥락(혼자서, 집단으로, 역할 훈련(한정적으로 두 명의 공동 치료)을 통해, 혹은 감독하에, 그리고 워크숍 안에서)에서의 장단점을 논의하였다. 만약 혼자서 SP/SR을 실시하는 경우 나머지 다른 맥락들은 건너뛰어도 되지만, 동료나 동료 집단과 함께 SP/SR을 하게 된다면 이를 실시하기 위한 다양한 방법을 고려해 볼 가치가 있다. 제4장의 후반부는 SP/SR의 이점을 최대한 활용할

수 있도록 강한 안정감을 불러일으키는 것을 포함하여 다양한 전략을 제안하고 있다.

제5장은 짧은 장이지만, 역시나 중요하다. 여기서 세 명의 '동료' 치료자가 소개되며, 이들의 자기훈련 활동과 자기성찰이 전체 모듈에서 전개된다. 모든 치료자들은 개인적으로 또는 치료자로서 다루어 왔던 문제들과 그리고 동료들이 우리에게 공유했던 문제들을 해결하고자 노력할 것이다.

제5장 다음에는 SP/SR 모듈들이 있다. 한 사람당 약 30~45분 정도 소요되도록 고안된 간단한 작업을 할 수 있으며, 동료 치료자들이 다양한 CFT 실습을 어떻게 적용하는지 살펴보고 스스로도 해 봄으로써 낱낱이 작업해 볼 수 있는 기회를 갖게 된다. 어쩌면 당신은 모든 모듈을 할 시간이 없을 수도 있다. 제5장에서는 시간이 제한적일 경우 모듈을 선택하기 위한 몇 가지 의견을 제시한다.

SP/SR 훈련을 준비할 때, 당신은 개인적 그리고 전문가적 삶에서 자비를 불러일으키는 것이 가치가 있는가에 대한 문제를 생각해 볼 수 있다. 예를 들어, 수치심, 자기비난, 위협감을 경험하는 상황이거나 어쩌면 단지 자신감이 부족한 상황이 있을 수 있다. 여기서 요점은 당신의 삶에서 도전이 되고 힘든 부분을 돕기 위해 용기와 친절함, 그리고 자비로운 전념으로 나아갈 수 있음을 강조하고 있다는 것이다.

SP/SR 훈련의 목적은 치료를 배우기 위한 수단으로서 먼저 우리 자신이 스스로에게 적용해 보는 것이며, 이를 통해 내담자에게 더 나은 서비스를 제공할 수 있음을 기억하는 것이 중요하다. 이러한 방식에서, 당신의 내담자와의 작업과 관련된 주제를 선택하는 것이 유용할 수 있다. 최근에 있었던 강렬한 슬픈 경험은 내면에 극심한 수준의 고통을 활성화할 수 있으므로 그런 심각한 문제보다는 당신이 충분히 처리할 수 있는 주제를 선택하는 것이 좋다. 제4장은 이 SP/SR 워크북의 맥락에서 가장 적합한 문제를 선택하는 데 도움을 줄 것이다.

제2장

CFT에 대한 간략한 길 안내

자비 정의하기

간혹 CFT가 무엇인지에 대해 혼란이 있는 것처럼, 자비라는 단어가 무엇을 의미하는지에 대해서도 명확성이 부족할 수 있다. 이 책에서 자비는 CFT에서 사용한 표준 정의를 따랐다: 자비란 자신 및 타인의 고통에 대한 민감성과 이를 완화하고 방지하려는 헌신이다(Gilbert & Choden, 2013). 폴 길버트(Paul Gilbert)는 이를 '자비의 심리학(psychologies of compassion)'이라고 불렀는데, 이 정의에는 두 가지 기본 요소가 담겨 있다. 바로 민감성(sensitivity)과 참여(engagement)이다. 즉, 다른 사람의 고통을 알아차리고 주목하며 마음이 동하는 능력 그리고 기꺼히 고통을 향해 나아가고, 그와 관련된 고통을 견디며, 고통을 유지하는 원인과 조건들을 깊이 살펴보고자 하는 의지이다. 일단 고통을 알아차린 후 고통받는 사람에 대해 동감적(sympathetic) 반응을 경험하고 나면, 이러한 민감성은 현재의 고통을 완화시키고 미래의 고통을 방지하는 행동을 이끄는 동기와 참여를 일으킨다. 동기와 참여는 고통을 해소하고자 하는 열망감과 의식적 결정, 그리고 여기에 필요한 기술들이 모두 포함된다.

이러한 자비에 대한 정의에는 친절과 용기가 모두 담겨 있다는 점이 중요하다. 즉, 자비는 우리 자신과 세상에 관해 우리를 두렵게 하고 불편하게 만드는 것들에 다가갈 수 있게 하는 "용감하게 기꺼이 경험하기"로 정의할 수 있다(Gilbert, 2015). 이러한 자비로운 접근은 '도우려는 동기'로 정의될 수 있으며, 판단과 비난보다는 돌봄, 따뜻함, 그리고 참여를 특징으로 한다. 이러한 정의는 내담자에게 그리고 우리 자신에게도 자기 자신과 고통을 이해하는 데 새로운 방법을 제시한다. 특히, 우리가 힘들어하는 자신의 모습을 볼 때, 스스로를 비난하고, 어려운 감정이나 고통을 다루는데 회피 방법을 쓰거나 그것으로부터 멀어지려는 방법을 사용하도록 배웠을 때 더욱 그러하다.

CFT 훈련자들은 자비의 세 가지 흐름에 대해 주로 얘기한다. 우리 자신으로부터 다른 사람들에게 향하는 자비, 다른 사람들로부터 받는 자비, 그리고 우리 스스로를 향하는 자비이다. 최근 연구들에 따르면, 이러한 각각의 흐름들은 다소 다른 방식으로 작용하는 것 같다(Gilbert et al., 2017). 즉, 한 형태의 자비는 아주 높을 수 있지만 다른 형태의 자비에서는 꽤 힘들 수 있다는 것이다. 예를 들어, 대부분의 치료자는 그들의 내담자에게 많은 자비를 갖고 있지만, 일부는 타인에게 자비를 받는 것에 취약함을 느끼거나 필요할 때 스스로에게 자비로워지는 것을 받아들이기 힘들어한다.

자비 계발하기: CFT의 관점

CFT에서, 자비는 고통을 완화시키고 방지하기 위해 동기를 부여하는 것에 뿌리를 두고 있다(Gilbert, 2015). 이는 요즘 시대에 인간의 삶을 사는 것이 어떤 의미인지에 대한 인식에서 시작한다. 일단 우리가 인간 삶의 의미에 대한 실제를 깊이 살펴보면—그저 인간으로 태어난 결과로 마주하게 되는 어려움과 힘듦은 피할 수 없다—자비가 이를 이해할 수 있는 유일한 대응이다(Gilbert, 2009). 사람의 삶을 보면, 심지어 상대적으로 특권층에 속하는 사람(음식, 휴식처, 보건, 교육, 돌봐주는 친척 및 친구들에게 정기적으로 접근할 수 있는 사람)도, 헤아릴 수 없을 정도의 고통과 잠재적 괴로움의 원인이 존재한다. 우리 모두는 아플 것이고, 결국 죽을 것이다. 그 과정에서 우리는 사랑하는 사람들을 잃을 것이며, 최선을 다하고, 실패하며, 실망과 비극을 마주하고 몇 번이고 고군분투할 것이다. 그리고 우리가 태어난 환경에 따라(우리가 건강한 몸을 가지고 태어났든 취약한 몸을 가지고 태어났든, 행복하고 건강하게 자랄 수 있도록 돌봐 줄 수 있는 사람들에게 태어났든 그렇지 않든) 누군가는 더 많은 고통과 투쟁에 직면할 것이다.

어떤 독자들은 CFT에서 자비 명상을 바로 시작하지 않는다는 것에 놀랄 수도 있다. 우리는 수치심과 자기비난이 깊게 뿌리 박혀 있는 사람들에게 자비를(특히, 자기자비) 촉진시키는 것은 아주 까다로울 수 있으며, 심지어 위협감을 자극할 수도 있음을 발견하였다. 우리 중 누군가는 자비와 친절로 자신을 대한다고 생각하는 것이(또는 다른 사람들에게 이런 방식으로 대우받는 것도) 매우 무서울 수 있다. 이러한 방식은 이제까지 어떻게 생존하면 되는지 배웠던 것과 정반대일 수 있다. 따라서 CFT에서는 이러한 '자비에 대한 두려움'을 측정하고, 탐구하기 위한 노력을 기울여 왔다(Gilbert, McEwan, Matos, & Rivis,

2011). 자비에 대한 두려움은 우울, 불안, 감정표현불능증, 그리고 불안정 애착 양식과 관련이 있었다(Gilbert, McEwan, Catarino, Baião, & Palmeira, 2014).

이러한 이유로, CFT는 우리 자신 및 내담자가 삶이 지닌 의미가 무엇인지 깨달음을 얻을 수 있도록 돕기 위해 '그라운드 준비하기(preparing the ground)'를 포함한다. 깨달음은 수치심과 자기비난의 거친 땅을 부드럽게 할 수 있도록 함으로써, 자기자비의 씨앗이 뿌리내리고 자랄 수 있도록 한다. 이러한 깨달음의 상당 부분은 우리의 진화된 뇌 시스템, 특히 초기 환경에서 우리가 받은 사회적 형성에 의해 나타난 도전들을 다루는 것과 관련된다는 인식이다. 이러한 성찰을 통해 우리가 겪는 많은 어려움들이 우리가 선택하거나 설계하지 않은 요소들에 뿌리를 두고 있으며, 그것은 우리의 잘못이 아니라는 것을 깨달음으로써 자유로워질 수 있다. CFT에서 강조하는 것은, 우리가 선택하지 않은 방식으로 형성되어 왔으므로 선택하지 않은 요인들을 깨닫도록 하는 것이다. 이로써 우리는 우리 잘못이 아닌 것들에 대해 스스로 뭇매를 가하는 것을 멈추고, 현재와 미래의 삶을 개선하기 위해 적극적이고 효과적으로 작업하는 것에 대한 책임을 질 수 있다.

이러한 관점에서, CFT는 마음챙김의 계발과 알아차림의 수용을 강조한다. 그럼으로써 우리는 고군분투하는 생각, 감정, 경험을 판단 없이 관찰하는 법을 배울 수 있다. 알아차림이 CFT의 또 다른 핵심 구성 요소이다. 그리고 자신과 타인의 고통을 완화하고 방지하는 데 직접 자비를 계발하는 법을 배워야 한다. 당신은 이 책에서 다수의 자비 연습을 경험하게 될 것이다. 일부는 다른 접근들과도 공유하는 것이고, 일부는 CFT에만 있는 것이다.

요약하면 CFT의 과정은 자비로운 역량을 계발하기 위해 작업하는 것이라고 볼 수 있다. 우리는 삶에서 고통의 원천을 직접 다루기 위해 돌봄 동기와 용기를 쌓고자 한다. 우리는 생물학적 유산과 삶의 경험 사이 교차로에 뿌리를 두고 있는 고통의 근원을 이해하기 위해 지혜를 계발하고자 한다. 우리는 이 고통이 우리의 삶과 정신적 경험에 어떤 역할을 하는지에 대한 식견 있는 알아차림을 계발하고자 한다. 마지막으로, 우리는 고통과 고통의 원인을 다루기 위해 기꺼이 자비로운 행동으로 참여하고자 한다.

자비를 위한 토대 마련하기

자비심 계발을 돕는 여러 프로그램들이 있으며 이 중 주목할 만한 것으로 네프와 거머

(Neff & Germer)의, 마음챙김 자기자비 프로그램(Germer & Neff, 2017)과 스텐퍼드 자비 계발 훈련(Jazaieri et al., 2013)이 있다. 그러나 명시적으로 자비심에 초점을 맞춘 심리치료 모델은 CFT가 유일하다. 여타 모델들이 주로 불교의 자비 명상을 적용하여 자비 계발 수련(CFT에서도 활용하는 것이긴 하지만)에 주력하는 반면, CFT는 앞에서 언급했듯이 내담자들이 본질적으로 인간 경험을 수치심 없이 이해하는 방법을 계발하도록 돕는 데 초점을 두고 있다. 이를 위한 한 가지 방법은 (가끔 다루기 까다로울 수 있는 방식으로) 진화가 인간의 뇌를 어떻게 형성했고, 이를 통해 우리의 기본적인 동기와 감정 기능을 어떻게 형성했는지에 대한 맥락에서 자신의 경험을 이해하도록 돕는 것이다. CFT의 핵심적 깨달음은 우리의 감정과 동기가 '우리가 잘못된 것이 아니라 우리의 조상들이 세상에서 살아남을 수 있도록 진화한 뇌의 산물'이라는 것이다. 그러나 조상들이 살던 세상에서 생존을 위해 진화된 뇌의 산물은 지금 우리가 직면하고 있는 세상과 상당히 다르다. 우리 조상의 세계에서 대부분의 위협은 본질적으로 신체적인 것이었으며, 두려움, 불안, 그리고 분노와 같은 위협 관련 감정에 순수하게 주의집중하거나 긴박함을 느끼는 것이 많은 의미가 있었다—그러나 이런 감정들은 현대 생활에서 우리가 직면한 대부분의 어려운 상황에는 잘 맞지 않다.

이 책의 체험 모듈들을 통해 당신은 기본적 동기에 의해 이끌리고 강렬한 감정을 만들어 내는 '구뇌들(old brains)'과, 의미를 부여하고 미묘한 사고와 심상을 만들어 내는 매우 정교한, 그러나 우리에게 곤란한 방식으로 정서에 지배될 수도 있는(예: 지속적인 불안에 불을 지피는 일종의 반추적 사고를 일으킴으로써) '신뇌들(new brains)' 간의 까다로운 상호작용을 비롯한 여러 개념에 익숙해지게 될 것이다. 또한 진화론적 기능의 렌즈를 통해 내담자가 자신의 감정과 기본 동기(이것을 경험하기 힘들어하거나 스스로 비판하는)를 이해하는 방법을 배우는 동기 및 정서의 '삼원(three circles)' 모델에 대해서도 알아볼 것이다. 이 모델에서 정서는 세 가지 시스템으로 구성되어 있다. 첫 번째는 위협 및 자기보호 시스템(줄여서 '위협 시스템')으로, 위협을 감지하고 지각된 위협에 대응하는 것을 중심으로 구성된 정서(예: 분노, 두려움)와 동기를 유발하며, 주의와 사고, 동기 처리 과정이 협소해지는 데 영향을 미친다. 두 번째 시스템은 추동 및 자원 획득 시스템('추동 시스템')으로, 우리가 목표에 집중하고 추구하도록 동기를 부여하고 목표를 달성하도록 보상한다. 마지막으로, 안정 및 진정 시스템이 있다('안정 시스템'). 이는 안정, 만족, 진정, 평온한 느낌의 경험과 관련되며, 인간의 경우에는 양육과 친화 경험들과 연관된다. 이 시스템은 부교감신경계에 의해 뒷받침되며, CFT는 주의 유연성, 반성적 사고, 그리고 친사회적 경향과 관련하여 위협 경험과 균형을 맞추고 자비의 길을 닦는 방법으로써 이 시스템을 주목하고 있다(Gilbert, 2009, 2010).

내담자가 자신이 투쟁 중인 감정이 진화된 뇌가 그들을 보호하려는 시도라고 이해할 수 있게 될 때, 그들의 수치심은 완화될 수 있다. 앞으로 배우게 되겠지만, CFT는 또한 내담자들로 하여금 그들이 가진 다양한 사회적 조형 경험들과 현재의 삶이 어떻게 관련되어 있는지 탐색할 수 있도록 도와준다. 내담자들의 투쟁은 그들이 살아온 삶의 발달적 맥락을 고려할 때 보다 완벽하게 잘 이해된다. 비록 이 책의 나머지 부분이 이와 같은 개념들의 경험적 탐구에 초점을 맞추고 있긴 하지만, CFT의 이론적 기초를 탐구하는 데 더 많은 시간을 보내고 싶은 독자들이 이용할 수 있는 자료들은 수없이 많다(예: Gilbert, 2009, 2010; Kolts, 2016; Welford, 2016; Irons & Beaumont, 2017).

제3장

왜 SP/SR 훈련을 하나요

바쁜 치료자들은 시간을 들여서 해야 할 일들이 많다. 당신은 SP/SR의 예비 참가자로서, CFT SP/SR 프로그램을 위해 개인의 소중한 시간과 자원을 투자할 만한 가치가 있는지 의문이 들 수 있다. 다른 학습 방법(CFT 서적을 읽고, 워크숍에 참가하거나, 슈퍼비전을 받는 것)을 통해서는 할 수 없고, SP/SR에서만 가능한 것은 무엇일까? SP/SR의 장점은 무엇이며, 그것의 대가는 무엇일까?

다음 두 장은 이러한 질문들을 다루고 있다. 이번 장에서는 먼저 CFT 치료자로 성장하기 위한 자질을 살펴볼 것이다. 그런 다음 CFT 치료자를 위한 개인적 실습의 가치를 생각해 보고, SP/SR의 근거를 검토하는 데 약간의 시간을 할애하고자 한다. 또한 CFT 치료자 자질과 기술의 개발에 SP/SR이 어떻게 기여하는가에 대한 질문을 다룬다. SP/SR을 지지하는 근거들을 고려했을 때, 우리는 CFT SP/SR이 CFT 치료자의 개인적 성장과 전문성 발달에 중요하고 특별한 역할을 할 수 있다고 제안한다. 그리고 제4장의 'SP/SR 훈련을 최대로 활용하기'에서는 프로그램을 최대한 활용할 수 있도록 고안된 구체적인 권장사항들을 제공한다.

CFT 치료자의 자질

다른 치료들과 마찬가지로 CFT 치료자들은 그들 특유의 모델을 개념적인 측면(예: 진화 모델, 세 가지 원)과 기술적인 측면(예: CFT 심상 훈련, 자비 편지 쓰기) 모두에서 잘 이해하고 있어야 한다. CFT 치료자들은 또한 그들의 이해를 내담자에게 적용할 수 있도록 절차적으로 실전 기술(skills-in-action)로 옮길 수 있으며, 그리고 이러한 기술을 공감, 자비, 치료적 현존과 같은 대인기술들과 효율적으로 결합할 수 있는 능력이 필요하다.

다른 치료들처럼 CFT 또한 공감, 따뜻함, 진실성의 로저스적 속성(Rogerian attributes)(Rogers, 1951)을 특징으로 하는 치료적 관계의 중요성을 인식하고 있다. 다만 CFT는 우리가 작업하는 특정 방식에서 중점이 되는 두 가지 치료자 속성(attributes) 또한 강조하고 있다(Kolts, 2016).

1. CFT 치료자는 내담자와 안정적인 애착 관계를 촉진하는 환경을 만드는 것을 목표로 한다.
2. CFT 치료자는 자비의 흐름(타인에 대한 자비, 자비를 받을 수 있는 능력, 그리고 자기 자비)에 대한 본보기(모델링)를 제공해야 한다.

안정 애착 관계

모든 치료들은 본질적으로 관계 중심적이다. 그러나 치료적 관계의 초점과 유형은 치료법(예: 정신분석, CBT, 스키마, CFT)에 따라 어느 정도 다르다. CFT의 경우, 치료적 관계에서 안정감 조성이 가장 중요한 것으로 간주된다(Gilbert, 2014). 많은 내담자들은 그들의 관계에서 안정감을 거의 느끼지 못하기 때문에, 치료적 관계에서 안정감을 발전시키는 것이 힘들 수 있다. 그러나 내담자와 안정감을 형성하고, 그들에게 안정감을 어떻게 경험했는지 성찰하도록 요청하는 것은, 내담자들이 위협적인 경험을 조절하고, 감정의 균형을 맞추며, 고통을 피하기보다는 참여하려는 자비로운 의도와 연결되도록 도와줌으로써 자비의 기초를 마련해 준다.

애착 이론은 CFT 치료자들이 안정감을 조성할 때 자신의 역할을 이해하는 데 도움되는 이론적인 틀을 제공한다(Bowlby, 1988). 현재 많은 연구들은 치료자의 애착 유형이 치료 결과에 직접적인 영향을 미친다고 주장한다(Berry & Danquah, 2016; Balck, Hardy, Turpin, & Parry, 2005; Mikulincer, Shaver, & Berant, 2013). 불안형 애착이나 회피형 애착인 치료자들은 안정애착 치료자들보다 치료 결과가 더 나쁘다. 따라서 CFT 치료자들은 자신의 애착 스타일을 성찰하고, 필요한 경우 내담자에게 안전 기지를 제공하기 위해 자신의 치료적 자질을 계발하는 데 힘써야 한다. 모듈 10과 31은 자신의 애착 유형을 살펴보고 이러한 애착 유형이 내담자와의 관계에 어떠한 영향을 미칠 수 있는지 고려할 수 있는 내용을 포함하고 있다.

자비 흐름 모델링하기

치료자의 고통에 대한 민감성, 자비 동기, 자비 행동은 내담자의 자비 기술을 발달시키는 핵심이기 때문에, CFT 치료자가 내담자를 위해 자비로운 존재의 모델이 되는 것 또한 중요하다. 대부분의 치료자들은 이미 타인에 대한 자비 동기가 강하며, 이것이 치료자가 되기로 선택한 이유와 관련이 있을 것이다. 그러나 최근 연구에 따르면, 많은 치료자들에게 상대적으로 자기자비 기술들이 부족한 것으로 나타났다(Finlay-Jones, Rees, & Kane, 2015; Raab, 2014). 예를 들어, 영(Young)의 스키마 척도에서 가장 자주 나타나는 두 도식은 엄격한 기준과 자기희생이다(Haarhoff, 2006; Kaeding et al., 2017). 암묵적으로 또는 명시적으로 자기비난, 자기희생, 완벽주의 습관을 나타내는 치료자는 자기비난이 심한 내담자를 위한 최적의 모델이 아닐 수 있다. 게다가 이러한 특성은 치료자의 스트레스 및 소진에 크게 기여하여 상당한 개인적 비용과 치료 효과의 축소를 초래할 수 있다(Patsiopulus & Buchananan, 2011; Raab, 2014; Kaeding et al., 2017). 반대로, 우리 자신과 내담자에게 자비로 대하는 것은 내담자를 위한 강력한 자기돌봄 모델링을 형성할 수 있고, 한 개인으로서 그리고 치료자로서 더욱 효율적으로 기능할 수 있게 만든다.

앞과 같은 모든 이유로, 치료 회기에서 매 순간 내담자의 변화를 조율(attune)하는 것이 CFT 치료자에게 특히 중요하다. 이러한 조율은 치료자가 내담자에게 매 순간 마음챙김하며 주의를 기울이고 반응하도록 요구하며, 숀(Schön, 1983)은 이를 "행위 중 성찰(reflection-in-action)"이라고 칭하였다. 마음챙김을 유지할 때, 치료자들은 '개인적 자기(personal self)'(예: 지금 이 순간 나는 어떤 감정을 경험하고 있는가?, 나의 위협 시스템은 활성화되고 있는가?)와 '치료자적 자기(therapist self)'(예: 내담자의 문제를 어떻게 잘 개념화할 수 있을까?, 관계에서 무슨 일이 일어나고 있는지 이해하기 위해 나의 위협 반응을 사용해도 될까?) 모두에서 알아차림을 유지해야 한다(Bennett-Levy & Haarhoff, in press). 그리고 다른 치료자들과 마찬가지로 CFT 치료자들은 최대 효과를 내기 위해 치료 회기 사이에 자기성찰을 사용하는 능력—'행위에 대한 성찰(reflection-on-action)'; Schön, 1983—을 개발하여 이득을 얻을 수 있다.

CFT 치료자는 개인 연습에 대해 어떠하다고 말하나요

현재까지 CFT 치료자를 위한 개인 연습의 영향을 보고한 연구는 단 한 건뿐이었다(Gale, Schroder, & Gilbert, 2017). 게일(Gale)과 연구진은 CFT 치료자 10명에게 연습 중과 연습 후의 개인 연습 경험과 관련하여 인터뷰를 실시했다. 이 연구는 참가자 2명이 CFT 실무 워크숍에 참석했고, 대부분 CFT 슈퍼비전을 적극적으로 받았다는 것을 제외하고는 참가자들이 얼마나 개인 연습에 참여했는지 또는 어떤 종류의 연습에 참여했는지 보고하지 않았다. 참가자들 중 누구도 공식적인 SP/SR 과정에 참여하지 않았지만(해당 단계에서는 SP/SR 워크북이나 SP/SR 그룹이 없었다), 보고된 결과는 다음 섹션에서 논의된 이전의 SP/SR 연구와 현저하게 유사한 점을 가지고 있다. 게일(Gale)과 연구진(2017)은 다음과 같이 결론 내렸다.

> CFT의 개인 연습은 CFT 접근에 대한 이해와 이 접근을 사용할 때의 자신감을 높일 수 있다. 이 연습은 치료자로 하여금 내담자가 직면할지도 모르는 문제들을 예상하고 이러한 문제들을 극복할 수 있는 방법을 발견할 수 있도록 돕는다. 또한 타인과 자신에 대한 자비를 증가시키고 치료자의 태도에 영향을 미칠 수 있다. 그래서 CFT 개인 연습은 치료 기술을 개발하고 개선하도록 도울 수 있을 뿐만 아니라 치료자를 위한 자기돌봄 전략에도 유용할 수 있다(184쪽).

이전 회기에서 간략하게 언급했던 CFT 치료자의 바람직한 자질과 관련하여, 참가자들이 CFT의 개인 연습으로 자신과 타인에 대한 자비가 증가되었다고 보고한 점이 흥미롭다. 게일(Gale)과 연구진의 다른 데이터에서는 SP/SR을 사용하여 치료자의 애착 유형을 살펴보는 것의 가치를 제시하면서 개인 연습이 자기인식을 증가시킬 수 있음을 보여주었다. 예를 들어, 한 참가자는 이렇게 보고하였다.

> "제 생각에 CFT는 치료자로서, 정말로, 함께 일하는 사람들에게 그리고 치료에서 내가 무엇을 제공해 줄 수 있는지에 대해 더 많이 생각하게 해 준 것 같습니다……. 자기연습을 개발하고 실시하는 것은 자기 자신의 일부가 되어 가는 과정인데 이것은 어렵고 고통스러울 수 있습니다."

다른 SP/SR 연구와 마찬가지로, 게일(Gale)과 연구진(2017)은 CFT의 개인 연습이 모델에 대한 서술적 이해와 절차적인 실전 기술(skills in action)을 모두 향상시켰다고 보고했다. 예를 들어, 한 참가자는 "모델을 이해하는 데 큰 도움이 되었고, 또한 사람들과 함께 모델을 사용하는 방법도 알게 되었습니다."(181쪽)라고 말했다. 참가자들은 또한 개인 연습과 결합된 성찰의 중요성에도 주목하였다.

게일 등(Gale et al., 2017)의 연구 결과에서 흥미로운 점은 CFT의 개인 연습이 단순히 치료자의 기술을 익히거나 개인적인 문제를 해결하는 방법이 아니라는 것이다. CFT의 개인 연습은 핵심적인 수준에서 참가자들에게 영향을 미쳤다. 자비는 치료자의 개인적 그리고 전문적 삶에서 '삶의 방식'이 되었다. 한 참가자가 말했듯이, "CFT는 단지 직장에서만 사용하는 것이 아니라 전반적인 삶에 대해 가지고 있는 철학과 같다는 점에서 다른 치료들과 매우 다르게 느껴집니다."(181쪽)

SP/SR 연구

초기에 SP/SR은 개인적 관점 그리고 전문가의 관점에서, 스스로 치료 전략을 연습하고 그 경험을 성찰하는 치료자의 기술 발달을 향상시키기 위한 치료 전략으로 개발되었다(Bennett-Levy et al., 2001). 비록 SP/SR이 초기에 CBT 기술을 개발하고 개선하는데 초점을 두었지만, SP/SR 프로토콜은 자기연습으로 변환할 수 있고 어떤 치료에도 쉽게 적용될 수 있다. 또한 이전 회기에서 언급하였듯이, SP/SR 참가자들이 종종 전문가로서뿐만 아니라 개인적으로도 이로운 경험을 한다는 것이 점차 분명해지고 있다(Bennett-Levy & Harhoff, 출판 중; Perry, 2015; Pakenham, 2015). 예를 들어, SP/SR은 개인적이거나 직업적인 문제들을 다루거나 또는 치료자의 자기돌봄을 강화하는 데 사용될 수 있다.

SP/SR은 두 가지 형태로 제시된다: 개인적으로 수행해야 하는 워크북(Bennett-Levy et al., 2001; Davis, Thwaites, Freeston, & Bennett-Levy, 2015; Haarhoff, Gibson, & Flett, 2011)과 각 파트너에게 치료자와 내담자의 기회가 주어지는(자세한 내용은 제4장을 참고하라) 역할 훈련(Bennett-Levy, Lee, Travers, Pohlman, & Hamernik, 2003; Sanders & Bennett-Levy, 2010)이 있다. 각각의 형태에 따라 저마다의 가치가 있다(Thwaites, Bennett-Levy, Davis, & Chaddock, 2014). 한편 우리가 제4장에서 제시하였듯이, 참가자가 다른 사람으로부터 자비를 받을 수 있는 경험을 할 수 있어서 CFT 치료자를 위한 한시적 공동 치료 형태(예: 역

할 교대 실습)에는 여러 가지 장점이 있다.

베넷-레비(Bennett-Levy)와 핀레이-존스(Finlay-Jones)의 SP/SR 모델(출판 중)을 기반으로 한 [그림 3-1]은 CFT SP/SR 실습이 참가자들에게 어떤 영향을 미칠 것으로 예상되는지를 보여 준다.

연구에 따르면, SP/SR의 주요한 영향은 치료자의 자기인식과 대인관계 기술에 있다고 제안한다(Bennett-Levy & Finlay-Jones, in press; Thwaites et al., 2014; Thwaites et al., 2017). 일반적으로 SP/SR 논문에 참여하는 치료자는 자신의 내부 처리 과정(신체적 느낌, 감정, 생각)에 대한 마음챙김 알아차림을 강화하고, 때로는 근본적인 처리 과정에 대한 중요한 통찰(예: 자비 실습에 참여하는 두려움 또는 꺼림)을 강화한다.

SP/SR 참가자들은 또한 자비와 치료적 현존, 조율, 공감적 이해와 같은 대인관계 기술에 미치는 주요한 영향을 일관되게 보고하였다(Gale & Schroder, 2014; Specdelow & Butler, 2016; Thwaites et al., 2014). 일반적으로 참가자들은 자신이 힘겨워했던 감정이나 변화의 어려운 경험을 내담자의 경험과도 연결해 나갈 수 있다.

> "SP/SR은 개인적으로나 전문적으로나 매우 가치가 있었습니다. 만약 당신 스스로 SP/SR을 할 준비가 되어 있지 않다면, 어떻게 당신이 사람들이 겪을 일이나 또는 그들의 저항과 딜레마가 무엇인지 이해하거나 예측할 수 있을지 모르겠습니다."

또 다른 연구에 따르면, SP/SR이 치료자의 개념과 전문적 기술을 향상시킨다는 것도 밝혀졌다(Gale & Schroder, 2014; Thwaites et al., 2014). SP/SR과 개인 치료의 차이점은 개인 치료의 학습이 대체로 혹은 거의 개인 자신에게 집중된다는 것이다(예: 개인문제 해결이나 개인의 성장).

반대로, 비록 SP/SR의 자기 경험적 특성이 개인적 자기에 대한 성찰에서 시작된다는 것을 의미할지라도, SP/SR은 성찰적인 질문을 통해 '치료자로서의 자기'와 '개인적 자기' 사이에 명시적인 '성찰의 다리(reflective bridge)'를 구축하고자 한다(Bennett-Levy & Harhoff, Press; Bennett-Levy & Layones, Press). 이러한 다리를 만들고 CFT의 개념과 전문적 기술의 측면을 직접 경험함으로써 SP/SR은 당신의 개념적 · 기술적 CFT 기술을 향상시킬 수 있다.

성찰의 다리를 세우기 위해, SP/SR 성찰 질문은 보통 구조화된 순서를 따른다; 먼저 개인적인 자기에 초점을 맞춘다("당신의 자기연습의 경험은 무엇인가?; 그 경험을 어떻게 이해

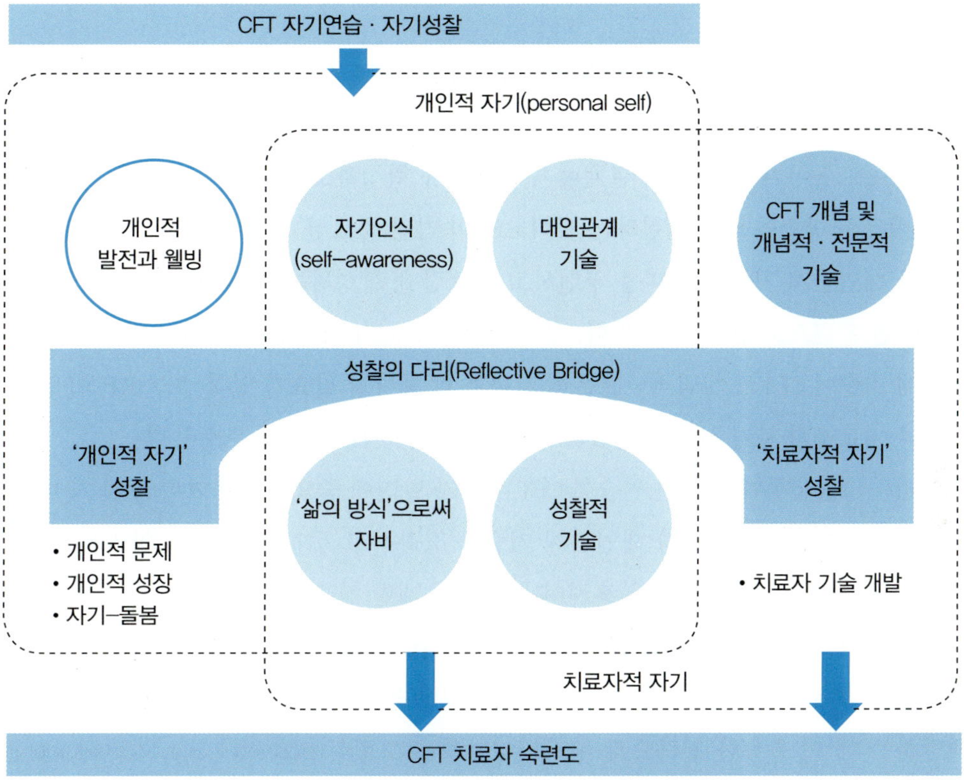

[그림 3-1] CFT 기술에 대한 SP/SR의 영향 모델

하고 있는가?"). 그런 다음 치료적 자기로 연결된다("당신의 치료적 연습에 대해 무엇을 시사하는가?"; "CFT 이론을 이해하는 데 있어 시사하는 바는 무엇인가?")(Bennett-Levy et al., 2015; Thwaites et al,, 2014). 예를 들어, 우리가 자비로운 자기 이미지를 훈련할 경우, 자비로운 자기를 계발하기 시작하는 것뿐만 아니라 내담자들에게 어떻게 자비로운 자기 이미지를 소개하는지에 대한 경험의 함의도 생각해 볼 수 있다.

요약하면, SP/SR이 선언적인 것과 절차적인 것, 상호작용과 기술 및 개념적인 것 그리고 개인적 자기와 치료자적 자기를 통합하는 효과적인 훈련 전략임을 지지하는 연구들이 많아지고 있다. 자기인식과 자기성찰은 치료자 자신에게 정보를 제공하고 영향을 미치며 서로 다른 치료 기술들을 효과적으로 조합할 수 있는 접착제를 제공한다. SP/SR 참가자들은 자신의 경험을 통해 치료 과정에 대한 이해와 내담자와 관계를 맺는 방법에서 주된 변화가 있었다고 보고한다. 특히, 참가자는 자신의 경험을 통해 치료 진행에 대한 잠재적 장애물에 대해 훨씬 더 많이 알게 되고, 결과적으로 이러한 장애물을 예측하고, 알아차리고, 다루는 데 더 효과적이게 된다고 보고한다.

CFT 치료자를 위한 SP/SR의 가치

원점으로 돌아가면, 치료적 관계에서 안정감을 형성하고 자신과 타인 모두와 관계 맺는 자비로운 방법들을 모델링하는 것이 CFT의 가장 중요한 핵심 요소이다. 자기인식과 정교한 대인관계 기술은 자비를 구현하고 안정감을 형성하는 데 핵심 요소이며, 각각은 개인적인 훈련으로 강화될 수 있다. 결국 효과적인 CFT 제공을 위해서는 자기인식과 대인관계 기술이 CFT의 개념적 · 전문적 기술과 잘 통합될 필요가 있다. SP/SR은 개인적인 자기와 치료자적 자기 사이에 성찰의 다리를 만들어 이러한 통합을 돕는다.

우리는 SP/SR 형태의 개인 연습이 CFT 치료자 발전에 중요한(어쩌면 특별한) 기여를 한다고 제안한다. "자기인식과 대인관계 기술을 강화하고 개인 및 전문가 영역을 잇는 가교 역할을 제공해 주는 또 다른 훈련이나 전문성 계발 전략이 있을까?"라는 질문을 멈출 필요가 있다. 독서? 강의 또는 토론? 모델링? 역할극? 2009년의 한 연구는 자기 체험 학습과 성찰 훈련이 교육적 학습, 모델링 또는 역할 놀이보다 대인관계 및 성찰적 기술을 개발하는 데 더 유용한 전략으로 평가되었다고 보고했다(Bennett-Levy, McManus et al., 2009). 그러나 체험적 학습과 성찰 훈련이 SP/SR 형태로 제공되면, 참가자들은 이러한 기술을 개념적 · 기법적 기술들과 통합할 수 있게 된다.

치료자에게 시간은 소중한 자원이다; 전문성 계발 결정(professional development decision)은 현명하게 내려야 한다. SP/SR은 참가자들에게 지적 요구뿐만 아니라 상당한 감정적 요구를 한다는 점에서 일반적인 훈련 전략과는 다르다. SP/SR에는 전념, 시간 및 에너지가 요구된다. SP/SR 참가자의 이점은 감정적 요구가 치료자 기술 향상뿐만 아니라 자기돌봄 및 개인의 발전으로 이어질 수 있다는 것이다. 이 단계를 밟을 준비가 된 CFT 치료자들에게, SP/SR은 개인적 및 전문적인 성장에 있어 특유의 통찰, 기술 그리고 풍부한 보상을 제공할 것이다. 제4장에서 강조했듯이 예비 SP/SR 참가자는 SP/SR 프로그램을 실시할 최적의 시간을 고려해야 하며 누구와 어떤 환경에서 실시할지도 고려해야 한다. 제4장에서는 이러한 선택을 할 때 SP/SR의 장점을 극대화해 주는 지침을 제공한다.

제4장
SP/SR 훈련을 최대로 활용하기

이 장의 목적은 전문가적으로나 개인적으로나 최대의 이점을 얻을 수 있도록 SP/SR을 풍부하게 경험하도록 돕는 것이다. 이 장은 두 부분으로 나뉜다. 첫 번째 부분은 개인, 짝, 그룹, 슈퍼비전, 워크숍 등에서 내면으로부터 CFT 체험을 사용할 수 있는 맥락을 살펴보고, 이러한 맥락을 가장 효과적으로 활용할 수 있는 방법을 살펴볼 것이다. 두 번째 부분에서는 당신의 SP/SR 프로그램이 가능한 한 당신에게 잘 작동하도록 고려해야 할 중요한 요소들을 설명할 것이다(예: 안정감 조성, 시간 관리, 성찰 적기, 모듈 선택).

다양한 맥락에서의 SP/SR 훈련

대학에서 공인하는 CFT 프로그램 수는 현재 매우 제한적이기 때문에, 대부분의 독자들은 자체적으로 환경을 조성하여 CFT SP/SR을 실시할 것이라 생각된다. 성공적인 프로그램을 위한 열쇠 중 두 가지는 작업환경에 적합한 맥락을 결정하고 도움 되는 환경 구조를 만드는 것이다. 여기서 우리는 다양한 맥락에서 훌륭한 SP/SR 프로그램을 수립하는 최선의 방법을 고려해 볼 것이다.

개별적으로 SP/SR 훈련하기

이 책을 사용하는 대부분의 치료자들은 개별적으로 프로그램을 실시하기를 택할 것으로 예상된다. 여러 측면에서 이는 가장 간단한 선택지이고 수많은 장점을 가진다. 즉, 원할 때 시작하고, 원하는 만큼 시간을 쓰고, 프로그램을 개별화하고, 가장 와 닿는 모듈을 선택할 수 있다. 시간이 지나면서 개인적이고 전문적인 기술을 쌓을 수도 있다. 게다가 다른 사람의 동의 없이 자유롭게 더 깊은 자기탐구를 할 수 있다. 당신은 노출되거나 당황함을 느낄까 봐 걱정하지 않아도 된다. 그리고 다른 사람들과 비밀 유지에 대한 동의를 합의하지 않아도 된다. 그러나 만약 혼자 프로그램을 하기로 결정했다면, 당신은 상당히 높은 수준의 구성과 자기훈련을 유지해야 할 것이다. 몇 주 동안 워크북을 내려놓고 다시 집어 드는 데 실패하기 쉽기 때문이다. 이러한 경향을 다루기 위한 팁은 이 장의 뒷부분에 있는 시간 관리 섹션을 참고하라.

다만 스스로 SP/SR을 하는 데 두 가지 단점이 있다; 이를 인지하고 있으면 어느 정도 보완할 수 있을 것이다. 첫 번째는 SP/SR을 하는 도중에 세 가지 자비의 흐름 중 두 가지를 직접 경험할 수 없다는 것이다. 즉, 당신은 자기자비에 많은 집중을 하게 될 것이며 다른 사람들에게 자비를 주거나 다른 사람들로부터 자비를 받는 것은 놓칠 것이다. 따라서 우리는 당신이 SP/SR 회기 사이에 자비를 주고받는 데 명확히 집중함으로써 누락된 요소들을 보충할 것을 제안한다. 두 번째 단점은 당신이 다른 사람들의 성찰을 경험할 수 없다는 점이다. 사람들은 각기 다른 방식으로 치료 과정을 경험하며, 때때로 당신에게 잘 되지 않는 수련이 다른 사람들에게는 꽤나 강력할 수 있으며, 그 반대도 마찬가지이다. 이는 다른 사람들의 성찰을 듣거나 읽으면서 매우 분명해진다. 따라서 우리는 한시적 공동 치료 팀으로 동료와 팀을 이루거나 SP/SR 집단을 만드는 것을 고려해 볼 가치가 있다고 제안한다(다음 회기 참조). 그러나 (혼자서 SP/SR을 하는 것 외에는) 어떤 선택지도 불가능할 수 있다. 혼자서 SP/SR을 하는 것의 큰 이점은 시간표, 모듈 선택, 프로그램 속도를 완전히 통제할 수 있다는 것이다.

SP/SR 훈련 집단

우리는 뒷장에서 SP/SR 집단의 다양한 측면들을 탐색할 것이다. 여기서는 SP/SR에 대한 집단 접근 방식의 핵심 요소 몇 가지를 강조하는 것으로 시작하고자 한다:

- 온라인 혹은 대면 SP/SR 집단은 개별 '수련' 또는 '공동 치료 쌍' '안에서 일어나는 연습'과 종종 결합한다.
- SP/SR 참가자들은 SP/SR 프로그램의 가장 가치 있는 측면 중 하나가 집단이라고 보고한다.
- 집단의 이점은 참가자들이 CFT 훈련 경험을 다른 사람들과 비교, 대조할 수 있게 해

준다는 것이며, '천편일률적이지 않음'을 보게 해 준다. 즉, 사람들이 다양한 반응을 보인다는 것을 알게 해 준다.

- 집단 참가자들은 다른 사람들의 성찰의 글이나 구두 성찰을 경험함으로써 더 나은 성찰 기술을 배울 수 있다.
- 집단은 '학습공동체', '훈련공동체'로서 기능할 수 있다; 그룹 내 학습은 개별학습보다 훨씬 풍부한 경험을 제공할 수 있다.

집단에는 다양한 종류가 있다: 몇 가지만 예를 들면 공인된 CFT 훈련 프로그램 안에서의 집단, 동료 집단, 슈퍼비전 집단, 직장 동료 집단, 온라인 집단이 있다. 기본 규칙은 집단 내의 관계 유형에 따라 다를 수 있다: 예를 들어, 어떤 집단은 대면으로 정기적인 만남을 가질 수 있다; 다른 집단은 온라인으로 만날 것이다; 그리고 또 다른 집단은 글로 쓰는 성찰을 제외하고는 만나지 않을 수 있다. 모든 집단에서 중요한 것은, 과정을 명료화하기 위해 하나 또는 두 개의 사전 만남을 가지며, 안정성과 과정에 관한 참가자 모두의 우려를 해결하고, 모든 사람에게 기록되고 배포되는 확실한 합의에 도달하는 것이다.

한시적 공동 치료 팀(역할 교대 실습)

드물게 보고되는 SP/SR 형태에는 한시적 공동 치료 쌍(이후, 역할 교대 실습) 형태가 포함된다(Bennett-Levy et al., 2003; Sanders & Bennett-Levy, 2010). 이러한 형태의 SP/SR에서는 치료자 두 명이 교대로 치료 회기를 진행하며, 한 사람이 치료자를, 다른 한 사람이 내담자 역할을 한다. 이러한 맥락에서 '내담자'는 특정 문제에 대해 작업하고 치료자는 책에 제시된 치료 기술과 전략을 바탕으로 내담자의 과정을 촉진시킨다. 그런 다음 두 사람은 치료자와 내담자 경험을 언어적으로 성찰한다. 잠시 쉬었다가, 아마도 차나 커피 한 잔을 마신 후에, 서로의 역할을 바꾸고 절차를 반복한다. 세션이 끝난 후, 각자 성찰한 내용을 글로 적고 공유한다. 이는 온라인이나 어쩌면 다음 회기 시작 시간에 논의될 것이다.

역할 교대 실습은 사적인 내용을 나누기 때문에 신뢰 관계를 필요로 한다. 이러한 형태의 SP/SR은 치료 맥락에 가장 가까우며, 그런 점에서 참가자들에게 높은 수준의 취약성을 포함한다. 이점은 역할 교대 실습을 통해 개별 작업을 통해 얻을 수 있는 것보다 더 놀라운 통찰과 깊은 탐색으로 이어질 수 있다는 것이다.

공동 치료 형식은 틀림없이 개인에게 더욱 도전적이다. 그러나 어쩌면 CFT SP/SR에 특히 적합할 수 있다. 앞에서 언급했듯이, 역할 교대 실습 형식은 사람들이 자비의 세 가지 흐름(자비 보내기, 받기, 자기 자비)을 각각 경험하고 성찰할 수 있게 해 준다. 반면 개별적인 SP/SR 형식에서 직접적으로 경험할 수 있는 것은 오직 자기 자비뿐이다.

역할 교대 실습의 잠재적 이점 때문에, 이와 같은 대인관계적 형태의 SP/SR이 CFT에서 특히 가치 있다. 우리는 가능하다면 CFT 치료자들이 용감해야 한다고 제안한다. 베넷-레비 등(Bennett-Levy et al., 2003)의 연구에서 말한 것처럼, 위험을 감수하고 다른 치료자 또는 치료자 집단과 협력하여 역할 교대 집단을 만드는 것을 고려해 보라. 단, 간단한 주의 사항이 있다: 치료 기술에 자신감을 가지고 있는 치료자와 짝을 이루어라. 이 장의 뒷부분에서 볼 수 있듯이, 당신이 예상치 못한 도전을 마주했을 때 '치료자'가 적절한 소크라테스식 질문으로 이끌 수 있다는 것을 알게 될 것이다.

역할 교대 실습은 충분한 시간을 할애하는 것과 같은 몇 가지 실용적 문제를 포함한다. 일반적으로, 한 회기에 45분을 쓴 다음, 10분 동안 성찰하고, 역할 전환을 하기 전에 휴식을 취한 다음, 과정을 반복할 수 있다. 회기 간의 성찰 글쓰기와 거기에 대한 성찰로 절차에 많은 시간이 소요될 수 있다—그러나 아주 가치 있다.

역할 교대 실습의 대안은 특정 연습을 위해 다른 사람과 팀을 이루는 것이다. 이는 면대면으로 만나는 그룹을 위한 개별 SP/SR의 흥미로운 대안이 될 수 있다. 책을 살펴보면, 치료자들이 쌍으로 작업하는 예시가 특징인 모듈이 있다. 몇몇 CFT 전략들 또한 둘이서 하는 작업에 특히 적합하다(예: 다중 자기). 공동 치료 혹은 두 사람이 하는 연습에 함께 참여할 기회가 왔을 때, 우리는 당신이 그렇게 하기를 권장한다.

슈퍼비전에서 SP/SR

SP/SR은 슈퍼비전에서 아주 유용한 보조자료이다. 몇몇 슈퍼바이지들은 이 워크북에 있는 것과 같이 회기 사이의 체험적 연습을 통해 작업할 수 있는 기회를 소중하게 여긴다. 그리고 슈퍼바이저와 함께 그들의 경험을 성찰한다. 대안적으로, 그들은 CFT 기술을 습득하는 좋은 방법이 회기 안에서 제한된 공동 치료 역할로 슈퍼바이저와 함께 특정 전략들을 시도해 보는 것이라고 결론을 내릴 수 있다. 두 경우 모두, 슈퍼바이저가 CFT 훈련을 해 왔고 스스로도 수련을 했는지가 중요하다. 또한 개인 체험 작업이 슈퍼비전 계약의 명시적인 부분이 되기 위한 명확한 합의가 있어야 한다.

슈퍼비전은 슈퍼바이지가 CFT 기술을 배울 수 있을 뿐만 아니라 슈퍼바이저로부터 자비를 받아 자비의 흐름을 경험할 수 있는 훌륭한 기회이다. 이 워크북 말미의 모듈 중 하나(모듈 32)는 '내면의 자비로운 슈퍼바이저'의 개발에 초점을 맞추고 있다. 이는 이상적인 자비로운 슈퍼바이저의 자질을 고려하고 거기에 관여한다는 점에서 슈퍼바이저와 슈퍼바이지 모두에게 귀중한 모듈이며, 치료에서 어려운 경험들을 다루는데 사용될 수 있다.

다른 형태의 SP/SR과 마찬가지로, 우리는 글로 쓴 성찰이 슈퍼비전 과정에서 일정 역할을 해야 한다고 제안한다. 슈퍼바이저들은 아마도 이러한 반성이 양방향인지, 즉 오직 슈퍼바이지의 성찰만을 포함하는지, 슈퍼바이저의 것도 포함하는지를 고려할 것이다.

워크숍에서의 SP/SR

자기체험적 연습은 때때로 워크숍의 일부이며, 일회성 연습 또는 연결된 시리즈의 연습일 수 있다(Haarhoff & Thwaites, 2016). 그러한 연습은 우리의 경험에서 보통 한 쌍으로 또는 집단 형식에서 구두로 디브리핑된다. 한편, 우리는 구두 디브리핑 3~5분 전 워크숍에서 글로 쓰는 성찰을 활용하는 실험을 했다. 그렇게 했을 때 많은 이점이 있었는데, 참가자들의 경험을 심화시켰고, 워크숍에 다른 분위기와 속도가 조성되었다—성찰이 확산되고 풍부해질 수 있는 속도가 되었다.

SP/SR 프로그램의 필수 요소

안정감 조성하기

우리가 봐 왔듯이, 안정감을 조성하는 것은 CFT의 기본 요소이다. 연구들은 안정감 경험은 SP/SR 프로그램의 핵심 필요 조건이라는 것을 보여 준다(Bennett-Levy & Lee, 2014; Spafford & Haarhoff, 2015). SP/SR을 개별적으로 하든 그룹으로 하든, 안전성이 중요하다. SP/SR 프로그램 연구에 따르면 안정감과 관련된 두 가지 두려움이 있는데, 이는 SP/SR 참가자들이 완전히 참여할 수 있도록 하기 위해서 다루어져야 할 것들이다: SP/SR이 통제 상실이나 개인적 고통으로 이어질 것 같은 두려움, 그리고 집단 상황에서 다른 참가자들에게 노출될 것에 대한 두려움이 있을 수 있다(Bennett-Levy & Lee, 2014). 두 가지 두려움 모두 SP/SR 프로그램을 시작하기 전에 다루어져야 한다. 이어지는 섹션에서 설명해 놓았지만, 정확히 이 목적을 염두에 두고 개발된 수많은 전략들이 있다.

SP/SR 과정에서 안정감 및 통제감 조성하기

자신에 대한 통제력을 상실하거나 개인적인 고통이 유발될 것이라는 두려움은 다양한 방식으로 다루어 볼 수 있다. 첫 번째로, SP/SR 참가자로서 당신은 훈련에서 다룰 주제(들)와 그것의 깊이를 선택할 수 있다. 정서적 강도 범주에서 100%가 최대의 고통이라고 했을 때, 선택한 주제가 40% 아래에 해당하지 않고(그렇지 않으면 프로그램을 지속하기 어렵다), 이상적으로 50~75%이면 좋다—절대 80%를 넘지 않을 것을 권장한다. SP/SR에서는 어느 정도의 불편함이 예상되며, 이는 그 자체로 자기자비의 기회를 제공한다(Gilbert & Irons, 2005; Germer & Neff, 2013). 하지만 연습이 과활성된다고 느낀다면 가볍게만 건드려서—또는 아예 건드리지 않고—자신에게 자비를 보내는 기회로 사용하라.

두 번째로, SP/SR 프로그램에서 피해야 할 문제들이 있다. 특히, 외상 또는 학대와 관련된 주제, 높은 수준의 슬픔, 아주 괴로운 기억, 또는 최근의 주요 삶의 문제(예: 관계 단절)가 해당된다. 추가적으로, 만약 현재 직장이나 집에서 높은 수준의 스트레스를 겪고 있다면, SP/SR 프로그램을 수행하기에 최적의 시기가 아닐지도 모른다(Bennett-Levy et al., 2001).

세 번째로, 때로는 하나가 다른 것으로 이어지며, 참가자들은 특정 연습이 불러일으킨 느낌 및 기억의 강도에 의해 놀랄 수도 있다. 우리가 내담자에게 위협 시스템 반응 조절을 위해 다양한 자비심 연습 전략들을 사용하도록 제안하는 것처럼(예: 진정 리듬 호흡, 안전 공간 심상화), 이러한 상황에서는 우리 역시 비슷하게 해야 한다. 그렇게 했는데도 괴로운 기억이 지속될 때가 있다. 이런 일이 발생하면, 외부적 지원을 구하는 것이 현명할 수 있다. 이러한 이유로 우리는 모든 사람이 스스로를 위해 '개인을 위한 보호 전략'을 마련할 것을 제안한다. 개인 보호 전략은 전형적으로 최소 세 가지 수준을 지니며, SP/SR 프로그램을 실제로 시작하기 전에 잠재적인 치료자를 확인하는 것을 포함한다. 예를 들어,

- 수준 1: 당신의 파트너, 좋은 친구, 또는 믿을 만한 동료와 얘기하라.
- 수준 2: 당신의 슈퍼바이저와 문제를 논의하라; 계획을 세우라.
- 수준 3: 믿을 만한 치료자에게 예약을 잡으라.

SP/SR 집단에서 안정감 만들기

일부 참가자들은 SP/SR 프로그램을 집단 장면에서 하기로 선택할 것이다. 이러한 분들에게는 다른 사람들에게 노출될 것에 대한 두려움을 다루는 것이 안정감을 만드는 열쇠가 될 것이다. 참가자들이 집단 형식으로 SP/SR하는 것을 고려할 때, 비밀 유지가 주요 관심사가 되는 것은 당연하다. 이뿐만 아니라 안정감에 대한 다른 우려들은 프로그램이 시작하기 전에 다루어져야 한다. 이러한 이유에서, SP/SR 집단에 속할 수 있는 누구라도 프로그램 시작 전에 한두 번 만날 기회를 가져야 한다. 모든 주제와 우려 사항은 공개되어야 하며(예: 비밀 유지, 프로그램 스케줄, 기대 사항, 요구 사항), 이를 다루기 위한 전략이 개발되어야 한다(Bennett-Levy et al., 2015). 개발되고 나면, 합의한 내용을 기록하고 공유해야 한다. 프로그램 사전 회의에 대한 자세한 아이디어는 베빗-레비 등(Bennett-Levy et al., 2015)을 참고하라.

글로 쓰는 성찰에 대한 회기에서 보게 되겠지만, SP/SR의 중요한 부분은 과정에 대한 성찰을 글로 쓰고 다른 집단 구성원과 공유하는 것이다. 성찰을 공유한다는 것이 처음에는 불안을 불러일으킬 수 있지만, 사적인 성찰과 공적인 성찰 사이의 구분 그리고 내용(content)에 대한 성찰과 과정(process)에 대한 성찰 사이의 구분이 이루어진다면, 안정감은 곧 회복될 것이다. 경험적으로, 사적이고 개인적인 성찰은 특정 생각과 불편한 느낌에 관한 내용을 포함할 가능성이 높지만, 공적 성찰은 생각에 대한 내용이나 곤란한 느낌을 깊이 있게 묘사하기보다 과정에 대한 성찰을 포함한다(예: 어려운 기법 및 심리치료의 의미에 대한 개인적 경험). 예를 들어, 사적인 일기에는 '내가 내 스스로 먹는 것도 조절할 수 없다면 다른 사람을 치료해 줄 권리가 어디에 있을까?'와 같이 자비롭지 않은 생각을 적을지도 모른다. 그러나 공적인 영역에서는 '자기 회의적 생각' 이나 '자비롭지 않은 목소리'라고 언급하는 것이 더 적절할 것이다.

SP/SR 진행자

성공적인 SP/SR이 되기 위한 핵심 요소로 안정감을 확보하는 것이 SP/SR 진행자(촉진자)의 역할이다(Bennett-Levy, Thwaites, Chaddock, & Davis, 2009; Bennett-Levy et al., 2015; Spafford & Haarhoff, 2015). 실무자 집단이 SP/SR 프로그램에 참가하고 있다면 진행자 또는 공동 진행자가 필수적이다(빠른 안내를 위해서는 〈표 4-1〉 참고). SP/SR 과정의 집단 친밀도에 따라, 진행자의 초기 역할은 SP/SR 프로그램의 잠재적인 이득을 설명하는 것이다. 이는 관련 문헌 또는 비디오로 참가자들을 지도하거나, 또는 SP/SR의 개인적 경험을 설명해 주는 것으로 가능하다.

〈표 4-1〉 SP/SR 집단을 촉진하기 위한 빠른 안내

1. 모든 참여자가 잘 이해하고 있는지, 구조화와 과정에 대한 집단의 의견과 토론, 합의가 이루어졌는지를 확인하기 위해, 프로그램 사전 회의를 가져야 한다.
2. 개인적인 SP/SR경험을 통해서, 또는 읽은 연구를 통해서 SP/SR을 실시하는 것의 가치를 설명한다.
3. 집단을 위한 안정감을 확립하는 것이 특히 중요하다(비밀 보장에 대한 동의, 개인적인 보호 전략, 사적인 성찰과 공적인 성찰 간의 구분 등).
4. 과정에 대한 동의를 확립한다(예: 프로그램의 기간, 모듈 선택, 만남 시기, 성찰 내용을 시기적절하게 올리기).
5. SP/SR 프로그램 동안 정기적으로 알림 및 이메일로 격려를 보내면 동기 부여에 도움된다. '뒤처지는' 것 같은 사람이 있는지 확인하고, 그 사람이 괜찮은지, 필요한 것이 있는지(한 주 동안 쉬기 등) 물어본다.

진행자는 성공적인 프로그램을 위해, 그리고 프로그램이 잘 진행되도록 전제 조건을 수립해야 한다(예: 안정감, 의무, 조력, 시기). 예를 들어, 사전 회의에서 진행자는 몇 가지 실용적인 문제에 대한 집단 동의를 확립하는 작업을 할 것이다: 프로그램의 길이와 내용, 참가자 의무(예: 글로 쓰는 성찰), 온라인 토론 포럼 및 또는 면대면 집단 회의의 기본 규칙, 모든 참가자가 개인적인 안전 전략을 지녔는지에 대한 동의이다. 일단 시작한 후에는, 온라인 토론 포럼에 익숙하지 않은 참가자들이 이 기술을 사용할 수 있도록 돕고, 집단원들이 특정 날짜까지 성찰을 포럼에 게시하도록 상기시키고, 참여를 장려하고 지지하며 존중하고, 참여도가 떨어진 것 같을 때 참가자를 살피는 것이 프로그램이 잘 나아갈 수 있도록 하는 방법이다.

지금까지 SP/SR 프로그램의 대다수는(Bennet-Levy et al., 2001; Haarhoff et al., 2011; Spendelow, Butler, 2016), 비록 전부 그런 것은 아니지만(Bennet-Levy et al., 2003; Davis et al., 2015; Thwaites et al., 2015), 대학 과정에서 학생들과 함께 실시되었다. 이러한 상황에서 (또는 이중 관계가 염려되는 모든 상황에서), 사전 프로그램 회의의 진행자는 집단 진행자와 코스 교사 모두에서 발생할 수 있는 이중 관계 문제를 처리해야 한다. 현재 대학 기반의 CFT 프로그램은 거의 없기 때문에 CFT 그룹에서는 이와 같은 공식적인 교수 관계가 발생할 가능성은 적을 것으로 예상된다. 그러나 작업 집단 또는 또래 집단의 이점을 경험

할 수 있도록 하기 위해서는 여전히 진행자의 역할이 중요하다. 따라서 우리는 집단에서 실습 과정에 대해 책임질 진행자 한명 혹은 한 팀의 진행자를 선정할 것을 제안한다.

글로 쓰는 성찰

SP/SR은 단순히 치료의 개인적 경험을 통해 치료 기술을 배우고 다듬는 자기 경험적(self-experiential) 방법이 아니다. 한 참가자가 요약한 것처럼, SP/SR의 자기성찰 부분 또한 동등하게 중요하다: "자기연습과 자기 성찰 둘 다 이 과정의 중추적인 요소이다. 이 부분이 없다면 의미 있고 중요한 방식으로 내용을 적용하여 얻게 되는 이해의 수준에 도달할 수 없을 것이다."

당신은 각 모듈의 끝부분에서 자기성찰 질문들을 찾을 수 있을 것이다. 참가자들은 성찰을 적는 것이 힘들 수 있지만, 그 이점은 단지 경험에 대해 생각하거나 얘기를 나누는 것보다 훨씬 크다고 누누이 말한다. 성찰적 글쓰기 연구자들이 발견했듯이(Bolton, 2010) 성찰을 적는 것은 우리의 경험을 구체화시키고 이해할 수 있게 해 주는데, 이는 생각만으로는 하기 힘든 것이다. 게다가 글쓰기는 우리의 생각에 대해 더 영속적인 기록을 제공한다. 우리는 글을 다시 볼 수 있고, 성찰할 수 있고, 추가해서 쓸 수 있으며, 우리의 이해를 바탕으로 더 나아갈 수 있다. SP/SR을 수행하는 실무자 집단의 경우, 글로 쓰는 성찰은 또 다른 기능을 한다: 집단원들끼리 성찰을 공유함으로써 서로에게 배울 수 있게 해 주며, 특정 전략의 경험이 동료들의 경험과 얼마나 비슷하거나 다른지 볼 수 있게 해 준다.

글로 쓰는 성찰은 SP/SR 과정의 핵심적인 부분이다. 당신이 개인적으로 SP/SR을 하든 집단으로 하든, 경험에 대해 그저 생각만 하지 말고 글로 적은 후 그것의 의미를 성찰하기를 강력히 권장한다. SP/SR에서 글로 쓰는 성찰에 대한 더 많은 안내는 베넷-레비 등(Bennett-Levy et al, 2015, 20-23쪽) 또는 할훕과 스웨이츠(Haarhoff & Thwaites, 2016)를 참고하라.

온라인 토의 포럼

대부분의 SP/SR연구들은 온라인 토의 포럼을 포함하고 있다. 참가자들은 과정 중에서 이 포럼이 가장 귀중한 부분이었다고 자주 보고한다(Farrand, Perry, & Linsley, 2010;

Spafford & Haarhoff, 2015; Thwaites et al., 2015). 그들은 치료 전략의 경험을 동료들과 비교할 수 있다. 또한 중요한 것은 일부 SP/SR 참가자들이 다른 참가자들보다 더 강한 성찰 기술을 가지고 있다는 것이다. 온라인 토의 포럼을 통해 참가자들은 성찰적 과정의 가치를 경험하고 다른 사람들을 모델링함으로써 글로 쓰는 성찰 기술을 개발할 수 있다(Farrand et al., 2010).

앞서 언급했던 것처럼, 온라인에서 안정감을 만드는 것은 핵심적인 요구 사항이다. 포럼은 훈련 집단원과 진행자에게만 열려 있어야 한다. 사전 프로그램 회의에서 참가자들은 게시글의 익명성 여부를 결정해야 하며(집단에 따라 이 선택에서 차이가 있을 수 있다); (이전에 설명했던) 사적 및 공적 성찰 간의 차이를 명확히 하고; 허용 가능한 게시글과 불가능한 글(예: 모욕이나 비판 금지)에 대한 기본 규칙을 개발해야 한다. 문제가 있을 때 진행자 또는 후보자는 중재자 역할을 맡을 수 있는 권한을 부여받아야 한다. 어떤 참가자들은 여전히 취약함을 느낄 수 있다(예: 동료들에 의해 관찰되거나 평가받는 것을 알아차림). 그러한 느낌은 정상화되어야 하며 자비가 자신과 다른 사람에게로 확장될 수 있는 기회로 인식되어야 한다.

토의 포럼에 성찰을 올리는 시간표 또한 명확히 해야 한다. 만약 사람들이 각각 다른 모듈을 다른 주에 무작위로 게시하거나 글을 올리지 않는다면 포럼의 가치는 제한될 것이다. 집단은 각각의 SP/SR 활동을 언제까지 실시할지, 그리고 글로 쓴 성찰을 언제 게시할지 결정해야 한다; 주간 이메일 리마인더는 성찰을 순조롭게 지속하는 데 도움이 될 수 있다. 포럼이 잘 기능할 때, 참가자들은 자신의 경험에 대한 성찰을 게시할 뿐만 아니라 서로의 게시물에 대한 활발한 논의를 주고받을 것이다.

시간 관리

SP/SR 연구는 성실한 참여를 가장 방해하는 유일한 요소가 시간이 부족하다는 인식(그리고 실제 시간의) 부족이라는 것을 지속적으로 보여 주고 있다(Haarhoff, Thwaites, & Bennett-Levy, 2015; Spafford & Haarhoff, 2015). SP/SR을 우리의 직업 및 개인적 생활의 맥락에 맞추려면 계획하고 조직하며 헌신하는 것이 필요하다. 마찬가지로 공식적인 교육 프로그램에서 SP/SR을 선택 사항인 것처럼 제시하고 특정한 시간과 과정 이수 증명이 수여되지 않는다면, 당연히 참가자들은 SP/SR 프로그램에 덜 참여할 것이다. 우리의 삶은 더 많은 것을 맞추려고 노력하지 않아도 이미 충분히 바쁘다.

우리는 이 워크북을 위해 의도적으로 짧은 모듈을 만들었다. 자신을 모니터링하는 모듈(예: 자기비난 다이어리 마음챙김, 모듈 22)이나 새로운 아이디어 시도하기(예: CFT의 행동 실험, 모듈 22)를 제외하면 주중에 끝내는데 평균 45분을 넘지 않는다. 우리는 SP/SR 루틴을 만들 것을 제안한다(매주 정기적인 SP/SR을 하기 위해 따로 마련한 시간 말이다).

예비 연구에 따르면 참가자들이 자기연습이나 자기성찰 부분을 피하면 SP/SR 효과는 감소될 수 있다(Chaddock, Thwaites, Bennett-Levy, & Freeston, 2014). 개인적인 자기와 치료자 자기 모두에 대해 성찰을 하는 사람은 개인적 관점에서만 SP/SR 경험 성찰을 하거나 개인적 경험을 적절히 처리하지 않고 곧장 치료자 자기에 대한 함의로 넘어가는 사람보다 더 나은 효과를 가졌다. 만약 CFT SP/SR을 하는 데 오직 몇 주만 주어진다면, 표면적으로 대충 훑어보면서 모듈을 다 거쳐가기보다는 당신이 원하는 모듈을 고르기를 제안한다(다음 회기를 보라).

모듈 선택

이상적으로, 당신은 이 책에서 체계적으로 작업해 나갈 것이며 그 과정에서 다양한 수련을 시도하게 될 것이다. 그러나 이러한 포괄적 접근이 시간 부족으로 인해 항상 실용적이지는 않다는 것을 알고 있다. 어떤 모듈을 가장 하고 싶은지는 이미 명확할 수 있다. 그러나 만약 당신에게 CFT가 처음이라면(그리고 책 전체를 다 다룰 수 없다면), 우리는 다음이 핵심 모듈이 될 것임을 제안하며, 남는 모듈들 중에 선택적으로 골라 당신의 경험을 마무리할 수 있다.

- 모듈 1: 초기 평가와 도전 과제 확인하기
- 모듈 2: 세 가지 정서 시스템
- 모듈 3: 진정 리듬 호흡
- 모듈 4: 까다로운 뇌 이해하기
- 모듈 5: 구뇌-신뇌의 순환 탐색하기
- 모듈 6: 마음챙김 호흡
- 모듈 7: 경험의 조형
- 모듈 10: 애착 유형 살펴보기

- 모듈 15: 자비 꾸러미 풀기
- 모듈 18: 다양한 버전의 자기: 위협 기반 자기
- 모듈 19: 자비로운 자기 계발하기
- 모듈 20: 행동하는 자비로운 자기
- 모듈 24: 자기자비에서 타인자비로: 심상을 사용한 기술 구축
- 모듈 27: 타인으로부터 받는 자비: 타인의 친절함에 마음 열기
- 모듈 28: 자기에게 자비 보내기: 자비로운 편지 쓰기
- 모듈 34 : 자비 성장의 유지와 함양

결론

이 장에서, 우리는 SP/SR 프로그램을 가장 효과적으로 경험할 수 있는 몇 가지 방법을 검토하였다.

우리는 CFT의 핵심 속성을 반영하는 안정감을 만드는 것의 근본적 중요성을 강조하였다. 우리는 또한 글로 쓴 성찰의 가치를 인식하고, 시간 관리를 하며, 온라인 토론 포럼을 잘 이용하고, 명확하게 모듈 선택하기 등 SP/SR의 구조적 측면이 어떻게 당신의 경험을 강화할 수 있는지도 주목했다. SP/SR이 집단으로 수행될 때, 진행자 또는 공동 진행자의 역할이 가장 중요하다. 동료 집단에서도 시간이 지남에 따라 진행자의 역할이 집단원들 사이에서 공유되더라도, 진행자는 명확히 할 것을 제안한다.

우리가 봐 왔던 것처럼, SP/SR은 다양한 맥락, 즉 개인적으로, 역할 훈련을 통해, 집단, 슈퍼비전, 또는 워크숍에서 수행될 수 있다. 각각의 형식에는 모두 장단점이 있다. 이 장단점을 신중히 검토하여 기회가 왔을 때 안정감, 용기, 자기성찰이 번성할 수 있는 맥락을 만들어 내기를 제안한다.

제5장

세 명의 동료 치료자

우리는 자기탐색을 통해 CFT를 배울 수 있도록 고안된 책을 쓰면서, 실제로 당신이 경험하는 과정에서 보고 느끼는 것을 공고히 함으로써 학습의 경험적인 측면을 최대화하고자 한다. 이를 위해 선택한 한 가지 방법은 세 명의 치료자를 소개하고, 당신이 모듈을 해 나갈 때 CFT SP/SR에 참여하는 치료자들의 사례를 함께 제공하는 것이다. 우리는 이 치료자들이 삶과 임상 작업에서 겪는 어려움들(CFT로부터 도움받을 수 있는) 뿐만 아니라 이러한 삶의 도전에서 CFT의 다양한 과정 및 실습들을 어떻게 적용하는지에 대한 본보기가 되어 주기를 희망한다.

이 여정을 함께하는 파티마(Fatima), 조(Joe), 그리고 에리카(Erica)는 실제 인물이 아니다. 이들은 우리의 현재 목적에 맞게 우리(저자들)의 일상 및 직업 장면에서 마주한 경험들과, 동료 및 슈퍼바이저가 보고한 경험들 모두를 각색한 조합물이다. 우리는 앞의 등장인물들의 경험을 이해하기 위한 맥락을 만들기 위해, 그들의 삶과 배경을 엿볼 수 있는 시간을 가진다. 그들에 대한 몇 가지 정보들을 제공할 것이며, 다른 세부적인 사항들은 당신의 상상에 맡긴다(실습에서 등장인물의 문제들에 대한 뉘앙스로 초점이 옮겨지도록 너무 구체적으로 이야기하지 않고, 등장인물들의 경험을 이해할 수 있는 독자들의 능력을 극대화하는 것이 목표이다).

파티마

파티마(Fatima)는 파키스탄에서 미국으로 이주해 온 부모 사이에서 태어난 28세 여성이다. 그녀는 청소년기에 부모의 이혼으로 적응을 하고자 고군분투하면서 스스로 치료자를 만나 도움을 받았고 이 때문에 일찍이 치료자로 일했다. 자라면서 그녀의 아버지는 그녀를 사랑했지만 억압했고 그녀의 어머니는 우울증과 알코올로 힘들어했기 때문에, 때때로 부모님과의 관계에서 신뢰가 없었다. 파티마는 15세에 약 1년 동안 여성 치료자를 만났는데, 수년간 그녀의 학교생활 적응을 돕고 우정을 발달시키는 데 큰 도움을 받았다고 회상하였다. 최근 들어 파티마의 사회적 지지 네트워크는 그녀와 그녀의 동료들이 업무와 (일부 동료들의 경우) 가족에 대한 헌신으로 점점 더 많은 시간을 쓰게 되면서 서서히 약화되었다. 스스로에게 가장 솔직해졌던 순간, 파티마는 친밀한 관계를 깊이 갈망하지만 그 안에서 안전함을 느끼기 위해 애쓰고, 만약 실수했을 때 다른 사람들로부터 버림받을까 봐 불안해한다는 것을 알아차렸다(이 두려움은 그녀가 데이트 상대와 헌신적인 관계를 형성하는 것을 방해하였다).

항상 성실하고 꼼꼼한 학생이었던 파티마는 학업에 뛰어났으며 최근 청소년 정신건강 서비스에서 신입 치료자라는 매우 만족스러운 자리를 얻었다. 비록 그녀가 바랐던 만큼 충분한 월급을 받지는 못하지만(현재 독신으로서의 삶과 평범한 아파트를 감당하기에는 충분했으나 그 외에는 변변치 않음), 그녀는 어려움을 겪는 사람들을 돕는 데 깊이 헌신하고 결국 치료자가 되어 그렇게 할 수 있다는 데 자부심을 가지고 있었다. 첫 내담자들과의 관계에서 내담들이 그들을 돕기 위한 그녀의 노력에 감사함을 느끼는 것 같았고 도움을 얻는 것처럼 보였기 때문에 매우 만족스러웠다.

그러나 최근에 파티마는 다수의 도전적인 내담자들과 함께 있는 자신을 발견했다. 특히, 그녀는 내담자들 중 한 명과(어떤 면에서 그녀 자신을 떠올리게 하지만 그녀가 전적으로 도울 수 없다고 느끼는 변덕스러운 여성 청소년) 씨름하고 있었다. 이러한 경험들은 파티마에게 패배감을 안겨주었으며 자신이 정말로 치료자가 되기 위해 '필요한 것을 가졌는지' 스스로 질문하게 만드는 간헐적이지만 강렬한 자기 의심을 불러일으켰다. 최근에 참여한 훈련에서, 강연자는 이처럼 어려운 사례를 접했을 때 치료자들이 수치심과 자기 의심을 경험하는 경향이 있다고 언급하였고, 파티마는 수치심과 자기 의심 경험에 특히 초점을 맞춘 CFT의 SP/SR을 통해 그녀 자신의 경험을 다루는 CFT 기술을 쌓기로 결심했다. 그녀는 이전 치료에서 도움 받은 경험이 있어, 이 프로그램을 접근하는 데 조심스럽지만 희망을 가졌다. 파티마는 스스럼없는 친분을 지니고 있고, 지역 공동체의 동료 슈퍼비전 모임의 일원인 동료 에리카에게 함께하자고 초대하였다.

에리카

에리카(Erica)는 수년 동안 치료자로서 성공적인 경력을 쌓았으며 은퇴하기 전에 10년 정도 더 일할 계획이다. 그녀가 현재 겪고 있는 어려움은 SP/PR 프로그램을 시작하기로 결정하기 9개월 전에 돌아가신 어머니의 죽음에 적응하는 데 장시간 걸렸다는 것과 관련 있다. 어머니의 죽음은 에리카에게 심한 충격을 주었고, 때때로 2년 전 남편과 이혼한 뒤 겪었던 고립감과 슬픔, 불안감 등의 감정들을 악화시켰다. 에리카는 어머니가 돌아가시고 나서 2~3개월 동안 힘든 애도 과정을 겪고, 직장에서 장기간의 휴가를 내어 사회적 관계를 철수하였으며, 슬픔을 다루기 위해 여러 차례 상담을 받았다.

현재 어머니가 세상을 떠난 후 처음 몇 달 동안 겪었던 강렬한 슬픔에서는 많이 벗어났지만, 에리카는 자신이 아직 이전의 활발한 사회생활에 다시 합류하지 못했고, 이전만큼 강하게 내담자들과 연결되었다고 느끼지 못한다고 말한다. 복직한 이후 그녀는 가끔 정신이 산만해지며, 마치 '일하는 시늉만 하고 있는' 것처럼 느껴졌다. 에리카는 과거 자신을 개인적인 관계와 직업적 관계 모두에서 열정적이고 따뜻한 사람으로 경험하였기 때문에, 그런 자신을 되찾고 싶어 한다. 에리카는 CFT를 배우는 것이 좋은 방법일 수도 있다고 생각하며 SP/SR 프로그램을 찾았으므로 자신의 삶에서도 이러한 문제들을 다루는 데 도움이 될 수 있다고 생각했다. 에리카는 파티마와 함께 지역의 동료 슈퍼비전 모임에 참여해 왔으며, CFT에 대한 공통의 관심을 알게 되자, 두 여성은 함께 이 프로그램에 참여하기로 결정했다.

조

조(Joe)는 최근에 직업을 바꾼 중견 치료자이다. 이러한 변화를 선택한 것은 새로운 직장이 배우자와 아이들이 함께 사는 집과 더 가깝고 급여 또한 합리적으로 높다는 실용적인 이유 때문이다. 그러나 그것은 여러 가지 새로운 압박을 가져다주었다. 그가 지금 일하고 있는 부서는 동료들 사이에서 공동체 의식이나 지지가 거의 없고 경쟁의식이 강하다. 그의 직장은 상명하복의 압박감으로 가득 차 있는데, 조의 슈퍼바이저는 치료자들이 가능한 많은 내담자를 보게 하였으며 때로는 그 이상으로 할 수 있고 또 해야만 한다고 넌지시 얘기하였다. 조는 자신이 슈퍼바이저에게 분노와 원망을 느끼고 있음을 인식하며, 때로 자신이 더 나은 직장을 갖는 상상을 하기도 했다.

조는 새로운 직책에서 성공하기 위해 열심히 일하고 있지만, 이 직책에 별로 기쁨을 느끼지 못하고 있는 자신을 발견한다. 조는 직장에서 생산성을 강조하기 때문에, 내담자들을 가장 잘 도울 수 있는 방법을 찾는데 자신의 에너지를 덜 쏟고 있는 부분에서 좌절감을 느낀다. 또한 직장에서 자신의 욕구를 확실히 표현할 수 있는 방법을 찾으려고 애썼는데, 부분적으로는 슈퍼바이저에게 느끼는 분노와 좌절감 때문이기도 하고, 일부는 자의식 때문이기도 했으며, '약한 유대 관계'나 문제 있는 직원으로 비춰지기를 원하지 않기 때문이기도 하였다. 지금까지, 그는 이 모든 것을 회피로 대처하고 있다('내려놓고 사이좋게 지내려고' 노력지만 회의 도중 듣지를 않고 자신의 좌절감을 집까지 가져가는 것을 스스로 관찰하는 것을 보면 도움 되지 않는 전략임).

조는 SP/SR 프로그램이 새로운 직장에서의 문제를 해결하는 데 도움을 주는 방식으로 CFT를 배울 수 있도록 도와줄 것이며, 내담자들과의 작업에 더 많은 관심을 기울이는 데 도움이 될 수 있을 것이라고 판단하였다.

Part Ⅰ
자비의 이해 계발하기

모듈 1
초기 평가와 도전 과제 확인하기

자비중심치료 자기연습 · 자기성찰 프로그램을 준비하면서, 제5장에서 만난 세 명의 치료자에 대한 설명을 기억할 수 있을 것이다. 우리는 그들이 겪는 삶의 도전 과제들과 그들의 경험을 사용하여 책에 소개된 여러 가지 연습의 예시로 제시하였다.

첫 번째 모듈에서는, 당신의 삶에서 도전적인 문제를 확인할 것이다. 이는 이후 모듈에서 탐구할 기술들을 어떻게 적용하는지 배우기 위한 연습으로 활용될 수 있다. 이 연습은 실제 삶에서 자비를 적용하는 것이 어떤 느낌인지 경험하는 데 도움이 될 것이다. 연습의 목적은 다음과 같다: 문제를 다루는 과정, 과정에서 발생하는 장애물과, 이러한 장애물을 다루는 작업에 대한 성찰과 탐색의 장을 마련하는 것이다. 이 모든 것은 이러한 전략을 심리치료에서 내담자들에게 적용할 수 있도록 준비시켜 주는 데에 유용하다. 우리는 당신이 SP/SR 프로그램을 경험하면서 개선되는 것을 추적하고 연습에 대한 유용한 정보를 제공해 주기 위해 우선 기저선 측정을 수집하는 것부터 시작할 것이다.

〈연습〉 나의 기저선 측정하기: ECR, FOC, CEAS-SC

우선, 참여 효과를 측정하는 데 도움이 되는 몇 가지 기저선 정보를 수집해 보자. 우리가 종종 내담자의 기능에 대한 기저선을 측정하는 것으로 치료를 시작하는 것처럼, 당신의 진행 과정을 모니터링할 수 있는 몇 가지 기저선 측정을 실시할 것이다. 우리는 세 가지 척도를 사용했다: 애착 불안 및 회피에 대한 전반적인 경험을 측정하고자 고안된 친밀한 관계 경험 척도(experiences in close relationship: ECR; Fraley, Heffernan, Vicary, & Brumbaugh, 2011)와 자비 두려움 척도(fears of compassion scale: FOCS; Gilbert et al., 2011)의 일부 문항을 가져왔고, 자비 관여 및 행동 척도의 하위 척도인 자기자비 관여 및 행동 척도(self-compassion engagement and action subscales: CEAS-SC; Gilbert et al., 2017)이다.

이러한 척도들은 CFT 경험과 관련하여 당신이 처한 기저선의 정보를 얻는 데 도움을 줄 것이다. 추가적으로, 당신이 치료에서 내담자에게 치료 초기 평가 당시의 감정 상태에 대한 정보를 제공하듯이 이런 과정을 당신도 경험하게 될 것이다. 이 척도들은 프로그램 중간과 완료 후에 재측정될 것이다. 측정 후에는 프로그램을 진행하면서 작업하고 싶은 현재 문제나 도전 과제에 대해 간략하게 쓸 것이다. 아래 척도들 외에도, 인터넷 검색을 통해 자신의 도전 과제나 파악한 문제(예: 분노, 자존감, 사회불안, 걱정)를 보다 잘 측정할 수 있는 타당화된 측정 도구를 사용해 보는 것도 고려해 볼 수 있다.

우선, ECR-RS에서 가져온 문항들을 완성해 보자. 채점하는 방법은 다음과 같다. 애착

ECR-RS: 사전 검사

다음 각 문장을 읽고 각 문장이 일반적으로 친밀한 관계에 대한 당신의 감정을 가장 잘 설명한다고 생각되는 정도를 평가해 주세요.

문항	매우 그렇지 않다						매우 그렇다
1. 도움이 필요할 때 다른 사람에게 의지하는 것이 도움이 된다.	7	6	5	4	3	2	1
2. 나는 대체로 다른 사람과 문제나 걱정거리를 의논한다.	7	6	5	4	3	2	1
3. 나는 대체로 다른 사람과 상의한다.	7	6	5	4	3	2	1
4. 나는 다른 사람에게 의지하는 것이 쉽다.	7	6	5	4	3	2	1
5. 나는 다른 사람에게 마음을 여는 것이 불편하다.	1	2	3	4	5	6	7
6. 나는 다른 사람에게 속내를 보여 주고 싶지 않다.	1	2	3	4	5	6	7
7. 나는 종종 다른 사람이 나에게 진심으로 관심을 기울이지 않을까 봐 염려한다.	1	2	3	4	5	6	7
8. 다른 사람들이 나를 버릴까 봐 두렵다.	1	2	3	4	5	6	7
9. 내가 다른 사람에게 관심을 기울이는 만큼, 그들이 나에게 관심을 써 주지 않을까 봐 걱정한다.	1	2	3	4	5	6	7

애착 회피(1~6번의 합):
애착 불안(7~9번의 합):

회피의 측정치를 얻기 위해 처음 6개 문항의 합을 구하고, 그 후 애착 불안의 측정치를 얻기 위해 마지막 3개 문항의 합을 구한다. 아마도 척도 중간에 숫자의 방향이 바뀌는 것을 알아차렸을 것이다(이렇게 해 놓은 이유는 처음 네 문항이 역채점 문항이기 때문이다). 당신은 자신의 경험에 가장 잘 맞는 반응에 동그라미 친 후 끝에 가서 동그라미 친 숫자를 모두 합하기만 하면 된다.

이제 잠시 시간을 내어 다른 사람과 자비롭게 관계하고, 다른 사람으로부터 자비를 받으며, 자비가 나를 향하게 하거나 자신으로부터 자비를 받는 것이 내키지 않는 느낌을 평가하는 FOCS의 항목을 완성하고 채점해 보자. 아래 문항들은 FOCS 척도의 몇 가지 문항을 샘플링한 것이며, 이 책을 위해 개발된 몇몇 약식 문항들과 섞여 있다(타당화된 전체 척도는 너무 길어서 싣기 어려움). 이것은 타당화되지 않았기 때문에, 내담자 또는 연구에 사용하지 말기를 바란다(타당화된 전체 척도는 https://compassionatemind.co.uk/resources/scales에서 다운로드할 수 있다).

FOCS: 사전 검사

다음 문장을 읽고 당신이 동의하는 정도에 체크해 주세요.

문항	매우 그렇지 않다		보통이다		매우 그렇다
1. 자비로우면 사람이 나약해지고 남에게 이용당하기 쉬워진다.	0	1	2	3	4
2. 자비로워지면 만만한 상대가 될까 봐 두렵다.	0	1	2	3	4
3. 내가 자비로우면 어떤 사람들은 나에게 너무 의지할까 봐 두렵다.	0	1	2	3	4
4. 다른 사람에게 자비를 느끼고 표현하는 것을 억누르는 편이다.	0	1	2	3	4
5. 나는 사람들이 친절하다는 걸 알 때조차도 거리를 두려고 한다.	0	1	2	3	4
6. 다른 사람의 친절이 약간 두렵게 느껴지기도 한다.	0	1	2	3	4
7. 사람들이 친절하거나 자비로우면, 나는 '벽을 친다'.	0	1	2	3	4
8. 나는 다른 사람의 친절과 보살핌을 받아들이는 것이 힘들다.	0	1	2	3	4
9. 나 자신에게 자비로워지면 거기에 의존하게 될까 봐 걱정된다.	0	1	2	3	4
10. 나 자신에게 자비로워지면 스스로를 비난하지 않게 되어 결점들이 드러나게 될까 봐 두렵다.	0	1	2	3	4

11. 나 자신에게 더 자비로워지면 약한 사람이 되거나 스스로의 기준이 무너질까 봐 두렵다.	0	1	2	3	4
12. 나 자신에게 친절하고 자비롭게 대하는 것이 어렵다.	0	1	2	3	4

주: 이 각색본은 FOC 척도 문항의 일부 항목과 이 책을 위해 개발된 추가적인 약식 문항을 포함하고 있다. 이는 책의 독자들이 모듈 작업을 하면서 자신들의 진전을 간단한 방식으로 추적할 수 있도록 돕기 위해 개발되었다. 따라서 선택된 문항들은 타당화되지 않았으며 연구 또는 임상적 작업에 사용하기 적합하지 않다. 연구나 임상적 목적에 적합한 타당화된 완전한 버전의 척도는 https://compassionatemind.co.uk/resources/scales에서 얻을 수 있다.

자비 보내는 것에 대한 두려움(1~4번의 합):
자비 받는 것에 대한 두려움(5~8번의 합):
자기자비에 대한 두려움(9~12번의 합):

이제 마지막 측정은 자비 관여 및 행위 척도(CEAS-SC)의 하위 척도인 자기자비 관여 및 행동 척도이다.

CEAS-SC: 사전 검사

내가 고통스럽거나 속상할 때…….

문항	절대 하지 않는다									항상 그렇다
1. 고통스러움이 일어나면 이에 대해 개입하고 해결하고자 한다.	1	2	3	4	5	6	7	8	9	10
2. 내 안에서 고통이 일어나면 고통을 알아차리고 민감해진다.	1	2	3	4	5	6	7	8	9	10
3. 나의 고통스러운 느낌이나 상황에 정서적으로 동요한다.	1	2	3	4	5	6	7	8	9	10
4. 나의 고통스러운 부분들에 대한 다양한 느낌을 견딘다.	1	2	3	4	5	6	7	8	9	10
5. 나의 고통스러운 느낌을 성찰하고 이해한다.	1	2	3	4	5	6	7	8	9	10
6. 나의 고통스러운 느낌을 수용하고 비난하지 않으며, 판단하지 않는다.	1	2	3	4	5	6	7	8	9	10

7. 나에게 도움이 될 것 같은 것에 주의를 기울인다.	1	2	3	4	5	6	7	8	9	10
8. 나의 고통에 대처할 수 있는 도움 되는 방법들을 생각하고 찾는다.	1	2	3	4	5	6	7	8	9	10
9. 나에게 도움이 될 만한 일에 대한 행동을 취하고 실천한다.	1	2	3	4	5	6	7	8	9	10
10. 나는 내면에 지지하고, 도움이 되며 격려하는 느낌을 만든다.	1	2	3	4	5	6	7	8	9	10

자비 관여(1~6번의 합):
자비 행동(7~10번의 합):

내담자와 마찬가지로, 당신은 이 척도들을 프로그램의 중간과 종료 시점에 반복 실시하여 그동안의 진전을 알아볼 수 있다. 이제 기저선 측정을 완료했으므로, CFT에 대해 안팎으로 배워 나가면서 참고할 수 있는 도전 과제나 문제들을 확인해 보도록 하자.

〈연습〉 나의 도전 과제나 문제 확인하기

우리는 누구나 살아가면서 다양한 도전적인 상황이나 문제들을 직면하게 된다. 정신건강 전문가로서, 이러한 문제들은 진료실 또는 상담실에서 일어나기도 한다. 처음에는 직업적 맥락 밖에서 일어났더라도 때로는 전문가적 생활에 영향을 미치기도 한다. 이 연습에서는 당신의 전문적 또는 개인적 삶의 도전 과제 또는 문제들을 파악하여 책의 나머지 부분을 작업할 때 이를 참고점으로 사용할 수 있을 것이다.

우선, 방해받지 않을 조용하고 편안한 장소에서 연습할 수 있는 시간을 확보해 두길 권한다. 그런 다음 치료자로서의 자기 자신에 대한(또는 개인적인 삶의) 경험을 성찰하는 시간을 가져라. 간혹 내면에 일어나는 다루기 힘든 느낌을 성찰하고, 당신을 촉발시키거나 '버튼을 누르는' 경향이 있는 상황 또는 경험을 생각해 보라. 아마도 이러한 상황에서 당신은 편안하지 않은 방식으로, 또는 되고 싶어 하는 사람과 다른 방식으로 반응하는 자신을 발견하게 될 것이다. 이런 상황들은 아마도 당신이 덫에 걸렸거나 확신이 서지 않거나, 또는 내면의 자기 의심, 자기비난, 수치심에 대한 즉각적인 경험을 하게 만들지도 모른다.

만약 '치료자 자기'에 초점을 맞춘다면, 특정 내담자, 내담자의 유형, 슈퍼바이저, 슈퍼바이지, 또는 동료들과의 어려움이 포함될 것이다. 직장 생활에서 두렵거나, 피하거나, 반추하는 상황이 있는가? 특정 내담자와 진전이 보이지 않거나 슈퍼바이저로부터 필요한 것을 얻지 못해 좌절할 수 있다. 직장에서의 성과 기대와 관련한 스트레스일 수도 있고, 내담자가 마지막 순간에 나타나지 않거나 전화하지 않고 취소했을 때 느껴지는 분노 감정일 수 있다. 또는 특정 내담자 또는 동료들과 함께 일하는 것에 대한 위태로움 또는 염려를 가지고 있을 수도 있다.

예시: 파티마의 문제

파티마는 현재 고전하고 있는 특정 내담자가 있다. 그는 어린 시절의 자신을 떠올리게 하는 동시에 파티마에게 적대감을 보이고 있다. 내담자의 적대적인 반응은 치료자로서의 능력에 대해 회의감을 느끼게 하고 그와의 만남을 피하고 싶은 마음이 들게 했다.

예시: 조의 문제

최근 직업을 옮긴 조는 실적에 대한 기대치가 높은 직책에 있으며 상사는 위압적이고 진료의 질보다는 고객의 수에 더 신경을 쓰는 사람이다. 조는 이런 환경에서 과민해지고 분노를 경험해 왔으며, 이런 감정이 그의 아내와 아이들에게 매섭게 말하는 방식으로 개인적 삶까지 '스며드는' 느낌이 들어서 고민이다.

때로는 우리가 다루고자 하는 문제가 개인적인 삶에서 더 자주 일어나기도 한다. 이러한 문제는 개인적 삶에 국한될 수도 있지만 에리카의 예시에서 볼 수 있듯이 전문가적 삶까지 영향을 미칠 수 있다.

예시: 에리카의 문제

에리카는 SP/SR 프로그램을 시작하기로 결정하기 전까지 어머니가 돌아가신 6개월 동안 힘든 시기를 보내었다. 그녀는 어머니가 돌아가신 몇 달 동안 슬픔에 압도되어 직장을 장기간 휴직했고 사회적 활동도 하지 않았다. 에리카는 시간이 지나면서 슬픔이 완화되었지만 다시 일상으로 복귀하는 데 어려움을 겪었고 극심하게 슬펐던 기간 동안 중단했던 활동들을 재개하지 못했다. 가장 문제가 되는 것은 이전에는 일에 대한 열정이 넘쳤지만 아직 의욕이 돌아오지 않았다는 점이다. 또한 그녀는 은퇴를 상상하면서 예전만큼 내담자에게 몰입하며 헌신하지 못하는 자신을 자책하고 있음을 알아차렸다.

다음 박스에 현재 당신이 직면하고 있는 도전 과제나 문제들을 나열해 보자.

도전적인 문제

방금 확인한 문제를 돌아보고, 모듈을 진행하면서 다루고 싶은 문제가 무엇인지 생각해 보라. 두려움, 분노, 불안과 같은 위협적인 감정을 활성화시키는 문제를 선택하되, 중간 정도 수준(고통을 0에서 100점 척도로 봤을 때 전형적으로 40~75%에 해당하는 수준)에 해당하고 강한 수준이 아닌(예: 75%보다 높지 않은) 문제를 선택하라. CFT는 특히 수치심과 자기비난으로 괴로워하는 사람들을 돕기 위해 개발되었기 때문에, 이러한 경험을 유발하는 문제를 선택하는 것이 적합할 것이다. 마지막으로, 제3장에서 논의했던 것처럼, 다른 사람에게 치료를 추천할 정도의 극심한 고통이 있는 문제는 선택하지 않을 것을 강력히 추천한다. 즉, 해결되지 않은 트라우마, 심각한 관계의 문제, 또는 SP/SR 프로그램이 끝날 때까지 해결되지 않는 큰 고통을 유발하는 그외 문제들은 선택하지 않는 것이 좋다.

이제 도전 과제 또는 문제를 선택했으면 아래 박스에 그것을 설명해 보라. 긴 설명이 아니어도 괜찮다. 현재 그리고 미래에 참조할 수 있는 문제를 명료화하는 데 도움이 될 정도의 사항만 적는다.

나의 도전적인 문제

이제 측정도 끝냈고 도전 과제도 확인했으니, 그 경험을 성찰해 보는 것이 도움 될 것이다. 이 활동은 SP/SR에 중요한 부분으로 책 전반에서 반복하게 될 것이다.

자기성찰 질문

이 모듈에서 연습한 경험을 떠올려 보세요. 척도를 실시하는 것이 쉬웠나요, 어려웠나요, 또는 불편했나요? 그렇게 만든 경험과 반응은 무엇이었나요?

도전적인 문제를 확인해 보는 것이 어땠나요? 연습을 하면서 어떤 동기, 정서, 사고 또는 신체 감각을 알아차렸나요? 당신은 그 경험들을 어떻게 이해하였나요?

문제를 확인하고 초기 측정을 완료한 경험을 성찰해 봤을 때, 내담자와 함께 이 과정에 어떻게 접근하는지 알려 줄 만한 것이 있나요? SP/SR을 사용하여 스스로 이 과정을 진행하는 것이 내담자와의 초기 평가 및 문제 명료화 과정에 접근하는 방법에 어떤 영향을 미치나요?

이 모듈에서 얻어 가는 것, 즉 다음 주 또는 그 이후까지도 계속해서 성찰해 볼 가치가 있는 것은 무엇인가요?

모듈 2

세 가지 정서 시스템

이전 모듈에서, 당신은 몇 가지 초기 평가 측정을 완료하고 특정한 문제나 도전적인 상황을 확인하였다. 이 과정에서 우리는 당신이 분노, 불안, 좌절과 같은 불편감을 불러일으키는 문제들을 발견하도록 유도하였다. CFT는 주요한 요소로 내담자가 자신과 타인에 대한 자비를 불러일으킬 수 있는 깨달음을 얻을 수 있도록 돕는 것을 포함하고 있다. 그러한 자각의 한 예로, 우리의 진화된 뇌, 감정 그리고 그것들이 작동하는 방식을 자세히 살펴보면, 우리가 창조하거나 설계하지 않았지만 우리의 경험을 강력하게 형성하고 투쟁을 일으키게 하는 수많은 요소가 있으며, 그건 우리의 잘못이 아니라는 것을 알게 된다(Gilbert, 2009, 2010). 이 모듈에서는 CFT가 감정을 어떻게 맥락화하는지 탐구하

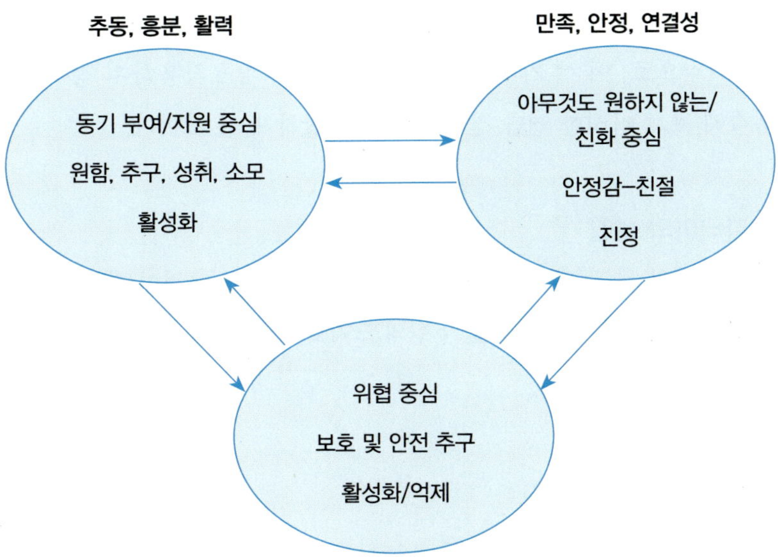

[그림 M2-1] **정서 조절의 세 가지 시스템**

Gilbert(2009). 『자비로운 마음(The Compassionate Mind)』에서 각색. Little, Brown Book Group의 허가를 받아 재인쇄됨.

며, 이를 통해 내담자가 자신을 비난하고 공격하는 것에서 벗어나 진화된 뇌의 작동 방식에서 비롯한 결과로 자신을 이해하는 자비로운 관점으로 전환할 수 있다.

제2장에서 소개하였던 것처럼, 이러한 방법의 기반이 되는 한 부분은 인간의 정서와 동기를 세 가지 시스템으로 구조화한 정서의 삼원 모델이다([그림 M2-1] 참조). 이 시스템은, ① 위협으로 자각되는 것을 감지하고 반응하도록 돕고(위협 시스템, the threat system), ② 목표 달성에 대한 보상을 탐색, 추구, 경험하도록 돕고(추동 및 자원 획득 시스템 the drive and resource acquisition system), ③ 안정, 평화로움, 진정, 연결성의 느낌을 경험하도록 돕는 (진정 및 안정 시스템, the soothing and safeness system) 진화된 기능에 입각한다.

세 가지 정서 시스템에 대해 숙고하기

다음 연습에서는 잠시 멈추고 당신이 지금 어떠한 감정인지, 지난 한 주 동안 어떻게 느꼈는지 생각해 보는 것부터 시작한다. 이 시간 동안 겪는 위협, 추동, 안정에 대한 경험을 고려하여 세 시스템의 상대적인 크기를 그려 보고, 이러한 정서적 경험이 최근 당신의 삶에 얼마나 자주 나타나는지를 생각해 본다. 그러면 당신은 이 활성화 패턴과 관련된 경험들, 즉 당신이 가지고 있는 생각과 느낌들 뿐만 아니라, 특히 모듈 1에서 확인했던 문제들과 관련하여 당신의 삶에서 일어난 사건들과 어떻게 연관되는지를 탐색하게 될 것이다. 마지막으로, 이 세 가지 시스템들이 어떻게 상호작용하여 정서적 실체를 형성하는지 생각해 보고 이러한 연습 경험에 대해 성찰하게 될 것이다.

예시: 파티마의 성찰

파티마는 그녀의 세 가지 시스템을 그렸으며, 위협, 추동, 안정의 경험이 최근 삶에서 얼마나 강하게 영향을 주었는지를 각 원의 크기로 나타냈다.

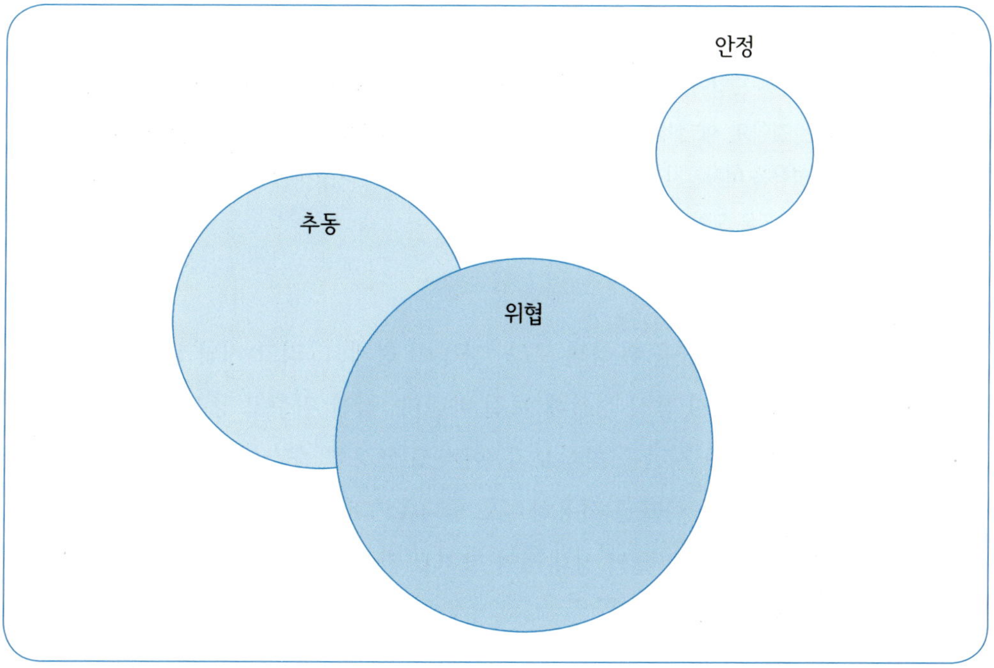

세 가지 시스템 그림에 대해 무엇을 성찰했나요?

제 최근 경험이 거의 위협에 있었다는 걸 확실히 알았어요. 제 위협 동그라미가 다른 것들보다 훨씬 크네요. 제 추동 동그라미도 꽤나 큰데요, 그건 제가 진짜 좋은 치료자가 되고 내담자들을 돕기를 원해서 그래요. 그런데 이건 부분적으로 막혀 있고 위협에 덮여 있어요. 저는 최근에 안정된다고 느껴 본 적이 없고, 그래서 제 안정 동그라미가 더 작네요.

당신의 그림이 최근 삶의 경험들을 어떻게 반영하나요?

최근에 저는 위협을 더 많이 경험하고 있어요. 좋은 치료자로서 저의 능력에 대해 많은 회의감이 들고 있고, 제 내담자인 알렉스(Alex)를 잘 도와주지 못하고 있다는 사실에 대해서 불안하고, 거기에 대해 스스로 좌절스러워요. 이것이 사람들을 도우려는 저의 동기에 확실히 방해가 되고 있고, 저 스스로 의심이 들 때 내담자들과 작업하는 데 동기 부여가 잘 안 돼요. 저의 슈퍼바이저와 함께 있을 때 안정감을 느끼는 순간들이 있긴 하지만, 이것들 때문에 제가 얼마나 힘든지 정말로 그녀가 이해하는지는 잘 모르겠어요.

세 가지 시스템 간의 상호작용을 알아차리셨나요?

물론이죠, 완전요. '위협'이 확실히 성공하려는 저의 열정적 추동을 막고 있어요. 직장에 가는 게 신나지 않고, 때때로 무섭기도 해요. 내담자를 만나고 경과 기록지를 쓰고 심지어 이메일에 답장하는 모든 것이 귀찮은 일처럼 느껴져서 일을 피하고 멍해지거나 휴대전화로 게임을 하면서 주의를 분산시키곤 했어요.

이 연습을 통해서 기억하고 싶은 것은 무엇인가요?

내담자와 고군분투하는 느낌이 저를 위협적으로 느끼게 만들 뿐만 아니라 치료자로서의 동기에도 확실히 영향을 미친다는 것이요. 예전에는 저의 일을 좋아했는데 이 위협이 그 동기를 막는 것 같아요. 이것이 저한테 얼마나 큰 영향을 미치는지 슈퍼바이저가 이해할 수 있도록 얘기를 해 봐야겠어요. 그분이 제가 일하면서 안정감을 느끼도록 도와줄 수 있게요.

이제, 여러분 스스로 연습을 완성해 보라. 자신이 현재, 그리고 지난 1, 2주간 일반적으로 어떤 감정을 느꼈는지 잠시 성찰해 보길 바란다. 잠깐 멈추고 당신의 세 가지 시스템들을 성찰해 볼 수 있는 시간을 찾아보라. 아마도 조용한 순간이나 산책을 하는 동안이 될 수 있다. 색연필이나 마카를 사용하여도 좋다(CFT에서는 빨간색은 위협, 파란색은 추동, 녹색은 안전을 나타낸다). 원들의 상대적인 크기로 각 정서 시스템이 서로 얼마나 관련되어 있는지를 나타내 보라.

〈연습〉 나의 세 가지 시스템 성찰하기

아래 박스에 당신의 세 가지 시스템을 그려 보라. 각 원의 크기는 위협(두려움, 불안, 화), 추동(흥분, 관심), 안정(진정, 평온, 만족) 경험이 최근 당신의 삶에 얼마나 강하게 영향을 미쳤는가를 나타낸다.

세 가지 시스템 그림에 대해 무엇을 성찰했나요?

당신의 그림이 최근 삶의 경험을 어떻게 반영하나요?

세 가지 시스템 간의 상호작용을 알아차리셨나요?

이 연습을 통해서 기억하고 싶은 것은 무엇인가요?

세 가지 원으로 점검해 보기

모듈 6과 14에서는 현재에 집중하고 수용하며 판단하지 않는 방식으로 자신의 경험과 관계 맺는 법을 배우는 마음챙김(mindfulness)을 살펴본다. 우리의 경험을 이러한 방식으로 보는 것은 특히 자신의 사고와 정서를 향해 마음챙김적 알아차림을 하도록 배울 때, 자비와 자기자비가 나타날 수 있는 발판을 마련해 준다. 하지만 우리는 3개 원의 '점검하기(checking in)'를 통해 마음챙김적 알아차림을 활성화할 수 있다. 이를 통해 세 가지 원을 간략히 되짚어 보고 현재 우리가 얼마나 위협, 추동, 안정을 느끼는지 알아차리고 평가해 볼 수 있다. 이러한 경험을 판단하지 말고 알아차리려고("지금 내 경험이 이렇구나") 노력해 보라. 세 원에 대한 '점검하기'는 우리 스스로 경험의 활성화를 알아차리는 습관을 만드는 데 도움을 줄 수 있다. 또한 많은 경우에 우리가 한 가지만 느끼는 것이 아니라, '원들' 전체에 상대적인 활성화 패턴을 볼 수 있다는 것을 깨닫도록 도울 수 있다. 마지막으로, 세 가지 시스템을 확인할 때 균형이 맞지 않다는 것을 알아차리게 되면, 이를 위한 조치를 하도록 결정하게 된다. 예를 들어, 강한 위협을 느낀다면, 상황을 진정시키고 안정 시스템에 '접속(online)'하기 위해 진정 리듬 호흡(모듈 3에서 소개함)을 해 볼 수 있다.

〈연습〉 세 가지 원 점검해 보기

잠시 시간을 내어 지금 자신이 경험하는 정서와 동기에 주의를 기울여 봅니다. 다음과 같이 숙고해 봅니다: "지금 나는 얼마나 위협받고 있다고 느끼는가? 분노, 두려움, 불안, 우려, 혐오감이 알아차려지는가?" 그런 다음 당신에게 지금 추동(의욕)이 얼마나 느껴지는지 알아차려 보세요: "현재 나는 욕망, 흥분, 목표 추구 동기를 알아차리는가?" 마지막으로, 당신이 얼마나 안전하게 느끼는지 알아차려 봅니다: "지금 내가 평온함, 진정, 안정, 만족감을 경험하고 있는가?" 이러한 느낌들을 다음 척도로 평가해 보세요.

나는 현재 얼마나 위협감을 느끼는가?

1	2	3	4	5	6	7	8	9	10
전혀 위협받고 있다고 느끼지 않음				중간 정도로 위협을 느낌					굉장히 위협을 느낌

나는 현재 얼마나 의욕적인가?

1	2	3	4	5	6	7	8	9	10
전혀 의욕적이지 않음				중간 정도로 의욕적					아주 의욕적

나는 현재 얼마나 안정감, 만족감, 편안함을 느끼는가?

1	2	3	4	5	6	7	8	9	10
전혀 안정감을 느끼지 못함				중간 정도로 안정감을 느낌					매우 안정감을 잘 느낌

자기성찰 질문

당신의 경험을 이해하는 데 세 가지 시스템 다이어그램을 사용해 보니 어땠나요? 얼마나 사실처럼 느껴졌나요?

당신이 어떤 시스템에 있는지 어떻게 알게 되었나요? 위협, 추동, 안정 경험에서 어떤 차이를 발견했나요? 이 시스템들이 당신의 신체 경험, 생각, 정서, 동기를 어떻게 다르게 조직하는지 알아차렸나요?

방해, 고통, 불편함이 일어났었나요? 만약 그랬다면, 당신은 그것을 어떻게 이해했나요?

당신의 내담자와 어떻게 세 가지 시스템을 사용할지에 대해 아이디어를 적어 보세요.

모듈 3

진정 리듬 호흡

위협 시스템이 활성화되면 생리, 감정, 주의, 사고, 행동에 문제를 일으킬 수 있는 방식으로 우리에게 영향을 미칠 수 있다. 하지만 다행히도 인간은 부교감 신경계가 기반이 되는 진정 및 안정 시스템이 위협 시스템의 활성화를 조절하는 데 중요한 역할을 하도록 진화했다. 따라서 이 모듈에서는 위협 시스템이 작동된 후 정서 시스템의 균형을 잡기 위해 진정 시스템의 생리적 작용 방법을 연습할 수 있는 방법을 살펴보고자 한다.

호흡을 다루는 법을 배우는 것, 특히 호흡을 늦추고 평온함과 리듬으로 호흡을 다루는 것이 심박 수를 늦추고 혈압을 낮추며 행복 및 회복탄력성과 관련된 부교감 신경계의 '브레이크' 시스템 활성화와 관련된다는 연구들이 늘어나고 있다(Berntson, Cacioppo, & Quigley, 1993; Pal & Velkumary, 2004; Brown & Gerbarg, 2005; Kaushik, Kaushik, Mahajan, & Rajesh, 2006; Kok & Frederickson, 2010; Jerath, Edry, Barnes, & Jerath, 2006; Porges, Doussard-Roosevelt, & Maiti, 1994). 훈련을 통해 호흡법을 익히는 것은 위협 기반 흥분 상태의 균형을 맞추는 데 도움이 되는 생리적 과정을 자극하여 위협 정서를 다루는 강력한 방법이 될 수 있다. 비록 진정 리듬 호흡이 위협 정서들을 완전히 소멸시키지 못할지라도, 위협 정서를 완화하고 속도를 늦추어 위협 초점의 긴급한 감정과 알아차림 간에 약간의 거리를 둠으로서 더욱 마음챙김하고 의도적 관점으로 전환하도록 도울 수 있다. 진정 리듬 호흡은 신뇌가 자비로운 의도와 재연결하여 사용할 수 있는 공간을 만들어 냄으로써, 우리가 고군분투하고 있다는 것을 인식하고, 그러한 자신의 경험을 타당화하고, "내가 최고의 모습일 때—가장 친절하고, 지혜롭고, 용감하며, 자비로울 때—이 상황에서 어떻게 대처하고 싶을까?"와 같은 질문을 통해 더 넓은 관점을 고려하게 한다.

〈연습〉 진정 리듬 호흡

이 연습을 위해 적어도 5~10분 동안 방해받지 않을 수 있는 조용하고 편안한 장소를 찾습니다. 연습을 통해 여러분은 어떤 상황이나 환경에서도 진정 리듬 호흡을 사용할 수 있게 될 것입니다. 시작할 때 편안하고 안정되고 혼란스럽지 않은 환경이 도움 됩니다.

가슴을 펴고 허리를 바르게 세운 채로 편안하게 앉습니다. 발은 바닥에 두고, 손은 부드럽게 무릎 위에 올려놓으세요. 머리를 바로 세우고 편안하고 깨어 있는 자세를 취합니다. 눈은 감거나 뜨고 있어도 괜찮습니다. 만약 눈을 뜨고 있다면 2m 정도 앞을 바라보고 계속해서 머리는 바로 세운 상태로 초점을 두지 않은 채 시선은 부드럽게 둡니다. 핵심은 바르고 열린 자세로 편안한 자세를 유지하는 것입니다(몸이 접히도록 숙이거나 구부리지 않습니다).

코로 숨을 들이쉬고 내쉬면서, 몸에 편안한 느낌을 주는 부드러운 리듬을 호흡으로 가져옵니다. 30초 정도 지나서, 숨을 내쉬면서 몸이 약간 느긋해지는 느낌을 상상해 보세요. 어떤 느낌이 드는지 살펴봅니다. 또는 숨을 내쉬면서 의자에 다리를 기대고 있고 바닥 위에 발이 놓여 있는 것을 알아차릴 수도 있습니다.

이제 4~5초 동안 천천히 숨을 들이마시고, 잠깐 멈춘 다음, 4~5초 동안 숨을 내쉽니다. 천천히 분당 6회 정도 호흡합니다. 복부에 숨을 깊이 들이마시고 편안할 정도로 깊이 숨을 쉬세요(공기가 많이 들어가는 것 같은 느낌이 들 것입니다).

이렇게 2분 정도 숨을 쉬면서, 몸이 느긋해지는 감각에 주의를 기울이세요……. 몸을 느긋하게 하고, 마음을 느긋하게 합니다. 원한다면 더 많은 시간을 써도 좋습니다.

이 연습을 마치면서, 호흡을 늦추는 데 집중하는 것이 여러분의 몸과 마음에 어떻게 영향을 끼쳤는지 알아차려 보세요.

이 연습(및 모든 CFT 연습)을 마치면서 어떤 것이 도움 되었는지 뿐만 아니라 그 과정에서 발생한 어려움은 무엇인지에 주목하면서 경험을 숙고해 보는 것이 유용하다.

진정 리듬 호흡 연습 중에 무엇을 알아차렸나요?

그것이 당신에게 어떤 영향을 미쳤나요? 신체, 감정, 생각의 변화를 알아차렸나요?

**이 연습이 어떻게 느껴졌나요? 좋았나요? 만약 그렇다면, 어떤 점이 좋았나요?
좋지 않았다면 어떤 점 때문인가요?**

방해되는 장애물이 있었나요?

만약 장애물이 있다면, 어떻게 다루는 것이 이 연습을 하는 데 도움이 될 수 있을까요?

모든 연습이 모든 사람에게 도움이 되거나, 모든 사람에게 동일하게 작용하지 않는다는 것을 인식하는 것이 중요하다. 일부 내담자들(예: 성폭행과 같은 신체적 외상 경험이 있는 내담자들)은 호흡과 같은 신체 감각에 집중하는 것을 매우 불쾌하게 느낄 수 있다. 이러한 내담자들에게는 호흡에 집중하는 것이 안정 시스템을 활성화하는 방식이 아니라 노출 시행에 더 가까운 기능을 한다. 만약 여러분이 목표로 삼고자 하는 프로세스가 몸을 진정시키고 느긋해지게 하는 것이라면, 여러분이 진정을 경험하게 하는 또 다른 연습을 찾는 것이 더 나을 것이다(또는 다른 연습방법을 찾기 위해 내담자와 협력적으로 작업하라). 예를 들면 다음과 같다.

- 촉감에 초점을 맞추기. 베개나 봉제 인형처럼 부드러운 것, 매끄러운 돌멩이, 또는 당신을 진정시킬 수 있는 무엇이든 가능하다.
- 파도 소리나 나무 사이로 부는 바람 소리와 같이 진정시켜 주는 음악이나 소리를 듣기(이런 음악은 유튜브와 같은 인터넷 사이트에서 무료로 찾을 수 있다).
- 동물을 부드럽게 쓰다듬기.
- 진정시켜 주는 다른 감각 경험에 주의 집중하기.

중요한 것은 몸과 마음을 느긋하게 하는 데 도움이 되는 감각 경험을 찾아내서 좀 더 진정되고 자비로운 마음의 틀로 전환할 수 있는 기회를 주는 것이다.

대부분의 연습과 마찬가지로, 진정 리듬 호흡의 효과는 시간이 흐르면서 그리고 반복적으로 여러 상황에서 연습할 때 증가한다. 처음에는 비교적 평온한 상태에서 연습한 다음, 점차적으로 위협 시스템을 점점 더 활성화시키는 상황에서 연습하는 것이 가장 좋다. 치료자와 내담자가 연습을 할 때 흔하게 나타나는 방해물은 단순히 연습하는 것을 깜빡하는 것이다. 그러므로 여러분이 언제 연습을 할 수 있는지, 그리고 연습을 잊지 않도록 어떻게 상기시킬 수 있는지를 잠시 생각해 보라.

연습 계획

하루 중 몇 시에 진정 리듬 호흡 연습을 하면 좋을까요?

꾸준히 연습할 수 있도록 기억하는 데 무엇이 도움이 될까요?

자기성찰 질문

진정 리듬 호흡을 연습하는 것이 좋았나요? 또는 그렇지 않았나요? 장해물이 생기지는 않았나요? 있었다면 그것은 무엇인가요?

일상생활에서 진정 리듬 호흡을 사용하기 위한 연습 계획을 고려할 때, 어떤 장해물이 발생할 것으로 예상되나요? 계획한 연습이 성공하려면 그 장해물을 어떻게 다루어 볼 수 있을까요?

진정 리듬 호흡 연습 경험을 성찰해 봤을 때, 내담자와 작업을 할 때 어떤 문제가 발생할 것으로 예상되나요? 이 연습이 어떤 내담자에게 도움 될 수 있을까요? 왜 그럴까요? 누구에게 이 연습이 어려울 수 있을까요? 그것을 어떻게 알 수 있을까요?

당신의 경험에 기초하여, 당신 자신 그리고(또는) 다른 사람들을 위한 자비심을 성공적으로 계발하는 데 진정 리듬 호흡이 어떤 관련이 있다고 생각하나요?

모듈 4

까다로운 뇌 이해하기

CFT의 근본적인 개념은 인간이 진화의 결과로 형성된 뇌와 신체를 물려받았으며, 이는 우리가 선택하거나 설계한 것이 아닐뿐더러 우리의 잘못이 아니라는 점이다. 우리와 내담자에게 고통을 야기시키는 많은 경험들이 누구의 잘못이 아니라는 것을 인식하는 것이 CFT의 핵심이다. 오히려 우리의 뇌와 신체 그리고 이를 통한 정서의 경험은 진화로 형성된 결과이다(Gilbert, 2009, 2010, 2014). 이번 모듈과 다음 모듈에서는 '구뇌' 프로세스와 '신뇌' 프로세스에 초점을 맞추고, 이들이 어떻게 상호작용하는지 살펴보고자 한다.

구뇌 정서와 동기

우리 뇌의 여러 부위와 그 부위가 담당하는 기능들은 각기 다른 시기에 진화하였다. 우리는 파충류와 포유류 조상들이 경험한 것과 동일한 강한 정서, 동기, 그리고 행동을 촉발하는 고대의 뇌 구조를 가지고 있다(Panksepp & Biven, 2012). 예를 들어, 인간도 파충류와 포유류처럼 두려움, 분노, 욕망 같은 강렬한 정서 상태와 공격성, 고통 회피, 짝짓기에 초점을 맞춘 강력한 동기를 경험한다.

이러한 정서를 고려했을 때, 이러한 감정을 유발하는 경험을 알아차리는 것이 유용할 수 있다. 정서적 반응은 외부 사건과 상황뿐만 아니라, 사고, 기억, 신체 감각의 내부 경험에 의해서도 촉발될 수 있다. 잠시 구뇌 정서에 대해, 그리고 그 정서가 어떻게 작용할 수 있는지 생각해 보는 시간을 가져 보자.

구뇌의 위협 반응 살펴보기

예시: 파티마의 성찰

당신이 때때로 어려움을 겪고 있는 구뇌 위협 정서의 예를 골라 주세요.

두려움, 확실히 두려움이요. 그리고 불안도 두려움과 관련이 있어요.

어떤 상황에서 이런 정서가 주로 나타나나요?

내가 도우려는 시도를 내담자가 비웃을 때요. 내가 하는 어떤 것도 도움이 안 된다고 말하는 걸 즐기는 것 같이 느껴져요. 그리고 그녀의 말이 맞는 것 같아요. 그런 그녀를 생각만 해도 두렵게 느껴져요.

이 정서가 일어날 때 어떤 느낌인가요? 예를 들어, 당신이 이 정서를 느끼기로 선택한 것인가요, 아니면 그냥 당신 안에서 일어난 것인가요? 그리고 그것은 어떤 느낌인가요?

그건 그저 제 안에서 일어났어요. 일단 그런 정서가 느껴지면 완전히 숨이 막혀 질식할 것 같고 두려움으로 가득 차서 얼어붙는 것 같아요.

이 정서와 함께 어떤 동기가 생기나요? 무엇을 하고 싶어지나요?

회피요. 저는 그녀가 회기를 취소하기를 바라고 경과 기록지 작성을 미루는 저 자신을 발견했어요. 심지어 정말 아프지 않은 날에 병가를 낸 적도 있었는데, 그날은 정말 그녀를 상대할 자신이 없었기 때문이에요.

이러한 동기를 경험할 때, 어떤 행동을 하게 되나요? 당신은 무엇을 하고 있나요?

위에서 썼던 것처럼, 아무것도 하지 않는 저 자신을 발견해요. 저는 경과기록지 작성을 미루고, 심지어 그녀가 까다로운 힘든 내담자 중 하나임에도 불구하고, 평소와 달리 회기 밖에서 상담 준비를 많이 하지도 않아요. 저는 긴 시간 동안 그녀에게 집중하는 것이 어려워요.

이제 최근 당신이 경험한 위협적인 정서를 생각해 보세요. 이러한 정서가 언제, 어떻게 떠오르는지, 어떻게 주의를 집중시키는 등 다양한 측면에 주목해 보세요. 그 정서가 어떤 동기를 가지고 있는지 살펴보세요. 이런 경험이 떠오를 때 무엇을 하고 싶은가요? 마지막으로, 동기가 어떻게 행동으로 이어지나요?

〈연습〉 나의 구뇌 위협 반응 살펴보기

당신이 때때로 어려움을 겪고 있는 구뇌 위협 정서의 예를 골라 주세요.

어떤 상황에서 이런 정서가 주로 나타나나요?

이 정서가 일어날 때 어떤 느낌인가요? 예를 들어, 당신이 이 정서를 느끼기로 선택한 것인가요? 아니면 그냥 당신 안에서 일어난 것인가요? 그리고 그것은 어떤 느낌인가요?

이 정서와 함께 어떤 동기가 생기나요? 무엇을 하고 싶어지나요?

이러한 동기를 경험할 때, 어떤 행동을 하게 되나요? 당신은 무엇을 하고 있나요?

신뇌의 사고, 심상, 그리고 의미 만들기

우리 인간은 파충류와 포유류처럼 수없이 강력한 구뇌 정서, 동기, 그리고 행동을 공유한다. 하지만 우리는 그들과 달리 세련된 '신뇌' 능력도 가지고 있다. 우리는 상징적인 사고를 하고, 세부적인 환상과 심상을 만들고, 경험에 의미를 부여하며, 계획하고 회상할 수 있는 정신적 시간 여행을 할 수 있다. 그러나 이러한 고차원적인 사고 능력은 여러 가지 독특한 문제를 가져온다. 우리는 힘든 일을 반추하고, 경험, 동기 및 행동이 우리에게 무엇을 의미하는지 성찰할 수 있다. 그리고 이러한 경험을 구성하는 신체적 · 정신적 맥락에 따라 수많은 방식으로 생각하고 지각하여 해석하거나 경험할 수 있다(Vilatte, Villatte, & Hayes, 2016).

CFT는 이러한 뇌의 능력을 인간으로 살아가는 데 있어 근본적인 도전의 일환으로 인식하는 것이 중요하다고 강조한다. 이해하기 쉽도록 단순하게 말하자면, 우리는 구뇌의 정서가 사고, 이미지, 의미 만들기를 위한 신뇌 능력의 내용(우리가 초점을 맞추고, 생각하고, 상상하는 것) 및 과정(우리의 사고와 주의가 좁은지 넓은지, 성찰적인지 조급함으로 가득 차 있는지)을 형성하는 데 매우 강력하게 작용할 수 있음을 알 수 있다. 이러한 과정이 어떻게 나타나는지 살펴보자.

신뇌의 사고, 심상 그리고 의미 만들기에 대한 성찰

이번 짧은 연습에서는 이전 연습 단계에서 확인했던 위협 정서를 바탕으로, 그 위협 정서가 떠오를 때 신뇌에서 어떤 일이 일어나는지를 다룰 것이다. 먼저, 파티마의 성찰을 고려해 보자.

예시: 파티마의 성찰

앞에서 발견한 당신의 위협 정서를 사용하여, 이러한 정서를 느낄 때 떠오르는 심상과 생각에 대해 곰곰히 생각해 보세요. 어떤 생각이 떠오르나요?

저는 계속 그녀를 도울 수 없을지도 모른다는 두려움과 치료자로서 자질이 없을지도 모른다는 생각을 반추하고 있어요. '나는 이 일을 할 수 없어', '나는 치료자가 될 능력이 없어', '그녀는 나를 꿰뚫어 보는 거 같아', '나는 엉터리야'라고 생각해요.

그 정서에 동반하는 심상이나 상상이 있나요? 그것은 무엇인가요?

저는 제가 그녀를 돕지 못하고 그녀가 힘들어하는 모습을 지켜보면서도 아무것도 할 수 없는 상황을 계속해서 머릿속으로 반복 재생해요. 실제로 그런 말을 한 적이 없음에도 불구하고 슈퍼바이저가 저에게 치료자가 될 자격이 없다고 말하는 모습도 그려져요.

그 정서와 그 정서를 촉발한 상황을 고려할 때, 그것에 어떤 의미를 부여하나요? 이러한 경험을 했다는 것이 당신이나 당신의 인생에서 무엇을 의미하나요?

아마도 제가 치료자가 될 능력이나 자질이 없다는 것처럼 느껴져요. 치료자는 내담자들이 무엇을 원하고 있는지 알고 있어야 하잖아요. 그런데 저는 그렇지가 않아요. 자신감을 가져야 하는데, 전혀 그렇지 않아요. 내가 업무와 상관없는 곳에서 놀고 있는 아이 같고, 이제 깨어나서 현실을 직면해야 한다는 걱정이 들어요.

파티마의 예시를 생각해 보고, 구뇌에서 위협 정서가 발생했을 때 어떤 느낌인지 그리고 그와 함께 떠오르는 생각, 심상이 어떤 것인지 잠시 생각해 보라. 이러한 경험이 어떤 내용으로 전개되는지, 질(quality)은 어떠한지 모두 고려해 보라(예: 마음속에서 같은 장면이 반복적으로 떠오르거나 같은 생각을 반추하는 것).

〈연습〉 내 신뇌의 사고, 심상 그리고 의미 만들기에 대해 탐색하기

앞에서 발견한 당신의 위협 정서를 사용하여, 이러한 정서를 느낄 때 떠오르는 심상과 생각에 대해 곰곰히 생각해 보세요. 어떤 생각이 떠오르나요?

그 정서에 동반하는 심상이나 상상이 있나요? 그것은 무엇인가요?

그 정서와 그 정서를 촉발한 상황을 고려할 때 그것에 어떤 의미를 부여하나요? 이러한 경험을 했다는 것이 당신이나 당신의 인생에서 무엇을 의미하나요?

자기성찰 질문

구뇌 과정을 관찰하는 것이 얼마나 쉬운가요, 아니면 어려운가요? 신뇌 과정을 관찰하는 것이 얼마나 쉬운가요, 아니면 어려운가요? 그렇게 느껴진 이유는 무엇인가요?

구뇌와 신뇌에서 생겨난 이러한 경험에 집중할 때 자비(또는 자비 경험에 대한 저항)가 일어나는 것을 인식하였나요? 자비(또는 자비의 부재)와 이러한 위협 정서 사이의 관계에 대해 어떻게 이해하였나요? 거기에는 어떤 의미가 있을까요?

구뇌와 신뇌에서 나타나는 위협 정서의 경험을 되돌아볼 때, 이러한 과정을 통해 내담자를 참여시키는 방법에 도움이 될 만한 것이 있나요?

이 모듈에 대한 경험이 CFT 모델에 대한 이해와 어떤 관련이 있나요?

모듈 5

구뇌-신뇌의 순환 탐색하기

CFT에서는 이전 모듈에서 탐색했던 정서적 구뇌와 사고적 신뇌의 기능을 고려할 때, 이처럼 서로 다른 정신적 경험의 측면들이 상호작용하여 까다로운 정서 상태를 유지시키는 '순환들(loops)'을 형성할 수 있다는 점을 관찰하는 것도 중요하다(Gilbert, 2010; Kolts, 2016). 이러한 상호작용은 [그림 M5-1]에 설명되어 있다.

두 명의 자비로운 동료들의 경험을 다시 살펴보면서 이러한 순환이 어떻게 작동하는지 살펴보자.

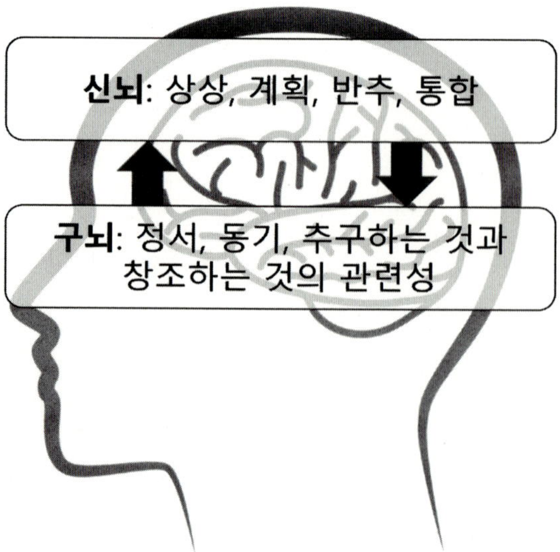

[그림 M5-1] 구뇌-신뇌의 순환

Gilbert(2009). 『자비로운 마음(The Compassionate Mind)』에서 각색. Little, Brown Book Group의 허가를 받아 재인쇄됨.

예시: 파티마의 성찰

도전적인 경험을 마주했을 때 당신의 구뇌와 신뇌가 어떻게 순환하는지 생각해 봅시다.

먼저, 도전적인 경험에 대해서 간략하게 설명해 보세요.

몇 주 전 내담자가 저에게 말했습니다. "제가 여기에 왜 와야 되는지 모르겠습니다. 당신이 나를 도울 수 있다고 생각하지 않습니다."

그 상황에서 구뇌의 어떤 정서와 동기가 촉발되었나요? 당신의 몸 안에서는 무슨 일이 일어나고 있었나요?

저는 무서웠지만 화도 났습니다. 방을 뛰쳐나가야 할지, 아니면 "글쎄, 이 자식아. 네가 치료에 참여하려고 노력하면 도움이 될 거다!"라고 말해야 할지 알 수 없었습니다.

하지만 무엇보다도 그녀의 말이 맞아서 두려웠습니다. 심장이 마구 뛰었고, 그녀가 알아챌 수 있을 정도로 호흡이 가빠지는 것 같았습니다. 입안도 마르고 심지어 스웨터를 입었는데도 엄청 춥다고 느껴졌습니다.

어떤 생각과 심상이 떠올랐나요?

제가 위에서 쓴 것 말고도, 저는 내담자의 말이 아마 맞을 거라고 계속 생각했습니다. 제가 그녀를 도울 방법을 모르기 때문이고, 심지어 그녀가 치료에 참여하길 저항하는 것조차 제 잘못이라고 생각했어요. 왜냐하면 전 정말로 어떻게 그녀에게 동기 부여를 해야 할지 모르기 때문입니다. 저는 그냥 "어떻게 해야 할지 모르겠다!"라고만 계속 생각했습니다.

저는 또한 그녀가 폭풍처럼 뛰쳐나가고, 동료들이 내 치료가 실패했다는 걸 알게 될 것이라고 상상을 했습니다. 회기가 끝난 후에도 오랫동안 그 생각에 사로잡혀 있었습니다.

이제 경험의 이러한 다양한 측면이 어떻게 상호작용하면서 순환하는지 고려해 봅시다. 이들은 서로에게 어떻게 영향을 주었나요? 예를 들어, 당신의 느낌은 주의, 생각, 상상에 어떤 영향을 주었나요? 당신의 생각과 심상이 느낌에 어떤 영향을 주었나요?

그녀의 말을 듣고 제가 뭐라고 대답했는지 기억나지 않는데, 그녀는 이번 주에 예정된 몇 가지에 일에 대해 계속해서 얘기했어요. 하지만 저는 그녀가 무슨 말을 하는지 이해하지 못했습니다. 저는 불안감에 휩싸여 내가 실패자라는 생각과 그녀를 어떻게 도와야 할지 모른다는 생각뿐이었습니다. 심장은 빠르게 뛰어 좀처럼 진정되지 않았고, 그녀가 어떤 말을 할지 계속해서 걱정했습니다. 그 후 몇 시간 동안 그녀가 "내가 왜 여기 왔는지도 모르겠어요"라고 한 말이 마음속에서 계속 되풀이되어 불안에 사로잡히게 되었습니다. 너무나도 진정되지 않았고 속도 불편하고 식욕을 완전히 잃어버려 점심을 걸렀습니다. 기분이 썩 좋지 않았습니다.

이제 슈퍼바이저와 그의 요구에 대한 상황으로 고군분투하고 있는 조의 이야기를 잠시 살펴보자.

예시: 조의 성찰

도전적인 경험을 마주했을 때 당신의 구뇌와 신뇌가 어떻게 순환하는지 생각해 봅시다.

먼저, 도전적인 경험에 대해서 간략하게 설명해 보세요.

지난주에 새로운 사례를 논의하고 기존 내담자들의 상담 진행 상황에 대해 설명하는 사례 회의에 참석했습니다. 제가 맡은 사례가 너무 복잡하여 아직 어떤 상태인지 파악조차 못하고 있어서 조언을 받고 싶었습니다. 게리(조의 슈퍼바이저)는 우리가 이미 시작한 후에 늦게 나타나서, 늘 하던 대로 센터의 성과에 대해서만 말하며 회의를 방해했습니다. 그는 늘 우리가 더 많은 내담자를 만나야 하고 더 많은 문서를 제공해야 한다는 이런 저런 말을 되풀이 하는데 시간을 허비하여 사례에 대해 이야기할 기회조차 없었습니다. 그건 우리에게 도움되지 않았습니다. 수전이 그에게 내담자의 노쇼를 어떻게 다루어야 할지를 직접적으로 질문했지만, 전혀 대답하지 않은 채 20분 내내 자신의 이야기만 하였습니다. 그는 전혀 도움 되지 않았습니다.

그 상황에서 구뇌의 어떤 정서와 동기가 촉발되었나요? 당신의 몸 안에서는 무슨 일이 일어나고 있었나요?

저는 매우 화가 났어요. 아무 말도 하지 않았고, 오후 내내 그저 씩씩댔습니다. 마치 벽에 머리를 찧는 느낌이었어요. 전 금방이라도 폭발할 것 같은 뜨거운 에너지 덩어리 같았어요. 사무실로 돌아왔을 때 저는 턱을 괴고 앉아서 긴장하고 끓어오르는 감정을 억누르고 있었어요.

어떤 생각과 심상이 떠올랐나요?

저는 계속해서 이것이 시간 낭비라는 생각이 들었고, 그가 어떻게 이 일을 하게 되었는지 의구심이 들었습니다. 그리고 "나는 이 일이 싫다. 이 직업은 형편없다. 더 이상은 견딜 수 없어."와 같이 직업에 대해 부정적인 생각들이 많이 났습니다. 저는 일어나서 그에게 소리 지르고 방을 뛰쳐나가는 상상을 했습니다. 물론, 저는 아무것도 하지 않고 그냥 거기서 앉아 있었습니다.

이제 경험의 이러한 다양한 측면이 어떻게 상호작용하면서 순환하는지 고려해 봅시다. 이들은 서로에게 어떻게 영향을 주었나요? 예를 들어, 당신의 느낌은 주의, 생각, 상상에 어떤 영향을 주었나요? 당신의 생각과 심상이 느낌에 어떤 영향을 주었나요?

돌이켜 보면, 그 모든 것들이 저절로 되풀이된 것이 분명해 보입니다. 저는 화나는 일을 생각하고 상상하면서 계속 화를 냈고, 그 화는 몸에서도 나타났습니다. 저는 무슨 일이 일어났는지 얼마나 화가 났는지에 집중하느라 오후 내내 산더미처럼 쌓인 서류 작업에 집중하지 못하고 일을 많이 하지 못했습니다. 얼마 후 그렇게 화난 채로 앉아 있는 저 자신을 보면서 좌절했습니다. 정말 부끄러웠습니다. 저는 그렇게 되고 싶지 않았어요.

이제 여러분 스스로 연습해 보자. 위협 시스템이 활성화되었던 최근 경험을 떠올릴 수 있는지 살펴보라. 이번에는 당신이 그 상황에서 어떻게 반응했는지에 관해서 탐색할 것이다. 다시 말하지만, 구뇌의 정서와 동기를 살피는 것으로 시작하고, 그다음에 신뇌의 사고와 심상을 살펴보라. 그런 다음 경험의 이러한 다양한 측면들이 어떻게 상호작용하여 그 감정이 지속적으로 나타나도록 만들었는지를 생각해 보라.

〈연습〉 나의 구뇌–신뇌 순환 탐색하기

도전적인 경험을 마주했을 때 당신의 구뇌와 신뇌가 어떻게 순환하는지 생각해 봅시다. 먼저, 도전적인 경험에 대해서 간략하게 설명해 보세요.

그 상황에서 구뇌의 어떤 정서와 동기가 촉발되었나요? 당신의 몸 안에서는 무슨 일이 일어나고 있었나요?

어떤 생각과 심상이 떠올랐나요?

이제 경험의 이러한 다양한 측면이 어떻게 상호작용하면서 순환하는지 고려해 봅시다. 이들은 서로에게 어떻게 영향을 주었나요? 예를 들어, 당신의 느낌은 주의, 생각, 상상에 어떤 영향을 주었나요? 당신의 생각과 심상이 느낌에 어떤 영향을 주었나요?

자기성찰 질문

자기연습 경험을 통해 순환에 대한 개념에 대해 어떤 느낌을 받았나요? 이 순환고리를 직접 경험할 수 있었나요?

구뇌와 신뇌가 어떻게 까다로운 방식으로 상호작용할 수 있는지에 대한 당신의 경험을 숙고해 보면, 어떤 점이 내담자에게도 유용할 수 있다고 여겨지나요? 이러한 탐색이 도움 될 만한 내담자가 떠오르나요? 당신은 이것을 그들에게 어떻게 사용할 수 있을까요?

모듈 6

마음챙김 호흡

현대의 건강관리에서 마음챙김은 재발성 우울증 치료(Segal, Williams, & Teasdale, 2012), 만성 질환 및 통증 관리(Kabat-Zinn, 2013)에 대한 효과적인 치료 프로그램으로 체계화되었다. 마음챙김은 정신적 경험에 얽매이지 않고 그 순간 일어나는 생각, 감정, 감각을 알아차리고, 우리의 마음이 작동하는 법에 익숙해지도록 도움을 주므로, 자비중심치료에서도 중요하다. 우리가 힘든 경험에 자비를 불러일으키려면 먼저 그 경험을 인식해야 한다. 모듈 6에서는 마음챙김이 어떻게 자비중심치료에 통합되는지를 보여 주는 예시로서 마음챙김 호흡을 소개한다.

마음챙김 호흡

마음챙김 호흡을 할 때는 호흡과 호흡을 통해 변화되는 신체 감각에 주의를 기울인다. 이 작업은 간단하지만 쉽지는 않다. 마음이 산란해지고 연습이 의도한 초점에서 멀어질 때면, 우리는 마음이 어디로 향했는지 알아차리고, 주의를 다시 몸 안의 호흡으로 부드럽게 돌려준다. 훈련의 목적은 '텅 빈' 마음을 만들어 내는 것이 아니라 마음이 방황하는 것을 능숙하고 비판단적인 태도로 다루고자 하는 것이다. 주의가 산란해지는 것은 문제나 실수가 아니라, 오히려 마음속에서 움직임을 관찰하는 것을 배우도록 도와줌으로써 주의를 훈련하는 기회를 제공한다. 또한 우리의 마음이 얼마나 거칠고 예측할 수 없이 요동치는지, 즉 우리의 마음이 얼마나 까다로울 수 있는지를 깨닫고 스스로에게 자비를 베풀 수 있는 단서가 될 수 있다.

연습을 시작하기 전에 방해받지 않는 조용한 장소를 찾길 바란다. 주의를 환기하고 깨어 있으려는 의도를 유지해야 하므로 누워서 하기보다는 의자에 앉아서 연습을 하는 것이 좋다. 아래의 지시문을 읽으면서 혼자 연습해 나가는 경우, 연습이 끝난 것을 알 수 있도록 타이머로 대략 10분 정도 맞춰 놓는 것이 도움이 된다.

〈연습〉 마음챙김 호흡

1. 편안하지만 척추를 똑바로 세우고 깨어 있는 자세로 앉으세요.
2. 눈을 감거나 시선을 아래로 낮추고 부드럽게 응시하세요.
3. 신체의 감각을 알아차려 보세요. 바깥 세계와 접촉하는 부분에 집중하는 것부터 시작할 수 있습니다(예: 바닥에 맞 닿아 있는 발). 당신의 주의를 온몸으로 넓혀 가며 느껴지는 감각을 있는 그대로 알아차려 보세요. 사물이 특정한 방식으로 되기를 바라는 마음을 내려놓는다는 것이 어떤 느낌인지 살펴보길 바랍니다.
4. 당신의 몸에서 호흡이 가장 잘 의식되는 곳에 주의를 기울여 보세요. 호흡이 당신의 복근을 안과 밖으로 움직이도록 만드는 배, 호흡이 들어오고 나가는 코 끝, 혹은 다른 부위일 수도 있습니다. 그곳에서 호흡에 주의를 두고 들숨과 날숨에 따라 변화하는 신체 감각과 들숨과 날숨 사이의 멈춤을 관찰해 봅니다.
5. 자연스럽고 편안한 속도와 리듬으로 호흡하세요. 당신의 호흡을 조절할 필요는 없습니다.
6. 계속해서 호흡에 주의를 기울이세요. 마음이 생각, 이미지, 다른 신체 감각이나 감정으로 방황하게 된다면 부드럽게 다시 호흡으로 주의를 돌리세요. 호흡에서 주의가 멀어지는 것을 알아차릴 때마다 지금이 마음챙김 순간, 즉 '깨어 있는 순간'이라는 것을 알아차리세요. 친절하고 인내심을 가지고 다시 호흡으로 주의를 기울이는 것은 당신의 마음과 경험에 자비를 가져다줄 기회를 제공합니다.
7. 10분 동안 혹은 편안하다고 느껴지는 만큼 연습을 지속하면 됩니다. 연습이 끝나면 주의를 부드럽게 외부 환경으로 돌려서 다시 적응하는 시간을 갖습니다.

마음챙김 연습의 혜택을 얻기 위해서는 매일 연습을 하면서 수련이 끝날 때마다 당신의 소감을 적는 것이 좋다. 7일 중 5일 연습을 목표로 하는 것이 도움 될 것이다. 여기에 에리카의 마음챙김 호흡 기록 예시가 있다.

예시: 에리카의 마음챙김 호흡 기록지

연습 요일 및 시간	소요 시간	내가 알아차린 것
월요일 오후 6시	5분	마음이 방황하는 것을 알아차렸지만 그대로 계속해서 다시 호흡에 주의를 기울이도록 유지했다.
화요일 오후 6시 15분	10분	복부의 호흡에 집중했고 이렇게 하니까 연습이 더 쉽게 느껴졌다. 몸이 차분해지는 것을 알게 되었다.
목요일 오후 1시 30분	20분	연습을 시작했을 때, 안절부절못하고 불안했다. 머릿속이 복잡하게 돌아가고 업무에 대한 생각이 계속 떠올랐다. 그래서 처음에는 좌절했고 "나는 이걸 할 수 없다.", "시간 낭비하고 있다."라는 생각도 들었다. 그래도 이런 생각이나 감정과 싸우기보다는 받아들이는 연습을 하면서, 호흡에 다시 주의를 집중할 수 있었다. 이런 경험을 통해 계속 연습할 수 있었다.
금요일 오전 11시 55분	3분	내담자를 만나기 전에 아주 잠깐만 연습할 수 있었지만 연습이 다음 회기를 준비하는 데 도움이 되었다(현재에 좀 더 머무를 수 있다는 것을 알아차렸다).
토요일 오후 5시	15분	연습하는 대부분 걱정, 다음 주 계획 세우기 등의 생각에 잠겼지만, 나 자신에게 조금 더 인내심을 가질 수 있었다.

다음 한 주 동안, 7일 중 5일 연습을 시도해 보라. 연습 지속 시간은 시간은 짧게 시작하여 10분에서 20분까지 점진적으로 늘려라. 앞서 에리카의 예시처럼, 단 몇 분이라도 연습하는 것이 당신의 일상에 큰 효과를 줄 수 있다. 아마 당신은 치료 회기 전후, 아침에 일어났을 때, 일이 끝나고 집으로 돌아갔을 때와 같이 연습의 타이밍을 실험하고 싶을 수 있다.

마음챙김 연습을 시작할 때 나타날 수 있는 보편적인 장해물이 있다. '제대로 해야 한다'고 생각하는 신뇌의 작용에서부터 지루하거나 안절부절못한다는 느낌, 제한된 시간에 아이를 돌보거나 바쁜 직장생활을 해야 하는 것에 이르기까지 내적인 것과 외적인 것이 모두 있다. 그러나 당신은 이러한 장애물을 경험에 대한 마음챙김의 기회로 삼을 수 있다. 연습을 수행하거나 숙고할 때 마주하게 되는 다양한 생각과 감정들에 주목하라. 사람들은 대개 생각이 계속해서 그들의 주의를 앗아간다는 것을 알아차리면 좌절할 수 있다. 그러나 주의가 산만해지는 경험을 통해 마음속 움직임을 알아차리는 것을 배울 수 있으므로 이는 마음챙김 훈련의 중요한 부분이다. 장애물을 마음챙김하여 알아차리는 것은 이러한 경험이나 상황들(예: 우리 스스로 연습하고 있다는 것을 기억하도록 돕는 방법을 생각할 때)을 다룰 수 있는 가장 좋은 방식을 명료화하도록 도와주며 우리의 다양한 욕구와 책임들을 자비롭게 여길 수 있게 해 준다. 이러한 과정은 자비로운 대처에 대한 설명을 제공해 준다. 우리는 문제를 피하기보다는 "이러한 장애물을 어떻게 다루는 것이 도움이 될까?"라는 질문을 하면서 문제의 원인과 조건을 이해하려는 의도를 가지고 좀 더 깊게 바라본다.

기록지의 세 번째 칸에는 연습하면서 알게 된 경험들을 적으면 된다. 연습하면서 생각한 것과 느낀 것, 훈련하는 동안에 알아차린 경험들 그리고 방황하거나 산만해졌을 때 어떻게 다루었는지, 혹은 당신이 마주했던 어려움들을 적으면 된다.

〈연습〉 나의 마음챙김 호흡 기록지

연습 요일 및 시간	소요 시간	알아차린 것

자기성찰 질문

마음챙김 호흡 연습을 하면서 무엇을 경험했나요? 놀랄 만한 것이 있었나요? 무엇을 배웠나요?

마음챙김 호흡을 정기적으로 실시해 보니 어땠나요? 매일 과제를 얼마나 쉽게 완료할 수 있었나요? 어떤 장해물이 발생했고, 어떻게 대처했나요?(또는 앞으로 장해물을 어떻게 다룰 수 있을까요?)

당신의 경험에 기반하면, 내담자에게 마음챙김을 소개할 수 있는 가장 좋은 방법은 무엇일까요? 치료 과정 동안에 내담자가 마음챙김을 계발할 수 있도록 돕는 가장 좋은 방법은 무엇일까요?

당신의 경험에 비추어 볼 때, 마음챙김이 CFT 모델과 어떤 관련이 있다고 생각하나요? 마음챙김이 자비를 함양하는 데 어떤 방식으로 기여하고, 또 그것을 어떻게 보완해 줄 수 있다고 생각하나요?

모듈 7
경험의 조형

자비중심치료는 내담자에게 어떻게 자신의 삶에서 이런 일이 일어났는지 자비롭게 알아차리도록 돕는 데 주안점을 두고 있다는 점에서 자기자비 작업에 관한 여타 접근과 다르다. 이러한 방식을 통해 내담자(그리고 치료자)는 '나한테 무엇인가 근본적으로 문제가 있어'라는 생각에서 '괴롭긴 하지만 내 잘못은 아니야'라는 생각으로 바꿀 수 있다. CFT에서 '내 잘못은 아니다'라는 메시지는 우리가 선택하거나 의도하지 않은 것으로 인해 우리 스스로를 공격하거나 부끄러워하지 말자는 뜻을 내포하고 있다. 당신은 모듈 2, 4, 5에서 인간의 기능과 발달에 강력한 영향을 미치는 요소, 즉 진화된 뇌가 우리의 경험을 까다로운 방식으로 조형한다는 것을 경험해 보았을 것이다. 이 모듈은 우리가 선택하거나 의도하지 않은 방식으로 인간을 강력하게 조형할 수 있는 또 다른 영향력을 살펴볼 수 있다: 학습 내력이 우리를 조형하는 강력한 방법이다. 모듈 8은 이 주제를 확장하여 당신의 관계 양식이 초기 애착 경험과 어떻게 관련되는지 탐색하도록 돕는다.

경험의 조형

몇십 년간, 행동주의 심리학자들은 고전적 조건형성, 조작적 조건형성, 사회 학습과 같은 다양한 학습 프로세스를 통해 사회적 환경이 우리의 행동을 조형할 수 있는 방법을 탐구해 왔다(Skinner, 1953; Bandura, 1977; 행동주의 이론에 대한 훌륭한 최신 논의는 Ramnerö와 Törneke, 2008을 보라). 우리 자신의 학습 내력은 우리의 행동에 따른 긍정적 및 혐오적인 결과를 통해, 그리고 타인에 의해 모델링된 행동들의 관찰을 통해 우리를 조형한다. 시간을 거듭하면서, 환경은 어떤 행동이 받아들여질 만하고 바람직한 결과로 이어질지, 그리고 어떤 행동이 받아들여질 수 없으며 처벌을 수반할지 우리에게 알려 준다. 비록 이러한 결과는 주로 관찰 가능한 행동에 작용하지만, 우리가 사고, 정서와 같은 사적 경험과 어떻게 관계하는지를 조형할 수도 있다. 이는 이러한 경험의 언어적 및 비언어적 표현(예: 정서적 반응 또는 우리의 생각에 대해 얘기하는 것)에 대한 보상과 처벌을 통해 가능하다. 또한 우리는 타인의 행동을 관찰하면서 어떤 종류의 행동이 받아들여질 수 있고, 어떤 종류의 행동은 받아들여지지 않는지(예를 들어, 사람들이 결코 표현하지 않는 정서는 특정 정서 표현이 수용될 수 없는 것임을 가르쳐 줌)를 학습하기도 한다. 이러한 방식으로 우리는 자신에게 도움이 되는 행동, 사고, 정서를 경험하도록 학습되고, 거절, 자기비난, 그리고 수치심 등과 관련된 행동, 사고, 정서 경험과 관계하는 것을 학습한다. 까다로운 본질을 띠는 우리의 진화된 뇌는 우리 대부분이 스스로 선택하지 않은 사고나 정서의 넓은 집합체를 경험하도록 만들고, 이것은 우리에게 문제를 야기할 수 있다. 이런 어려움에 더하여 위협 중심의 구뇌는 경험과 정서를 연결하는 데 매우 능숙한데, 이는 다양한 경험에 대해 우리가 강력하고 선택되지 않은 정서 반응을 하도록 조건화시킬 수 있다(예를 들어, 과거 외상 경험 동안 나타났던 다양한 감각 단서에 대해 강력한 정서 반응을 하는 것). 우리는 강력하게 그리고 사회적으로 조형된다.

이 회기에서는, 당신 자신의 학습 내력이 어떻게 당신을 조형해 왔는지 살펴볼 수 있다. 준비하면서, 조의 예시를 살펴보자.

예시: 조(Joe)의 성찰

당신은 가정, 학교, 그리고 그 외 환경 속에서 자라면서 어떻게 행동해야 한다고 학습했나요? 어떤 행동 방식이 바람직하다고 배웠으며(예: 보상을 받은 행동 또는 다른 사람을 통해 보고 배운 것; 모델링) 어떤 행동 방식이 바람직하지 않게 여겨졌나요(예: 벌 받거나 조롱받은 행동, 또는 양육자로부터 배운 적이 없는 행동)?

저는 자라면서 생산적이어야 하고 규칙에 따라 일을 해야 한다고 배웠어요. 일을 하는 데 올바른 방법이 있다고 배웠고, 그렇게 해야만 한다고 배웠어요. 또한 정직한 것이 중요하고 다른 사람이 도움을 필요로 한다면 최선을 다해서 도와야 한다고 배웠어요. 그래서 치료자가 된 것 같아요. 또 해서는 안 되는 행동에 대해서는, 사람이 예의 바르고 상냥해야 한다고 배웠어요. 뽐내거나 무례하게 굴면 안 됐죠. 아버지는 제가 말을 안 듣거나 게으르다는 생각이 들 때면 바로 비판하셨고 때로는 혹독하게 꾸짖으셨어요. 선생님들도 그런 편이였죠.

당신은 가정, 학교, 그리고 그 외 환경 속에서 자라면서 무엇을, 어떻게 느껴야 한다고 배웠나요(예: 보호자가 표현하는 감정을 관찰함으로써)? 당신은 어떤 유형의 감정이 허용되고 어떤 유형의 감정이 허용되지 않는지 배운 적이 있나요?

이렇게 말하면 너무 진부하게 들리지만, 남자로서 분노를 느끼고 표현하는 것은 괜찮지만 불안이나 슬픔과 같은 '약한' 감정들은 괜찮지 않다는 것을 배웠습니다. 아버지는 종종 저에게 화의 본보기를 보여 주기도 했어요. 목소리를 높여도 신체적으로 공격하지는 않았고 불안이나 슬픔을 전혀 보여 주지 않았죠. 만약 제가 겁에 질려 있거나 눈물 흘리면 바로 차단하셨어요. 그리고 다른 남자애들이 잔인하게 덤벼들면 빠르게 차단하고 억누르는 것을 배웠어요. 그래서 실제로 많은 감정들을 표현하지 않았던 것 같은데, 솔직히 화를 내는 건 쉬웠어요. 비록 그럴 때 닮고 싶지 않은 아버지의 모습이 떠올라서 불편해지지만요.

당신은 가정, 학교, 그리고 그 외 환경 속에서 자라면서 무엇을, 어떻게 생각해야 한다고 배웠나요? 당신은 받아들여지는 생각과 받아들여질 수 없는 생각이 어떤 것인지 배운 적이 있나요?

저는 약간 나 자신의 판단을 믿지 말라고 배운 것 같아요. 상당히 옳지 않다고 여겨도 그냥 묵묵히 따라가는 거죠. 그래서 지금도 직장에서 사람들이 제가 어떻게 해야 한다고 말하는 것이 옳지 않다고 생각하거나 가치와 맞지 않는 상황이 벌어질 때 힘듭니다. 또한 오만하거나 잔인한 생각을 하는 것이 나쁘다고 배웠기 때문에 때때로 머릿속에서 그런 생각들이 떠오르는 것에 오싹해지기도 합니다. 저는 치료자로서 사람들이 오만가지 생각을 할 수 있다는 것을 잘 알고 있어서 나에게 그런 생각이 일어나는 것이 문제라고 생각하지는 않아요. 다만 진짜 문제는 내 판단이 다른 사람과의 판단과 충돌할 때 나의 주장을 관철하는 방법을 찾는 겁니다.

당신은 자라면서 자비에 대해서 어떤 것이든 배운 적이 있나요? 자신과 타인의 고통에 어떻게 반응해야 하는지 배운 적이 있나요?

음……. 자비에 대해서 제대로 대화를 나누어 보지는 않았지만, 도움이 필요한 다른 사람을 도와야 한다는 일반적인 메시지는 있었던 것 같아요. 부모님은 지역 푸드뱅크에 기부했고 저는 학교에 다닐 때 자원봉사 프로젝트를 한두 번 했었어요. 하지만 대부분 우리 가족은 일상적인 생활에 집중하면서 각자의 일을 했어요. 저의 고통은 위에서 쓴 것과 관련 있는데, 아버지는 일반적으로 두려움이나 슬픔과 같은 감정을 무시하는 것을 제외하고는 그런 감정을 어떻게 해야 하는지에는 관심이 없었던 것 같아요. 어머니는 조금 다른데, 제가 속상해하는 것을 보시면 다가와서 안아 주시고 다 괜찮아질 거라고 이야기해 주었어요. 다시 떠올리니 기분 좋아지네요. 이것을 떠올려 봤을 때 엄마로부터 다른 사람이 아프면 그 사람들에 대해서 관심을 갖고 보살피고 있다는 것을 보여 주는 것이 중요하다는 걸 배운 것 같아요. 아마도 그래서 치료자가 된지도 모르겠네요.

〈연습〉 배운 내용 살펴보기

당신은 가정, 학교, 그리고 그 외 환경 속에서 자라면서 어떻게 행동해야 한다고 학습했나요? 어떤 행동 방식이 바람직하다고 배웠으며(예: 보상을 받은 행동 또는 다른 사람을 통해 보고 배운 것; 모델링) 어떤 행동 방식이 바람직하지 않게 여겨졌나요(예: 벌 받거나 조롱받은 행동, 또는 양육자로부터 배운 적이 없는 행동)?

당신은 가정, 학교, 그리고 그 외 환경 속에서 자라면서 무엇을, 어떻게 느껴야 한다고 배웠나요(예: 보호자가 표현하는 감정을 관찰함으로써)? 당신은 어떤 유형의 감정이 허용되고 어떤 유형의 감정이 허용되지 않는지 배운 적이 있나요?

당신은 가정, 학교, 그리고 그 외 환경 속에서 자라면서 무엇을, 어떻게 생각해야 한다고 배웠나요? 당신은 받아들여지는 생각과 받아들여질 수 없는 생각이 어떤 것인지 배운 적이 있나요?

당신은 자라면서 자비에 대해서 어떤 것이든 배운 적이 있나요? 자신과 타인의 고통에 어떻게 반응해야 하는지 배운 적이 있나요?

자기성찰 질문

현재의 행동, 감정, 사고에 영향을 준 학습 경험들을 되돌아보는 것은 어땠나요? 그 과정에서 어떤 느낌이 들었나요?

장해물이나 저항을 알아차렸나요? 그랬다면 그것을 어떻게 이해하고 다루어 보았나요?

삶의 경험들이 현재의 삶의 방식에 어떤 영향을 주었는지를 생각해 보면서 자비가 일어나거나 자비를 경험하는 데 꺼려지는 부분이 있었나요?

이러한 연습을 해 본 경험을 바탕으로 내담자에게 이러한 개념들을 소개할 때 어떤 것을 고려해야 한다고 생각하나요?

모듈 8
자비로운 기능분석

이 모듈에서 우리는 문제 상황과 관련하여 경험을 통해 행동 방식이 어떻게 조형될 수 있는지에 대해 생각해 보고자 한다. 이 연습에서는 모듈 1에서 확인했던 도전적인 문제들을 마음속에 떠올려 볼 것이다. 우리는 전형적인 행동기능분석을 통해 당신을 안내할 것이다. 즉, 행동기능분석이란 선행사건 확인, 행동 관찰(사고나 정서 반응과 같은 사적인 사건까지 포함해서) 및 뒤따르는 결과를 살펴보는 것이다. 이는 당신이 문제를 유지시키는 촉발 요인, 전형적인 패턴과 조건들을 파악할 수 있도록 도와줄 것이다. 그런 다음 우리는 이러한 상황에서 당신의 반응이 현재 주변 환경과 역사의 맥락에서 어떻게 이해될 수 있는지 자비롭게 생각해 볼 수 있도록 촉진할 것이다. 이번 치료 과정은 현재 문제들이 과거에 의해 어떻게 형성되었는지 그리고 조(Joe)가 그랬던 것처럼 당신의 경험과 반응이 그러한 맥락 내에서 어떻게 이해될 수 있는지를 생각해 보는 것을 포함한다.

예시: 조(Joe)의 성찰

최근 발생한 문제의 예를 간단하게 설명해 주세요.

제 상황은 새로운 직장에서 일어나는 전형적인 것입니다. 저희는 직원회의에서 새로운 사례를 배정하고 그들에 대한 치료 계획을 세우려고 했어요. 그런데 저희 부서 슈퍼바이저는 여기에 대해서 인식을 못한 것 같았어요. 우리에게 계속 성과를 강조하고 스케줄을 가득 채워 놓는 게 얼마나 중요한지 말하면서 심지어 중복 예약을 제안할 정도였습니다. 그분은 내담자들에 대해서, 이들을 어떻게 도울 수 있을지에 대해서는 별로 관심이 없어 보였어요.

그 상황에 대한 당신의 반응 중에서 문제라고 생각하는 부분이 있나요? 이것은 겉으로 드러나는 행동일 수도 있고, 생각과 같은 내적인 행동이거나, 심지어 당신이 불편하게 느끼는 감정일 수도 있습니다. 이것은 당신이 부끄러워하는 것 혹은 자기비난일 수도 있습니다.

음, 저는 불만을 느낄 만한 일이었다고 생각해요. 초점이 있어야 할 곳에 있지 않은 느낌이었어요. 하지만 저는 회의에서 아무 말도 하지 않았을 뿐만 아니라 하루 종일 그 일로 고민하느라 내담자들을 생각하는 데 방해받은 것이 조금 부끄러워요. 저는 심지어 집에 가서도 제 가족들에게 약간 퉁명스럽게 대했는데 그건 저에게 좋지 않은 일이에요.

그 상황의 어떤 측면이 당신의 반응을 촉발시켰나요? 그것은 실제로 일어난 일일 수도 있고, 당신이 처해 있던 상황의 한 측면이거나, 심지어 당신의 또 다른 느낌이나 감정일 수도 있습니다. – 당신에게 이 특정 반응을 불러일으킨 어떤 것이든 될 수 있습니다.

그건 바로 슈퍼바이저의 태도 때문이지요. 그분은 그냥 이해를 못하는 것 같아요.

이제 반응의 결과를 곰곰이 생각해 보세요. 그 후에 어떤 일이 일어났나요? 이런 결과가 아주 가까운 미래에 그리고 혹은 장기적으로 그런 반응이 더 일어날 가능성이 높아지도록(혹은 일어나지 않도록) 어떻게 보상/처벌했나요?

제가 생각하기엔 제 반응의 결과를 단기적 · 장기적으로 나눠 볼 수 있을 것 같은데요, 단기적으로는 아무것도 말하지 않는 게 아마도 회의에서 슈퍼바이저와 대적하는 걸(재미를 못 볼 일이죠) 피하도록 돕는 것 같아요. 하지만 온종일 그 일에 대해서 생각하면 제 하루를 즐기지 못하게 되고 가족에게 제가 원하는 방식으로 행동하지 못해요. 그런 모습을 관찰하면서 제가 전적으로 도움되지 않는 방식으로 행동하고 있다는 것을 깨닫고 자책하게 됩니다.

당신의 학습 내력 외에 그 반응을 촉발시키는 현재 상황, 거기에 뒤따르는 결과를 생각해 본다면, 당신이 이 상황에서 괴로울 수 있다는 것이 이해가 되나요? 자신에 대해 알고 있는 것과 세상에서 살아가기 위해 학습해 온 것들을 알게 되면, 당신이 그 상황에 직면했을 때 그런 식으로 행동하고 느끼고 생각할 수 있다는 것이 이해가 되나요? 당신의 반응은 당신이 선택하거나 설계하지 않은 어떤 요인들에 의해 형성되었을 수도 있는데, 그것은 어떤 것들이었을까요?

그걸 생각해 보면 정말 이해되긴 해요. 제가 크면서 저는 아버지의 요청에 무조건 따라야 했고 제가 의문을 제기하면 아버지의 반응은 굉장히 가혹했어요. 그래서 저는 큰 갈등을 속으로 삭이는 법을 배웠던 것 같아요. 동시에 저는 제가 이번 주에 했던 많은 반응들이 아버지를 모델링하고 있다는 걸 보게 됐어요. 아버지는 기분 나빴던 일에 대해서 하루 종일 생각하고 문제를 해결하기보다 우리에게 쏘아붙였어요. 이것이 왜 제가 스스로를 매정하게 대했는지를 설명해 주네요. 아버지의 그런 행동들은 제가 크면서 너무 봐주기 힘들었던 행동들이었는데 제 스스로 그런 식으로 행동하고 있다는 것을 보기 힘들었던 것 같아요. 제가 아버지를 존중하는 부분들도 많지만, 그건 아니에요.

〈연습〉 나의 기능분석

이제 당신에게 도전적인 상황에 대해 탐색해 보고, 그것에 대한 당신의 반응과 특정한 방식으로 대응하게 된 경향에 영향을 준 이전의 학습 경험 사이의 관계를 살펴보세요.

최근 발생한 문제의 예를 간단하게 설명해 주세요.

그 상황에 대한 당신의 반응 중에서 문제라고 생각하는 부분이 있나요? 이는 겉으로 드러나는 행동일 수도 있고, 생각과 같은 내적인 행동이거나, 심지어 당신이 불편하게 느끼는 감정일 수도 있습니다. 이것은 당신이 부끄러워하는 것 혹은 자기비난일 수도 있습니다.

그 상황의 어떤 측면이 당신의 반응을 촉발시켰나요? 그것은 실제로 일어난 일일 수도 있고, 당신이 처해 있던 상황의 한 측면이거나, 심지어 당신의 또 다른 느낌이나 감정일 수도 있습니다.—당신에게 이 특정 반응을 불러일으킨 어떤 것이든 될 수 있습니다.

이제 반응의 결과를 곰곰이 생각해 보세요. 그 후에 어떤 일이 일어났나요? 이런 결과가 아주 가까운 미래에 그리고 혹은 장기적으로 그런 반응이 더 일어날 가능성이 높아지도록(혹은 일어나지 않도록)어떻게 보상/처벌했나요?

당신의 학습 내력 외에 그 반응을 촉발시키는 현재 상황, 거기에 뒤따르는 결과를 생각해 본다면, 당신이 이 상황에서 괴로울 수 있다는 것이 이해가 되나요? 자신에 대해 알고 있는 것과 세상에서 살아가기 위해 학습해 온 것들을 알게 되면, 당신이 그 상황에 직면했을 때 그런 식으로 행동하고 느끼고 생각할 수 있다는 것이 이해가 되나요? 당신의 반응은 당신이 선택하거나 설계하지 않은 어떤 요인들에 의해 형성되었을 수도 있는데, 그것은 어떤 것들이었을까요?

자기성찰 질문

기능분석이 이해가 되었나요? 기능분석을 하면서 무언가 잘 맞지 않다고 느껴지는 것이 있었나요? 이 연습을 하면서 당신 스스로에 대해 무엇을 배웠나요(예: 과거 경험이 당신을 어떻게 조형했는지 그리고 지금 이 순간에도 당신의 경험을 유지하게 만드는 요인들이 무엇인지에 관해)?

어떠한 두려움, 장해물, 저항이 있었나요? 만약 그랬다면, 당신은 그것들을 어떻게 이해하고 어떻게 다루었나요?

당신의 삶의 경험이 이 문제를 대처하는 방식에 어떻게 영향을 주었는지를 숙고해 보면, 스스로에게 자비가 일어나거나, 혹은 자비를 경험하는 데 주저함이 느껴졌나요?

당신의 내담자에게 이 과정에 접근하는 방법에 도움이 될 만한 특별한 무언가가 있었나요? 이러한 탐색이 도움이 될 만한 내담자가 떠오르나요? 그 내담자와 이 과정을 어떻게 사용할 수 있을까요?

마지막 두 모듈 경험이 CFT 모델을 이해하는 것과 어떤 관련이 있나요? 이러한 연습이 내담자의 자비를 촉진하는 데 어떻게 사용될 수 있을까요?

모듈 9

안전 공간 심상

우리는 앞에서 세 가지 정서 조절 시스템(위협, 추동, 진정/안정)을 소개하고, 신뇌와 구뇌가 어떻게 상호작용하여 이러한 시스템을 활성화하는지, 그리고 특정 정서 및 동기 상태에 대한 추진력을 어떻게 만들어 낼 수 있는지에 대해 논의하였다. 그리고 우리는 특정 방법으로 호흡하는 것이 어떻게 진정 시스템의 생리적 상태를 불러일으키도록 돕는지도 배웠다. 본 모듈에서는 진정 시스템을 켜고, 정서들의 균형 그리고 우리 스스로 자비로운 동기 상태로 전환할 수 있도록 돕기 위해 '감정의 뇌'에 입력하는 작업들에 대해 계속해서 살펴보고자 한다. 도전적인 경험과 정서에 능동적으로 그리고 자비롭게 관여할 수 있도록 하는 단계를 마련할 것이다.

심상에 대한 간단한 소개

본 모듈에서 첫 번째 심상 연습을 소개한다. 종종 사람들은 마음속에 생생한 이미지를 만들어야 한다고 생각해서 심상 작업을 어려워하기도 하는데, 이런 과정은 일부 사람들에게 매우 어려울 수 있다. 그러나 자비중심치료에서 심상을 사용하는 방식은 완벽한 심상을 만들어 내는 것이 아니라 이해, 정서, 동기의 전환을 가능하도록 하는 정신적 경험(mental experiences)을 만드는 것이다(Gilbert, 2010; Kolts, 2016). 이 과정을 알아보기 위해 짧은 연습을 해보자:

1. 먼저, 오늘 아침에 잠에서 깨어서 일어나는 장면을 떠올려 보자. 가장 먼저 무엇을 알아차렸는가? 몸의 느낌은 어떠했는가? 어떤 소리가 들렸는가? 침대에서 나와 처음으로 한 움직임이 무엇이었는가?: 어디로 가고 있었는가? 가는 중에 그리고 그곳

에 도착했을 때 무엇을 인지했는가? 하루를 시작할 때 어떤 소리, 광경, 냄새, 맛들이 당신에게 나타나는가? 아침을 시작하면서 몸에서 느껴졌던 감각을 떠올릴 수 있는가?

2. 둘째, 가장 좋아하는 음식을 떠올려 보자. 마음속에서 그 경험을 탐구해 보라. 그 음식은 어떻게 생겼는가? 맛은 어떠한가? 식감은 어떠한가? 그 외에 또 인지한 게 있는가? 냄새는? 그 음식이 상기시키는 기억은? 마음속에 음식을 떠올렸을 때 모양이 갖춰지는 정신적 경험을 알아차려 보자. 그 음식을 먹을 때 경험하는 동기 수준, 흥미 또는 즐거움 수준뿐만 아니라 감각 정보(시야, 소리 등)도 함께 유입되는 것을 말이다.
3. 셋째, 마음속에 최근의 휴가나 연휴를 떠올려보자(또는 가고 싶은 휴가를 떠올려보라). 그 장소에 대한 정신적 감각을 얻으려고 노력해 보라. 분위기, 온도, 몸에 느껴지는 공기의 느낌에 대해서 말이다. 풍경은? 소리는? 냄새는? 색깔은 어떠한가? 그곳에 있는 느낌은 어떤가? 어떻게 느껴지는가? 무엇을 인지하였는가? 회상해 보니 어떤 느낌이 드는가?

이 연습을 진행하면서 무엇을 배웠는지 잠시 성찰해 보는 시간을 가져 보자. 각각 제시된 경험에 대해 생생한 이미지를 만들 수 있었는지를 떠나서, 지시문에 상응하는 정신적 경험을 만들어 낼 수 있었는가? 어떤 점을 알아차렸는가?

예시: 조(Joe)의 심상 연습

심상 연습을 하면서 알아차린 것:
나는 요란스럽게 울리는 알람 소리를 듣고 눈을 뜨는 것을 경험했습니다. 몸이 따뜻하고 무겁게 느껴졌고, 이 감각들을 상상하면서 이불의 무게까지 함께 느꼈어요. 연습하면서 조금 피곤하고 잠 온다는 것에 놀랐습니다. 그리고 다시 자러 가고 싶었어요!

심상 연습을 하면서 배운 것:
나는 심상이 그 순간으로 돌아간 듯한 느낌을 만들어낼 수 있다는 것을 배웠습니다. 비록 생생한 그림처럼 보지는 못했지만 감각은 선명하게 느꼈습니다. 알람을 상상하고 그 소리가 내 몸 안에서 들리는 것처럼 느껴졌습니다. 그건 다시 잠자리에 드는 것과 같은 어떤 행동을 하고 싶게 만들었습니다.

〈연습〉 나의 심상 연습

심상 연습을 하면서 알아차린 것
심상 연습을 하면서 배운 것

심상을 통해 진정 시스템으로 진입하기

자비중심치료의 주요 목표는 내담자들이 안정/진정 시스템을 구축하고 작동시킬 수 있도록 돕는 것이다. 이를 위해 내담자 스스로 안정감을 촉진하는 방법을 배우는 것이 중요하다. 안정 시스템은 위협적인 감정들로부터 균형을 맞을 수 있도록 도와 도전적인 삶의 경험과 감정들에 최선을 다해 일할 수 있도록 하는 강력한 방법이다. 그러나 유전적 기질과 삶의 경험에서 형성된 방식에 따라(모듈 7, 8을 보라) 안정 시스템이 덜 발달된 사람도 있고, 스스로 안정감을 불러일으키는 것을 어려워하는 사람도 있다. 또 어떤 사람들은 진정 및 평온함 경험에 접근하는 능력을 방해하는 특정한 차단을 경험하거나 심지어 이러한 경험을 마음속에서 불러일으키는 시도조차 저항을 경험할 수 있다. 따라서 우리는 우리 자신과 내담자들이 안전 시스템을 활성화, 개발, 강화할 수 있는 능력을 주는 행동 및 전략들의 레퍼토리를 개발할 수 있도록 돕고자 한다. 그러면 어려운 경험에도 불구하고 시간이 지나면서 우리 안에서 스스로 안정감을 자극하게 될 것이다. 여기에 잘 맞게 고안된 심상 연습인 안전공간 심상을 소개한다(Gilbert, 2009).

〈연습〉 안전 공간 심상(Safe-Place Imagery)

이전 연습에서와 마찬가지로 우리는 심상을 이용하여 마음속에서 경험을 만들어 낼 것이다. 하지만 이번에는 정서적인 구뇌에 진정을 유도하는 자극을 만들기 위해 심상을 사용할 것이며, 이를 통해 진정 시스템을 활성화하도록 도울 것이다.

먼저 1분 정도 진정 리듬 호흡으로 숨을 천천히 쉬고, 몸을 통해 마음을 느긋하게 만들어보자. 이 호흡은 4~5초 동안 숨을 들이마시고 잠시 참았다가 4~5초 동안 숨을 천천히 내쉬는 것이며, 분당 6회 호흡하는 것을 목표로 한다. 잠시 시간을 내어 모듈 3에 설명된 진정 리듬 호흡 연습을 다시 살펴보라.

몸과 마음의 속도를 늦추었다면, 완전히 안전하고 만족스럽고 평화로운 느낌이 어떨지 상상해 보자. 이 만족스러운 경험들은 우리 몸 안에서 어떤 느낌일까?

이 연습 안에서, 우리는 심상을 사용하여 이러한 감정을 불러일으킬 정신적인 '장소'를 구성한다. 지금 한번 해 보자. 다음 지시문을 읽고 눈을 감은 후 연습을 해 보라.

- 당신에게 안정감, 평화, 만족감을 일으킬 수 있는 장소를 떠올려 보세요. 이 장소는 과거에 당신이 방문했던 곳일 수도 있고, 안전하다고 느낄 수 있게 도움이 되는 것을 기반으로 완전히 상상으로 만들어 낸 장소일 수도 있습니다.
- 이 장소를 떠올리면서 감각적인 세부 요소들을 생각해 보세요. 각각의 질문들에 대해 잠시 생각해 보는 시간을 가져 보세요:
  - –무엇이 보이나요?
  - –무엇이 들리나요?
  - –어떤 냄새가 나나요?
  - –어떤 신체 경험을 하나요?(예: 피부로 느껴지는 햇빛의 따뜻한 느낌)
- 다양한 세부 사항들에 집중하면서 떠오르는 감정에 주목해 보세요. 이 공간에 평화로움, 만족스러움, 안정감 등 강력한 느낌을 불러일으키는 특정 측면이 있다면 그곳에 집중하고 거기서부터 만들기 시작해 보세요.
- 이 장소에는 당신과 함께 다른 사람이나 다른 존재(예: 동물, 초자연적 존재)들이 있을 수도, 없을 수도 있습니다. 만약 있다면, 이러한 존재들이 환영하는 것을 상상해 보세요. 당신의 존재에 기뻐하고, 당신이 여기 와서 기쁘다고요. 거리를 두고 그 근처에서 놀아 보세요. 아마도 타인, 사람들, 혹은 존재들이 근처에 있을 겁니다. 혹은 그들이 이미지의 주변 어딘가에 있을 수도 있어요. 무엇이든 당신에게 도움이 되는 것에 집중합니다.

- 이 장소 자체가 당신을 환영해 주고, 당신이 이곳에 와준 것을 기뻐하며 당신의 존재를 고마워한다고 상상해 보세요. 마치 당신이 와 줌으로써 이곳이 완성되는 것처럼요.
- 한 공간에 정착하기 전까지는 초반에 이리저리 옮겨 다니는 것이 상당히 흔한 일입니다. 현재 순간의 기분에 따라 방문할 수 있는 여러 가지 '장소들'을 상상하는 것도 흔한 일입니다. 중요한 것은 안정감을 끌어올리는 방법을 배우는 데 목표를 두고 있는 **과정**과, 그러한 감정을 이끌어 내는 데 도움이 되는 특정 정신적 장소 또는 이미지와 연결되는 것입니다. 당신에게 맞는 장소를 찾기 위해 자유롭게 실험해 보세요.
- 이 장소에서 잠시 머물며 그 시간을 즐겨 보세요. 처음에는 5분 정도로 시작해 볼 수 있습니다(더 오래 해도 됩니다). 준비가 되면 잠시 진정 호흡을 한 후 눈을 뜨고 평화로움, 안정감과 함께 일상으로 다시 돌아오세요. 아래에 파티마의 연습 경험을 소개한 것처럼, 당신도 이 연습을 한 경험을 적어 보세요.

예시: 파티마의 안전 공간 심상

연습일	안전 공간 심상 연습 경험	연습에 대한 성찰
1일 차	눈을 감고 연습을 시작할 때 불안했다. 가슴이 뛰고 있었고 이것을 1분 이상 할 수 없을 것이라고 생각했다. 하지만 호흡이 도움이 됐고 한적한 해변을 상상하면서 따듯한 햇살을 느끼고 발에 모래를 느끼며 파도 소리를 들을 수 있었다. 고요함과 만족감을 느꼈다.	나는 이 연습을 하는 것에 상당히 저항감이 들어서 시작하기를 미루었다. 그건 속도를 늦췄을 때 내가 무엇을 마주하게 될지에 대한 두려움이었다. 내 몸이 변하는 게 느껴지지만, 시간이 좀 걸렸다.

예시: 나의 안전 공간 심상

연습일	안전 공간 심상 연습 경험	연습에 대한 성찰

자기성찰 질문

안전 공간 심상 연습을 하면서 당신을 놀라게 한 부분이 있었나요?

연습을 방해하는 것들이 있었나요? 만약 그랬다면 이것을 어떻게 이해하고 작업을 해 나갔나요?

연습을 하는 동안 진정/안정 시스템에 대해 새로운 통찰을 얻은 것이 있습니까? 그렇다면 그 통찰은 무엇이었나요?

당신의 경험을 바탕으로 치료 실무에 적용할 수 있는 시사점이 있나요?

당신의 경험을 바탕으로, 안전 공간 심상이 위협, 추동, 안정 시스템에 미치는 영향에 대해 이해했을 때, 이것이 시사하는 바가 있나요?

모듈 10
애착 유형 살펴보기

모듈 7과 8에서는 당신의 학습 이력(learning history)이 현재 경험(특정 정서, 사고, 행동을 경험하는 경향성)을 어떻게 형성했는지 그리고 이러한 경향성에 어떻게 반응하는지를 살펴보았다(예: 자부심 혹은 수치심). 이번 모듈에서는 우리의 삶을 강력하게 형성하는 학습 내력의 또 다른 측면인 애착 이력과 현재 애착 유형에 대해 살펴보고자 한다.

우리의 관계에 의해 형성된 것

모듈 2에서는 정서의 삼원 모델을 설명하였다. 진정/안정 시스템은 고요하고 평화로운 경험에 접근하고, 정서를 조절하며, 위협적인 경험을 다룰 수 있도록 도와주는 기능을 한다. 수십 년 동안 애착 이론가들은 애착 행동 체계가 타인과의 접촉을 통해 연결되고 위안을 얻는 방식이 위협에 건강하게 대응하고 세상과 자신의 정서를 탐색할 수 있는 자신감을 갖도록 돕는 핵심 요소라고 설명해 왔다(Bowlby, 1969/1982; Wallin, 2007; Mikulincer & Shaver, 2007). 초기 애착 경험은 우리가 타인(도움과 보살핌을 받았는지, 혹은 그렇지 않았는지)과 우리 자신(사랑과 보살핌을 받을 자격이 있는지 혹은 없는지)을 경험하는 방식을 강력하게 형상할 뿐만 아니라 고통을 겪을 때 자신과 타인에게 어떻게 반응해야 하는지에 대한 모델을 제공한다.

불안정 애착(대인관계에서 불안이나 회피 또는 이 모두를 보이는 경향성 포함)은 수천건의 과학적 연구의 초점이 되어 왔다. 이는 우울증, 외상 후 스트레스 장애(PTSD), 강박장애(OCD), 성격장애, 섭식장애(Mikulincer & Shaver, 2007, 2012)뿐만 아니라 자기자비를 경험하는 것의 어려움(Pepping, Davis, O'Donovan, & Pal, 2014; Gilbert, McEwan, Catarino, Baião, & Palmeira, 2014)과 같은 광범위한 삶의 어려움들과 관련이 있다. CFT에서 안정 애착의 촉진(다른 사람과의 관계에서 쉽게 참여하고 안전하다고 느끼는 능력)은 자신감과 자기계발(Feeney & Thrush, 2010), 자기자비(Pepping et al., 2014); 뿐만 아니라 자비, 공감, 이타적인 행동의 증가와 같은 다양한 긍정적 결과와 관련이 있다(Mikulincer et al., 2001; Mikulincer & Shaver, 2005; Gillath, Shaver, & Mikulincer, 2005). 치료자가 내담자에게 안전기반, 즉 위협에 직면했을 때 스스로 조절하고 어려운 경험에 접근하여 대처할 수 있도록 돕는 대상이 될 수 있다는 점이 점점 더 강조되고 있다(Wallin, 2007; Knox, 2010; Kolts, 2016).

애착 관계의 중요성을 뒷받침하는 이러한 모든 연구를 고려할 때, 치료실에서 애착 이력, 애착 유형, 치료실 안에서의 역동이 CFT에서 중요하다는 것은 놀랍지 않다. 이 모듈의 나머지 부분에서는 당신의 애착 경험과 더불어, 그것이 타인과 당신 자신과의 관계를 형성해 온 방법에 대해 살펴볼 것이다. 애착의 역학 관계는 우리가 가장 힘들어하는 경험의 핵심에 있는 경우가 많기 때문에 자신의 애착 역사와 그것이 현재의 삶을 어떻게 형성하게 되었는지를 깊이 들여다보면 때때로 놀라운 수준의 감정을 불러일으킬 수 있다. 따라서 이 모듈을 연습하는 동안은 가능하면 조용하고 편안한 공간에서 연습할 수 있는 시간을 갖고, 연습이 끝난 후 할 수 있는 즐거운 활동을 계획하는 등 자신을 돌보는 데 신경을 써야 한다.

먼저, 모듈 1의 간단한 애착 설문지를 다시 살펴보도록 하자. 이는 당신이 애착 불안 및 회피를 얼마나 자주 경험하는지 파악하는 데 도움 될 것이다. 앞에서 설명한 바와 같이 척도 도중에 숫자의 방향이 바뀐다(처음 네 문항은 역채점으로 제작함). 당신의 경험에 가장 적합한 반응에 동그라미를 친 다음 점수를 합산하여라.

ECR-RS

다음 질문들은 여러분의 친밀한 관계에서 경험할 수 있는 내용들로 구성되어 있습니다. 각 문항을 읽고, 자신의 감정을 가장 잘 나타낸다고 생각되는 정도에 체크(∨)표 해주십시오.

다음 각 문장을 읽고 각 문장이 일반적으로 친밀한 관계에 대한 당신의 감정을 가장 잘 설명한다고 생각되는 정도를 평가해 주세요.

문항	매우 그렇지 않다						매우 그렇다
1. 도움이 필요할 때 다른 사람에게 의지하는 것이 도움이 된다.	7	6	5	4	3	2	1
2. 나는 대체로 다른 사람과 문제나 걱정거리를 의논한다.	7	6	5	4	3	2	1
3. 나는 대체로 다른 사람과 상의한다.	7	6	5	4	3	2	1
4. 나는 다른 사람에게 의지하는 것이 쉽다.	7	6	5	4	3	2	1
5. 나는 다른 사람에게 마음을 여는 것이 불편하다.	1	2	3	4	5	6	7
6. 나는 다른 사람에게 속내를 보여 주고 싶지 않다.	1	2	3	4	5	6	7
7. 나는 종종 다른 사람이 나에게 진심으로 관심을 기울이지 않을까 봐 염려한다.	1	2	3	4	5	6	7
8. 다른 사람들이 나를 버릴까 봐 두렵다.	1	2	3	4	5	6	7
9. 내가 다른 사람에게 관심을 기울이는 만큼, 그들이 나에게 관심을 써 주지 않을까 봐 걱정한다.	1	2	3	4	5	6	7

Mikulincer와 Shaver(2016)에서 각색. Copyright © 2016 The Guilford Press. Russell L. Kolts, Tobyn Bell, James Bennett-Levy와 Chris Irons의 『자비중심치료 경험하기: 치료자를 위한 자기연습 · 자기성찰 워크북』에서 발췌. Guilfold 출판사에서 2018년에 출판됨. 이 양식을 복사할 수 있는 권한은 개인 용도로만 책을 구매한 사람에게 부여됨(자세한 내용은 저작권 페이지를 참조). 구매자는 이 양식의 사본을 다운로드할 수 있음(차례 끝에 있는 박스 참조).

애착 회피(1~6번의 합):
애착 불안(7~9번의 합):

애착 회피 점수의 범위는 6점에서 42점까지이며, 점수가 높을수록 다른 사람들과 친밀한 관계를 피하거나 불편함을 느끼는 경향이 크다는 것을 나타낸다. 애착 불안 점수의 범위는 3에서 21점까지 다양하고, 점수가 높을수록 관계에서 불안을 느끼는 경향과, 다른 사람들이 당신에게 관심을 가져 주는 정도 또는 그들이 당신을 버릴지도 모른다는 가능성을 생각하는 정도를 나타낸다. 이제 애착 경험을 비롯하여 어떻게 이러한 경험이 당신을 조성했는지에 대해 알아볼 수 있는 몇 가지 다른 질문을 고려해 보자. 이 연습에서 우리는 몇 가지 질문에 초점을 맞출 것이다:

- 당신은 성장하면서 누구와 친밀하다고 느꼈나요?
- 당신은 속상할 때 무엇을 했습니까? 부모님이나 양육자는 당신이 안심하고 진정할

수 있게 도와줄 수 있었나요?
- 현재 삶에서, 당신의 인간관계는 어떠한가요? 수용 받고 안전하다고 느껴지는 가까운 관계가 있나요? 다른 사람들과 친해지는 것이 쉬운가요, 아니면 어려운가요?
- 현재의 삶에서, 당신은 속상할 때 무엇을 하나요? 다른 사람에게 도움을 요청할 수 있나요? 당신이 고통을 겪고 있을 때 다른 사람들과의 연결이 도움이 되나요?

파티마와 에리카는 소크라테스식 질문을 사용하여 파티마의 애착 경향성을 탐색하는 동시에 친절한 호기심, 공감, 꾸준한 지지와 같은 자비 자질을 구현하면서 치료자 간 역할 훈련으로 이 연습을 완료하기로 결정했다. 제4장을 보면 치료자 간 역할 훈련 작업 방법에 대한 설명이 나와 있다. 아래의 축어록에서 에리카는 치료자의 역할을 맡았다.

예시: 애착 탐색하기

에리카: 이 모듈에서, 우리는 초기 관계와 그 관계가 우리를 어떻게 형성하였는지에 대한 애착 경향을 살펴보고 있어요. 작업을 해 보니 기분이 어떤가요?

파티마: 약간 불안해요. 부모님과의 관계가 원만하지 않았기 때문에 생각하는 게 쉽지는 않지만 그래도 도움이 될 것 같아요. 바로 시작하죠.

에리카: (미소) 용기를 내줘서 정말 고마워요. 계속 진행할게요. 하지만 작업을 진행하면서 당신의 감정이 어떠한지에 집중하려고 합니다. 당신은 자라면서 누구에게 친밀감을 느꼈나요?

파티마: 솔직히 말하면, 많은 사람은 없었어요. 친한 친구 몇 명이 있었고 가족 중에는 할머니를 가장 가깝게 느꼈던 것 같아요. 고등학생 때는 정말 즐겁게 같이 어울렸던 여자애들 무리가 있었어요. 그게 참 좋았죠. 중학생 때는 제가 반에서 유일한 파키스탄계 학생이었기 때문에 가끔 소외감을 느꼈거든요. 마치 반 애들이 저를 어떻게 받아들여야 할지 몰라 하는 것처럼 느껴졌죠. 고등학교에서는 그러한 것이 별로 문제되지 않았어요.

에리카: 당신의 인종 때문에 어울리지 못했다는 것을 듣게 되어 유감입니다. 사춘기 소녀에게는 정말 힘들었을 것 같아요.

파티마: 당시엔 정말 힘들었어요. 그 나이엔 그냥 어울리고 싶잖아요? 저는 항상 파키스탄 유산을 자랑스럽게 여겨 왔고, 제 문화의 많은 측면을 사랑하지만 가끔은 제가 다른 사람들과 똑같으면 좀 수월하겠다 생각한 적도 있어요……. (멈춤) 그러다가 그렇게 생각한 것이 마치 제 가족과 문화를 배신한 것 같아서 부끄러움을 느끼죠.

에리카: (멈춤) 정말 솔직하고 힘든 이야기를 나눠 줘서 고마워요, 파티마. 당신은 적응하고 싶은 마음과 당신의 유산을 소중하게 여기는 마음 사이에서 갈등을 느꼈을 것 같아요. 돌이켜보면, 사춘기 시절에 그러한 감정으로 어려움을 겪었던 것이 이해되시나요?

파티마: (고민하면서 잠시 멈춤) 맞아요. 그렇죠? 모든 청소년들은 잘 지내고 싶어 하니까 당연히 저도 힘들었을 거예요. (잠깐 멈췄다가 부드럽게 웃는다.) 그렇게 말하고 나니 기분이 좋네요. 감사해요.

에리카: (미소를 지으며) 천만에요. 다음 질문 준비되셨나요?

파티마: 물론이죠.

에리카: 화가 났을 때 어떻게 했는지 말씀해 주실 수 있나요? 그럴 때, 가족이 당신이 진정하고 안정감을 느끼도록 도와주었나요?

파티마: (멈춤) 부모님을 나쁘게 말하고 싶지 않아 좀 불편하지만, 제가 힘들 때 부모님이 항상 도움을 주신 건 아니었어요. 어머니는 우울증에 시달리셨기 때문에 항상 믿을 수 있는 분이 아니었어요. 아버지는 노력하셨지만, 여자아이들이 겪는 일을 이해하지 못해서 막막해하셨어요. 그래도 그렇게 노력하는 아버지에게 감사했어요. 두 분 모두 상당히 비판적이고 통제적이어서 만약 제가 부모님께 의지한다면, 지지를 받을지 아니면 책임을 물으실지 또는 화를 냈다고 비난받을지 어떻게 될지 확신할 수 없었죠. 예를 들어, 제가 학교에서 겪은 인종차별적인 경험을 이야기하자, 그들은 그런 일이 일어났을 때 그냥 무시하고 누군가가 제 피부색에 대해 언급해도 소란을 피우지 않는 것이 중요하다고 말했어요. 부모님들도 처음 이 나라에 도착했을 때 자신들이 해야 했던 일이라고 하더라고요. 그래서 저는 도움이 필요할 때에는 친구들에게 의지했었고, 할머니는 가장 큰 도움이 되었어요. 제가 이야기를 하면 차를 끓이고 과자를 꺼내 주시며 모든 것이 잘될 거라고 말씀하시곤 하셨죠. (약간 눈물을 흘리며) 정말 좋은 시간이었어요.

에리카: (부드럽게 미소 지으며) 당신과 할머니가 함께 있는 모습이 정말 아름다워요. 당신이 부모님께 의지하지 못한다고 느꼈을 때 분명 힘드셨을 거예요. 그래도 할머니가 그런 식으로 당신의 곁에 있어 주셔서 다행이네요.

파티마: 네. 원하는 만큼 할머니를 자주 찾아뵙지는 못했었지만 함께 보낸 시간은 정말로 특별했어요.

에리카: (잠시 멈춤) 그런 것 같네요. 현재 생활에서 당신의 인간관계가 어떤지 말씀해 주실 수 있나요? 당신에게 안전하고 수용받는다고 느껴지는 관계가 있나요? 다른 사람들과 친밀해지는 건 쉬웠나요?

파티마: 가깝다고 느끼는 몇 명의 친구들이 있어요. 대학생 때 친구들이죠. 작성한 설문지를 채점해 보니, 저는 불안과 회피 척도 모두에서 너무 높지도 않고 낮지도 않은 중간 정도에 속했어요. 제 생각에 이 점수는 다른 사람들이 저에게 관심이 없거나 신경 쓰지 않을까 봐 걱정하는 경향이 있어서, 다른 사람들과 함께 일을 하거나 감정을 공유하는 데 약간 거리를 두는 경향이 있는 것과 관련 있는 것 같아요. 그래도 나쁘지 않아요. 내담자 중 몇몇은 제가 하는 것보다 훨씬 더 심한 문제로 어려움을 겪고 있는데 적어도 저는 친구가 몇 명 있잖아요.

에리카: 그래서 당신은 힘들 때 가까운 사람들이 당신에게 항상 도움이 되지 않는다는 것을 학습했기 때문에 다른 사람들과 어느 정도 거리를 두는 경향이 있다는 것을 알게 되었나요?

파티마: 네 그런 것 같아요.

에리카: 어렸을 때 부모님이 당신의 고통에 대해 어떻게 반응했는지에 대해 저에게 말씀해 주셨던 것처럼, 당신도 그런 방식으로 반응할 수 있다는 것이 이해가 되나요?

파티마: 완전히 이해가 돼요. 지금 제 이야기를 들어주시는 방식이 정말 감사해요. 당신은 정말 능숙하시네요. (웃음)

에리카: (웃음) 감사합니다. 저는 이와 같은 대화를 통해 당신을 더 잘 알게 되어서 정말로 즐겁고 이러한 종류의 연결이 도움이 된다는 점을 강조하고 싶습니다. 제가 이해한 바로는 당신이 말했듯이 때때로 다른 사람들과 거리를 두는 경향이 있지만, 연결될 수 있는 친한 친구들이 있다고 하셨잖아요.

파티마: 예, 맞아요. 만일 제가 그들에게 더 자주 연락했다면 아마도 도움이 됐을 것 같아요.

에리카: 네, 그럼 다음 질문으로 넘어갈게요. 당신은 현재의 삶에서, 화가 났을 때 어떻게 하나요? 다른 사람에게 도움을 요청할 수 있나요? 당신이 고통을 겪고 있을 때 다른 사람들과의 관계가 도움이 되나요?

파티마: (잠시 멈춤) 흠……. 지금 저에게는 다양한 것 같아요. 가끔 부모님과 이야기를 나누지만 단지 잡담을 하는 것일 뿐 어려운 이야기는 꺼내지 않아요. 부모님은 제 경력을 그다지 지지해 주지 않으셔요. 그저 부모님 친구분들의 자녀가 직장에서 얼마나 잘 지내고 있는지 계속해서 말하면서 너는 언제 결혼하냐고 물어요. 그래서 부모님은 제가 힘들 때 도움이 되지 않고, 제가 힘든 시간을 보내고 있다는 사실보다는 저의 힘듦이 부모님에게 어떻게 영향을 미치는지에 더 신경을 쓰는 것처럼 느껴져요. 저는 가끔 대학 친구들에게 전화를 걸어서 수다를 떨어요. 제 친구 수전도 심리학자라서 업무와 관련된 문제에 대해 정말 공감할 수 있거든요. 하지만 가끔 제가 짐이 되고 싶지 않기 때문에 힘들어지기도 해요. 일반적으로 삶에 대해 이야기하는 것은 꺼리지 않지만, 정말 문제가 있을 때는 공유하기가 어려워요. 그

래서 가끔은 고민을 털어놓을 사람이 없는 것처럼 정말 고립된 기분이 들어요. (잠시 멈춤)

에리카: 그래서 당신은 친구가 도움이 될 것 같은데도 부담을 주고 싶지 않아서 쉽게 연락을 취하지 못하시나요?

파티마: 네. 그래서 저는 도움을 받는 것보다 도움을 주는 쪽이 훨씬 편하게 느껴져요. 제가 치료자가 된 이유 중 하나이지 않을까요?

에리카: 그 말이 정말 이해가 되네요.

파티마: 일기를 쓰는 것이 몇몇의 내담자에게 도움이 되는 것을 보면서 저도 가끔 일기를 쓰기 시작했는데 그런 일들이 기억날 때에 도움이 될 것 같아요.

에리카: 정말 좋은 생각이네요. 그래서 도움이 되었나요?

파티마: 네. 적어도 머릿속에서 벗어나 생각을 정리하는 데 도움이 됐어요.

에리카: 그리고 아까 친구들에게 더 자주 연락하는 것도 유용할 수 있다고 말했었잖아요. 그것이 당신이 힘들 때 도움이 될 거라고 생각하시나요?

파티마: 그런 것 같아요. 과거에 친구에게 연락을 했을 때 정말 도움이 되었거든요. 문제는 연락하려는 의지였어요.

에리카: 워크북에는, 다른 사람들에 대한 자비, 우리 자신에 대한 자비, 그리고 다른 사람들로부터 받을 수 있는 자비 능력, 이렇게 세 가지 자비의 흐름을 이야기하고 있습니다. 당신은 세 번째 흐름인 다른 사람으로부터 보살핌을 받을 수 있도록 스스로에게 허락하는 것에 대해 약간 거부감이 있는 것 같습니다. 그런 것 같나요?

파티마: 정말 그래요. 첫 번째 모듈에서 실시한 설문지에서 그 영역이 가장 높았어요.

에리카: 그렇다면 이 작업에서 다른 사람으로부터 자비를 받는 것이 당신에게 성장 영역이 될 수 있는 것 같네요.

파티마: 쉽지 않겠지만 저도 지난 몇 분 동안 같은 생각을 했었어요. 감사해요. 정말 도움이 많이 되었어요. (웃음)

에리카: (따스하게) 고마워요, 파티마.

이제 잠시 시간을 내어 자신의 애착 역사와 현재 관계에서 애착이 어떻게 작용하는지 생각해 보고 혼자 혹은 파트너와 대화하면서 다음의 질문에 대해 생각해 보자.

〈연습〉 나의 애착 이력에 대해 탐색하기

이 연습에서 당신은 성장 과정과 현재 삶의 애착 경험에 대해 성찰하게 될 것이다.

성장 과정에서, 가장 친밀하게 느낀 대상은 누구인가요?

성장 과정에서, 당신은 속상할 때 어떻게 했나요? 부모, 양육자 또는 다른 사람들은 당신이 안심하고 진정될 수 있도록 도와주었나요?

현재의 삶에서, 당신의 인간관계는 어떠한가요? 당신은 수용되고 안전하다고 느껴지는 사람들과 친밀한 관계를 맺고 있나요? 다른 사람들과 친밀감을 느끼는 것이 쉬운가요, 아니면 어려운가요?

현재의 삶에서, 속상할 때 어떻게 하나요? 지지를 얻기 위해 다른 사람들에게 의지할 수 있나요? 힘들 때 다른 사람들과의 관계가 당신에게 도움이 되나요?

CFT에서는 우리를 수용하고 관심가져 주는 사람들과 관계하고 연결하는 것을 통해 안정감을 느끼도록 진화해 왔다는 점을 인식하고 있다(Gilbert, 2010). 그러나 우리가 살펴본 것처럼, 이러한 능력은 우리가 힘들 때 다른 사람들이 곁에 있어 주지 못하거나 꾸준히 도움을 주지 않았다는 것을 학습하게 한 발달적 요소에 의해 복잡해 질 수 있다. 따라서 치료실은 내담자들이 어쩌면 처음으로 타인과의 관계에서 안정감을 경험하는 것을 배우는 실험실이 될 수 있다.

자기성찰 질문

자신의 애착 이력를 탐색하는 것은 상당히 어려울 수 있습니다. 당신에게도 어려웠나요? 만약 그랬다면, 어떻게 어려웠나요? 당신이 미처 알지 못했거나 놀랐던 것이 있었나요?

당신의 애착 이력과 현재 애착 스타일이 내담자를 만나는 치료자로서 혹은 슈퍼비전을 받는 수련생으로서 당신에게 어떤 영향을 미친다고 생각하나요?

연습 경험에 대해 되돌아볼 때, 여러분의 내담자에게 애착 이력에 대해 어떻게 소개할 수 있을지에 대해 떠오르는 것이 있나요? 여러분의 경험에 기반했을 때, 애착에 대한 아이디어를 언제, 누구와, 어떻게 소개할 것인지와 관련하여 고려해야 할 사항이 있나요?

이 모듈에 대한 경험을 통해, 애착 이론과 CFT 모델 간의 관계에 대해 무엇을 이해했나요?

모듈 11
자비에 대한 두려움 살펴보기

당신은 모듈 10에서 애착 이력을 살펴보고, 양육자와의 초기 관계가 현재 관계를 비롯하여 특히 스스로 힘들다고 느껴질 때 어떤 행동을 하는지에 미치는 영향을 고려해 보았다. 이러한 논의는 자비의 발달과 관련 있는데, 자비란 바로 우리 자신과 내담자를 포함한 타인의 고통과 투쟁을 마주했을 때 우리가 하는 행동이기 때문이다. CFT는 자비의 세 가지 흐름이 어떻게 나타나는지에 주목한다: 세 흐름에는 다른 사람들을 향해 밖으로 향하는 자비, 우리 스스로에게 주는 자비, 다른 사람들로부터 우리가 받는 자비가 있다.

우리는 어떤 자비의 흐름은 잘 주고받는 반면에 다른 흐름은 주고받기 어려워할 수 있다. 이것은 각자의 애착 발달력에 따라 다르다. 우리는 취약한 타인에게 자비를 느끼고 실천하는 데 뛰어나면서도, 정작 자신이 힘들 때 스스로에게 친절하게 대하거나 도움이 필요할 때 다른 사람의 돌봄을 받아들이는 데 어려움을 겪는 여러 치료자들을 만나 왔다. 길버트는 이러한 어려움을 '자비에 대한 두려움'(FOC; Gilbert, 2010; Gilbert, McEwan, Catarino, Baiao, & Palmeira, 2013)으로 지칭하였고, 동료들과 함께 자비에 대한 두려움 척도(FOCS; Gilbert et al., 2011)의 형태로 제작하였다.

치료자인 우리가 내담자들이 이러한 자비의 흐름에 접근하도록 돕고자 한다면, 우리 자신부터 그런 능력을 탐색할 필요가 있다. 모듈 1에서 했던 FOCS를 다시 해 보는 것부터 시작해 보자. 이 모듈에서 작업할 윤곽을 그리기 위해, 질문에 다시 답해 보고 합한 후, 안내되어 있는 대로 세 가지 흐름의 하위 점수를 계산해 보라. 아래에 나와 있는 단축형 FOSC는 자비에 대한 두려움 척도들의 일부이며 이 책을 위해 축약한 문항이라는 점을 유의하라(타당화된 전체 척도를 책에 포함시키기에는 너무 길다). 따라서 이 척도는 아직 타당화되지 않았으므로 내담자에게 쓰거나 연구에 활용해서는 안 된다.

타당화된 전체 척도는 홈페이지(https://compassionatemind.co.uk/resources/scales)에서 다운로드할 수 있다.

FOCS 문항

다음 문장을 읽고 당신이 동의하는 정도에 체크해 주세요.

문항	매우 그렇지 않다		보통이다		매우 그렇다
1. 자비로우면 사람이 나약해지고 이용당하기 쉬워진다.	0	1	2	3	4
2. 자비로워지면 만만한 상대가 될까 봐 두렵다.	0	1	2	3	4
3. 내가 자비로우면 어떤 사람들은 나에게 너무 의지할까 봐 두렵다.	0	1	2	3	4
4. 다른 사람에게 자비를 느끼고 표현하는 것을 억누르는 편이다.	0	1	2	3	4
5. 나는 사람들이 친절하다는 걸 알 때조차도 거리를 두려고 한다.	0	1	2	3	4
6. 다른 사람의 친절이 약간 두렵게 느껴지기도 한다.	0	1	2	3	4
7. 사람들이 친절하거나 자비로우면, 나는 '벽을 친다'.	0	1	2	3	4
8. 나는 다른 사람의 친절과 보살핌을 받아들이는 것이 힘들다.	0	1	2	3	4
9. 나 자신에게 자비로워지면 거기에 의존하게 될까 봐 걱정된다.	0	1	2	3	4
10. 나 자신에게 자비로워지면 스스로를 비난하지 않게 되어 결점들이 드러나게 될까 봐 두렵다.	0	1	2	3	4
11. 나 자신에게 더 자비로워지면 약한 사람이 되거나 스스로의 기준이 무너질까 봐 두렵다.	0	1	2	3	4
12. 나 자신에게 친절하고 자비롭게 대하는 것이 어렵다.	0	1	2	3	4

주: 이 각색본은 FOC 척도 문항의 일부 항목과 이 책을 위해 개발된 추가적인 약식 문항을 포함하고 있다. 이는 책의 독자들이 모듈 작업을 하면서 자신들의 진전을 간단한 방식으로 추적할 수 있도록 돕기 위해 개발되었다. 따라서 선택된 문항들은 타당화되지 않았으며 연구 또는 임상적 작업에 사용하기 적합하지 않다. 연구나 임상적 목적에 적합한 타당화된 완전한 버전의 척도는 https://compassionatemind.co.uk/resources/scales에서 얻을 수 있다.

자비 보내는 것에 대한 두려움(1~4번의 합):
자비 받는 것에 대한 두려움(5~8번의 합):
자기 자비에 대한 두려움(9~12번의 합):

FOCS 문항에 답해 보면서 어떤 자비의 흐름이 자신에게 좀 더 편안한지 또는 덜 편안한지를 대략적으로 이해할 수 있다. 척도 점수에 대해 성찰해 보면서 이 부분을 좀 더 깊게 탐색해 보자. 조용한 장소에서 몇 분간 시간을 가져 보자. 어쩌면 진정 리듬 호흡을 해 볼 수 있고, 어디서 자비와 연결될 수 있는지를 떠올려 보고, 어떤 부분에서 자비와 연결되는 것이 어려운지 생각해 볼 수 있다.

예시: 파티마의 성찰

FOCS의 점수를 돌이켜 보면서, 어떤 점들을 발견했나요? 자비의 흐름들 중 어떤 것이 편안했고, 어떤 것이 불편했나요? 그것을 어떻게 이해했나요?

저는 제 문제가 주로 제가 힘들어하는 내담자와, 그 내담자에게 자비를 갖기 힘든 것에 집중되어 있다고 생각했는데, 실제로는 제 스스로에게 자비를 갖는 것, 그리고 다른 사람에게서 자비를 받는 것이 진짜 어려움이라는 걸 깨달았어요. 타인에게 받는 자비 하위 척도의 점수가 비교적 높은 편은 아니었지만, 사람들이 저에 대해 알게 될까 봐 두려워서 그리고 제 감정을 직면하기 꺼려 해서 사람들과 거리를 두는 것 같다는 것을 알게 되었습니다. 자기자비의 측면에서, 비난을 통해 동기를 부여하고 만일 비난을 멈추면 판단이 흐려질까 봐 두려워 포기하지 못하고 자기 자비를 느끼는 것을 꺼려 하는 것 같습니다. 저 자신에게 자비를 느꼈을 때 생길 수 있는 문제들이 두려워서 '자비에 의존하게 된다'는 문항에서 점수가 꽤 높았습니다. 아마도 제가 계속 유지할 수 없는 것에 의존하게 되거나 혹은 불편하게 만드는 감정에 직면하게 될까 봐 걱정하는 것일 수도 있습니다.

채점 결과를 성찰하면서 어떤 생각과 감정들을 느꼈나요?

조금 놀라긴 했지만, 안도감이 들기도 해요. 요즘 제가 그 내담자에게 보였던 반응 때문에 걱정했었거든요. 저는 항상 다른 사람에게 자비를 느낄 수 있었는데, 그 내담자에게는 정말 잘 안 됐어요. 그게 저 자신을 많이 괴롭혔죠. 이 척도들은 평소에 저 스스로에 대해 생각했던 것들을 잘 반영하고 있는 것 같아요. 다른 사람들에게는 연민을 잘 느끼지만 저 자신에게는 좀처럼 연민을 느끼지 못했던 모습이죠. 그런 모습이 왠지 모르게 더 편안해졌어요. 물론 다른 방향의 자비 흐름도 길러야 한다는 걸 알지만요. 저는 자신을 위한 자비를 기르는 데 별로 동기가 없었다는 것도 느끼고 있어요. 마치 자기자비가 다른 사람에게 자비를 느끼는 것만큼 중요하지 않다고 생각해 온 것처럼요. 이 두 가지는 저의 감정을 마주하고 탐색하는 걸 일반적으로 피하려 하는 경향과 관련 있는 것 같아요. 살면서 늘 서툴렀던 부분이죠. 노력할 필요가 있는 부분이지만, 말했던 것처럼 그걸 위해 스스로 동기 부여하기가 참 어렵네요. 나도 소중한 존재라는 걸 스스로 납득하고, 불편한 감정 앞에서도 용기를 낼 수 있도록 스스로 설득할 방법을 찾아야 할 것 같아요.

잠시 시간을 내어 채점 결과에 대해 성찰해 보라. 총점을 비롯해서 특히 높은 점수를 주었던 문항을 살펴보고, 다른 사람들보다 일반적으로 더 힘들어하는 자비 영역이 있는지 고려해 보고, 세 가지 자비의 흐름과 당신이 어떻게 연결되는지 알아차려 보라. 어떤 것이 자연스럽게 느껴졌는지, 그리고 어떤 것은 조금 더 어렵게 느껴졌는지를 생각해 보면 이러한 경향이 모듈 10에서 탐색했던 애착 경험과 관련될 수 있음을 알게 될 것이다.

연습: 자비에 대한 두려움 성찰하기

FOCS의 점수를 돌이켜 보면서, 어떤 점들을 발견했나요? 자비의 흐름들 중 어떤 것이 편안했고, 어떤 것이 불편했나요? 그것을 어떻게 이해했나요?

채점 결과를 성찰하면서 어떤 생각과 감정들을 느꼈나요?

자기성찰 질문

FOCS 문항에 응답하면서 놀랐거나 신경 쓰였던 부분이 있었나요? 새로운 통찰을 얻었나요? 있었다면 어떤 것이었나요?

치료 장면에서 내담자와 치료자를 위해 FOCS를 활용하는 것이 얼마나 가치 있다고 생각하나요? 언제 활용해 볼 것인가요? 또는 언제 활용하지 않는 것이 좋을까요?

모듈 12
CFT에서 위협 초점 개념화: 과거 경험의 영향과 핵심 두려움

CFT에서 위협 초점 개념화(Threat-Focused Formulation)는 이름에서 알 수 있듯이, 우리가 경험하는 위협의 본질에 초점을 맞추고 있다. 이 개념화는 특히 이러한 위협이 발달해 온 과정, 지금 그리고 여기서 위협을 다루기 위한 노력(예: 안전 전략), 그리고 우리의 삶에 의도치 않은 부정적 영향을 미칠 수 있는 많은 결과들을 초래하는 전략들에 초점을 맞추고 있다. 마지막으로, 이 개념화는 어떻게 의도하지 않은 결과들이 자기 자신과 관계 맺는 양식의 특정 유형(예: 자기비난) 및 이후의 고통에 민감해지도록 만듦으로써, 현재의 두려움과 위협을 다루기보다는 이들을 부채질하여 부정적인 피드백 고리를 만드는지에 대해 탐구한다(Gilbert, 2009, 2010). 다음의 두 모듈에서, 우리는 개념화의 각 측면들을 살펴보고자 한다. 이번 모듈에서는 처음 두 요인인 과거의 영향과 핵심 두려움 및 위협을 먼저 다루어 볼 것이다.

과거 경험의 영향

개념화는 우리의 과거 경험과 정서적 기억을 살펴보는 데서 시작된다. 모듈 7에서 소개하였듯이, 우리는 위협, 추동, 안전 시스템을 민감하게 만들거나 형성했을 수 있는 경험들을 찾는다. 이번 모듈에서는 특히 위협시스템과 관련된 경험과 정서적 기억에 초점을 맞출 것이다. 우리 중 일부는 외상이나 애착 문제가 있는 과거력을 가질 수 있으나, 위협 반응에 까다로운 방식으로 영향을 미칠 수 있는 다른 종류의 경험들도 많이 있을 수 있다. 예컨대, 부모, 자매 또는 다른 가족들에 대한 경험일 수도 있고, 친구들, 동료 또는 연인과의 경험들일 수도 있다. 또한 학업이나 직업에서 좋은 결과를 거두려고 노력하는 것처럼, 목적을 추구하려는 것과 관련된 보편적인 경험도 포함될 수 있다.

핵심 두려움과 위협

개념화의 다음 단계는 내담자에게 어떠한 경험들이 현재의 위협 시스템을 형성하게 했는지 살펴볼 수 있도록 돕는 것이다. 우리의 두려움은 대부분 원형적이다: 인간에게 거절이나 유기, 고립, 수치심, 상처는 고통을 유발하는 보편적인 주제들이다(Gilbert, 2010). 자비중심치료에서는 외적 위협과 내적 위협을 구별한다. 외적 위협은 다른 사람들에게 거절당하거나 유기, 혐오나 비난당하는 것처럼 외부 세계(예: 다른 사람들)와 관련된다. 반면 내적 위협은 우리 자신의 정서와 관련된 두려움(예: 슬픔, 불안, 분노로 압도되는 두려움), 기억(예: 과거 외상, 수치심, 기억 또는 실수), 또는 우리 정체성에 대한 우려(예: 자신을 약하고 열등하며 결점이 있는 존재로 경험하는 것을 포함하는 수치심 기반 정체성)와 같은 개인의 경험과 관련된 두려움을 포함한다. 파티마의 개념화를 살펴보기로 하자. 파티마와 에리카는 한시적 공동 치료 역할 훈련을 통해 이를 탐색하기로 결정했다.

예시: 파티마 과거력의 영향과 핵심 두려움 탐색하기

에리카: 파티마, 당신은 위협 초점 개념화부터 먼저 다루겠다고 자원했었지요? 지금도 같은 마음인가요?

파티마: 물론이죠. 모듈을 살펴보니, 우리가 개인적인 문제를 이야기하게 될 것 같지만 전에도 그런 적이 있어서 당신과 함께라면 안전하다고 느껴져요. 한번 해 보죠.

에리카: 그렇게 말해 주니 좋네요. 그럼 시작해 보도록 하겠습니다. 이 개념화는 과거의 영향, 즉 위협 시스템이 대응하는 방식에 영향을 준 과거의 경험들을 살펴보는 것으로 시작합니다. 불편한 감정이나 수치심이 얽힌 기억이 포함될 것으로 생각됩니다. 가족 환경부터 시작하고 싶으신가요?

파티마: 네. (잠시 생각에 잠기다…….) 일부는 이미 알고 계실 거예요. 성장하면서 집에서 힘든 일이 있었어요. 저는 아버지를 정말 존경했고, 때로는 정말 따뜻하고 자상하셨지만, 음……. 예측할 수 없는 분이셨죠.

에리카: (고개를 끄덕임) 그것에 대해 조금 더 말씀해 주실 수 있나요?

파티마: 모든 것이 괜찮아 보이다가도 갑자기 엄청나게 통제하고 비난하곤 했어요. 내가 무슨 일을 하든, 학교에서 아무리 잘해도 충분하지 않은 것 같았어요. (잠시 생각에 잠김) 대부분의 경

우, 아버지는 집에 없었어요. 아버지가 일에 너무 몰두해서 그런 건지, 아니면 엄마와 사이가 안 좋아서 그런 건지 모르겠지만, 아버지가 집에 있었던 것보다 없었던 시간이 더 많았던 것으로 기억해요. 그건 아빠가 저를 신경 쓰지 않는 것처럼 느껴졌어요. 엄마는 우울해 보였고, 엄청 거리를 두거나 짜증 낼 때도 있었어요. 어머니와 아버지는 많이 싸웠는데 어머니가 너무 불행했기 때문에 엄마가 먼저 싸움을 많이 시작한 것 같아요. 돌이켜 보면, 어머니는 자신이 생각했던 착한 파키스탄 아내의 이미지와 TV에서 본 미국 여성들의 모델 사이에서 문화적으로 갇혀 있었던 것 같아요. 주변에 사는 미국 여성들을 부러워하면서도 싫어했던 것 같았어요. 엄마는 그런 마음을 참았다가 술을 마시기 시작하면서 폭발하는 것 같았어요. 부모님은 제가 열두 살 때 헤어지셨어요. 그 후에 어머니와 함께 살았지만 대부분 혼자였어요.

에리카: (잠시 멈춤) 정말 힘들었을 것 같아요.

파티마: 그랬었죠. 그래도 할머니와 함께 보낸 시간들이 도움이 되었는데, 할머니를 자주 뵙지는 못했어요.

에리카: 당신은 학교에서 아무리 공부를 잘해도 충분하지 않다는 느낌을 받았다고 말씀하셨는데, 학교생활이 어떠했는지 조금 더 이야기해 주시겠어요?

파티마: 물론이죠. 저는 학교에서 정말 열심히 공부했어요. 부모님은 학업적으로 성공하는 것이 매우 중요하다고 말씀하시면서 사립학교에 보내는 것이 얼마나 비싼지에 대해서 강조했었죠. 열세 살 때, 제가 학교에서 공부를 잘해 전부 A를 받을 수만 있다면, 부모님이 제가 잘되고 성공하는 모습을 보고 기뻐해서 다시 합칠 수도 있을 것이라고 생각했던 적도 있었어요. 그러나 그런 일은 일어나지 않았죠. 제가 할 수 있는 어떤 것도 부모님이 저와 서로를 사랑하게 만들 수 없을 것 같아서 포기하게 되었어요. 사회적으로는 괜찮은 친구들이 있어서 정말 좋았지만, 전에 언급했듯이, 인종차별 경험도 있었어요.

에리카: 그 부분에 대해 조금 더 말해 줄 수 있나요?

파티마: 글쎄요, 저는 학교에서 유일한 파키스탄계 아이였고, 아이들은 가끔 저를 놀리고 인종차별적인 욕을 하곤 했어요. 9·11 테러 이후 사람들은 외모가 다르거나 '미국적이지 않은' 사람들을 더욱 경계하는 것 같았어요. 한번은 한 무리의 여자애들 중 한 명이 저에게 다가와서 저를 테러리스트라고 부르며 뺨을 때린 적도 있어요. 저는 주저앉아 울었어요. 굴욕적이었죠.

에리카: 파티마, 정말 끔찍한 일이네요. 그런 일이 당신에게 일어났다니 정말 안타깝네요.

파티마: 정말 끔찍했어요. 지금도 생각하면 괴로워요. 당시에는 충격이 컸고 어떻게 해야 할지 모르겠더라고요. 저 자신이 부끄러웠어요. (잠시 생각에 잠기며) 지금은 훨씬 나아졌어요. 지난 몇 년간, 저는 제 문화를 진심으로 받아들였고 이제 파키스탄 전통에 자부심을 느낍니다.

하지만 그 당시에 저는 그저 다른 사람들처럼 되고 싶었어요. 학창 시절 내내 정말 좋은 친구들이 있었지만, 그들이 진심으로 저를 좋아한다고 믿고 안심하기는 어려웠어요. 친구들이 저 없이 게임이나 뭔가 다른 것을 했다는 소리를 들으면, 친구들은 그저 자기 할 일을 했을 뿐인데도 저는 정말 혼자인 것 같고 거절당한 것처럼 느껴졌어요.

에리카: 그 부분은 나아졌나요?

파티마: 네, 하지만 제가 말씀드렸다시피 어떤 방식으로든 거리를 두려는 경향이 있어요. 이 작업을 해 나가면서 친구들과 더 많이 소통하려고 노력했고 그것이 도움이 되고 있는 것 같아요. 하지만 이건 노력하는 부분이고, 원래는 너무 가까워지는 것을 피하려고 하죠.

에리카: 그건 안전 전략처럼 들리네요. 나중에 자세히 설명하겠지만 그건 핵심 두려움으로부터 전환하기 좋은 방법인 것 같네요. 그렇게 거리두기를 통해 어떤 두려움으로부터 자신을 보호하려고 했다고 생각하시나요?

파티마: 저는 항상 거절에 대한 두려움이 있어요. 그 이면에는 항상 나는 충분하지 않다는 느낌이 있고, 사람들이 정말로 나를 알게 된다면 저와 어떤 것도 함께 하고 싶지 않을 것이라는 생각이 있었던 것 같아요. 이와 관련하여, 사람들이 나에게 등을 돌릴까 봐, 나에 대해 마음에 안 드는 점을 발견해서 비난하고 공격할까 봐 두려웠던 것 같아요.

에리카: (잠시 멈춤) 파티마, 당신이 정말로 누구인지 보여 주게 되면, 비난받거나 거절당할 것 같은 기분이 든다니 정말 힘들었을 것 같아요.

파티마: (잠시 멈춤). 그렇죠. (손을 내려다본다.)

에리카: (잠시 멈추고, 파티마를 다정하게 바라보며) 부모님이 당신에게 얼마나 비난적이었는지, 그리고 괴롭힘을 당했던 경험들에 대해 말해 주셨는데, 파티마 당신이 이러한 두려움을 가지게 된 것에 대해 이해가 되나요?

파티마: 그래요. (잠시 멈춤) 정말로 맞아요. 저는 제가 느끼는 감정 이외에 다른 무언가를 느끼려고 많은 시간을 책에 빠져 보냈어요. 15살 때 심리치료자를 만나서 도움을 받았어요. 그녀는 이 모든 것들이 제 잘못이 아니라는 것을 깨닫도록 도와주었고, 심지어 제가 그녀를 밀어내려고 할 때에도 인내심을 가지고 기다려 줬어요. 그녀 덕분에 저도 결국 치료자가 되었어요.

에리카: 당신이 그녀를 만날 수 있었다는 것이 정말 기쁘네요.

파티마: 저도 그래요.

우리는 모듈 13에서 파티마의 개념화를 계속할 것이다. 지금은 앞서 얻은 정보들이 파티마의 CFT 사례 개념화 작업기록지에 어떻게 요약되었는지 보게 될 것이다(147쪽).

파티마의 CFT 사례 개념화 작업기록지

과거력의 영향

정서적/수치스러운 기억들:
부모님의 비난
아빠의 철회와 통제
엄마의 가혹함과 저조한 기분
부모님의 다툼
학교에서 괴롭힘과 인종차별

자신:
부적절, 수용받을 수 없는, 다름이라고 여김.

타인:
예측할 수 없는, 가혹함, 비난적임이라고 여김.

→

핵심 두려움

외적:
거부
다른 사람에 의해 비난 받음

내적:
나에게 뭔가 잘못됐다-충분하지 않다. 감당할 수 없는 감정

→

안전/방어 행동

외적:

내적:

→

의도하지 않은 결과

외적:

내적:

↓

자기 대 자기 관계

정서 및 기분:

당신의 개념화에서 위의 첫 두 칸을 고려하는 시간을 가져 보라. 이전에 연습했던 것과 마찬가지로, 몇 분 동안 당신이 방해받지 않을 수 있는 시간을 찾아보라. 당신의 삶의 경험에 대해 성찰하고 그 경험들이 세상 및 타인과 관련된 당신의 두려움을 어떻게 조형했는지, 당신 자신의 정서와 자아정체성이 어떻게 관련이 되는지 생각해 볼 수 있는 조용한 공간을 찾아보라. 준비되었다면, 다음 연습문제에 있는 성찰 질문들에 답해 보라.

〈연습〉 내 과거력의 영향과 핵심 두려움 탐색하기

당신의 과거력을 성찰했을 때, 어떤 경험(예: 부모님, 형제자매, 친구 또는 학교에서의 관계)이 당신의 위협, 추동, 진정 시스템을 조형하였나요?

이런 경험들이 당신 스스로나 다른 사람들을 어떻게 지각하거나 느끼게 만들었나요? 특히, 당신 안에서 위협감을 불러일으키는 방식에 어떻게 영향을 주었을까요?

당신에게 가장 핵심적인 두려움이 무엇이라고 생각하나요? 당신이 인식하는 외적 위협(타인이 나에 대해 어떻게 생각하고 느끼는지에 대한 걱정에서 비롯되는 두려움)은 무엇이며, 내적 위협(나에 대해 내 안에서 유발되는 것들; 예: 나의 정체성이나 나의 감정으로부터 비롯되는 두려움)은 무엇인가요?

파티마가 했던 것처럼, CFT 사례 개념화 작업기록지에 당신의 정보를 요약해 볼 수 있다(149쪽).

나의 CFT 사례 개념화 작업기록지

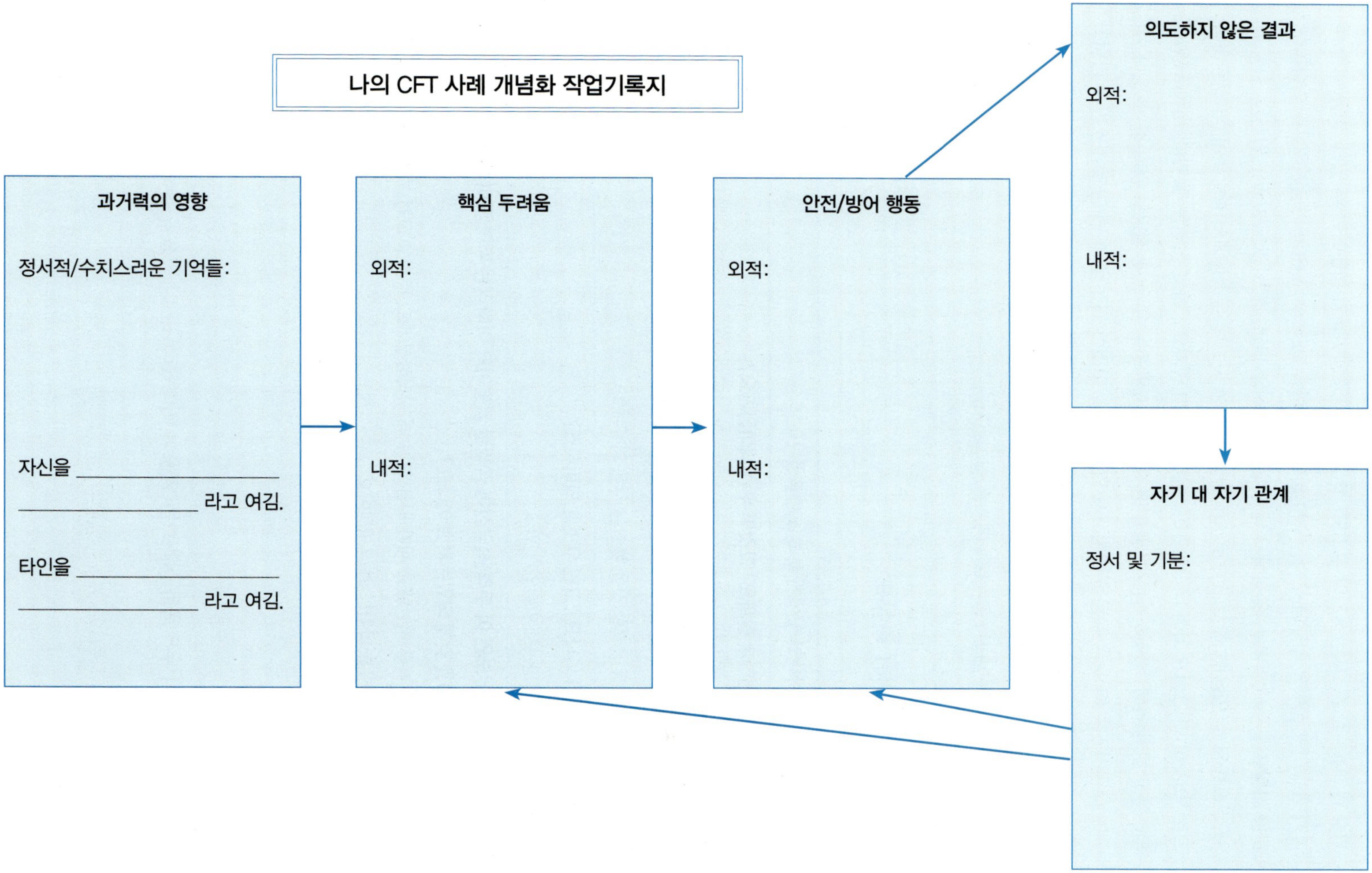

기술 팁: 때때로 내담자는(심지어 우리도) 핵심 두려움을 알아내기 힘들어할 수 있다. 이를 위한 한 가지 효율적인 전략은 CBT에서 나온 데이비드 번즈(David Burns; 1980)의 하향 화살표 기술이다. **하향 화살표**를 통해, 우리는 일상에서 내담자를 괴롭히는 무언가(CBT 치료자들이 말하는 '자동 검사'로 표현될 수 있음)를 찾는 것으로 시작한다. 이러한 사고나 두려움에서 출발하여, 우리는 다음으로 "이것이 왜 그렇게 화가 나나요? 이것은 어떤 의미인가요?"라고 질문할 수 있다. 특히, 내부의 두려움을 찾기 위해 "그것이 당신에게 어떤 의미인가요?"라는 두 번째 질문을 던져 볼 수 있다. 여기에 대답하였을 때 같은 질문을 반복해서 할 수 있다. 이러한 과정을 몇 번 반복하면 종종 감정의 격동으로(혹은 내담자의 감정 반응을 알리는 비언어적 행동으로) 신호가 오는 핵심 두려움에 도달하게 된다. 일단 핵심 두려움을 알아차리면, 내담자의 과거력과 두려움을 연결 짓는 데 소크라테스식 질문을 사용할 수 있다. 다음 조의 예시를 살펴보자.

예시: 조의 하향 화살표

저는 어젯밤에 또 제 아내와 딸에게 툭툭 쏘아붙였어요.
왜 그것이 마음을 불편하게 할까요? 그것이 무슨 의미인가요? 그러지 말았어야 했는데. 그런 대접을 받을 사람들이 아니에요.
그렇게 화가 나는 이유가 뭘까요? 그것은 무엇을 의미하죠? 그건 남편이자 아빠로서 끔찍한 짓을 했다는 것을 의미해요.
그것이 왜 그렇게 화가 나나요? 그건 무엇을 의미하죠? 어쩌면 나는 끔찍한 남편이자 아빠인가 봐요.
당신의 역사를 생각해 보면 이 두려움(당신이 끔찍한 남편이자 아빠라는 두려움)이 이해되나요? 당신이 어떻게 이러한 두려움을 갖게 되었는지 보이나요? 네, 제 아버지는 종종 저를 비난했고 제가 일을 망칠 때 지적하셨어요. 그리고 그건 제게 가장 중요한 일이었기 때문에, 저 또한 일을 망칠까 봐 두려웠어요.

자기성찰 질문

당신의 과거력과 핵심 두려움을 살펴보는 활동이 어떠했나요? 이 연습을 통해 어떤 감정 및 신체적 경험을 했나요?

진행하는 과정에서 어떤 단계에서든 계속하기 꺼려지거나 회피하고 싶은 마음이 들었다면 그것을 어떻게 다루었나요?

당신의 과거 경험, 핵심 두려움, 그리고 그것들이 어떻게 연관되는지에 대해서 살펴보았을 때 당신은 자비로운 마음을 느꼈나요(혹은 느끼지 못했나요)?

이러한 연습에 대한 자신의 경험을 되돌아보면, 이 연습이 내담자와의 작업에서 어떤 의미가 있을까요? 이 도표를 어떻게 소개할 수 있을까요?

이 개념화의 경험이 CFT 모델에 대해 이해한 부분과 부합하나요? 그 외 궁금한 점이 있나요?

모듈 13
CFT의 위협 중심 개념화: 안전 전략과 의도치 않은 결과

당신은 모듈 12에서, 위협 기반 개념화의 처음 두 요소, 즉 배경이 되는 역사적 영향과 핵심 두려움 및 위협에 대해 살펴보았다. 많은 내담자들이 이러한 핵심 위협과 이것을 다루기 위해 노력해 온 방법과 관련한 문제들을 가지고 치료에 찾아온다. 종종 이러한 노력들은 도움 되지 않는 의도치 않은 결과를 낳는 전략의 사용과 관련되기도 한다(Gilbert, 2010). CFT에서는 이러한 노력을 '안전 전략'이라고 부르며 이는 불편한 위협 경험과의 강렬한 접촉을 줄이려고 노력하는 것이다. 이러한 전략들은 적극적 또는 수동적 회피를 포함한다. 예를 들어, 사회 불안으로 대인관계를 회피하는 사람들(아마도 타인의 시선에 대해 두려워하고, 거부당하는 것을 두려워하고 그러한 자신을 수치스러워 숨기려 함) 또는 화를 잘 참지 못해 힘겨워하는 사람이 자신의 분노 폭발을 남 탓하는 경우가 이에 해당한다. 이러한 전략들은 모두 위협(사회적 상황 또는 화와 관련된 문제가 있다는 인식)과 관련한 즉각적인 접촉을 막는 역할을 하지만, 궁극적으로는 의도치 않은 결과를 초래하여 장애가 될 수 있고, 시간이 지날수록 자기 자신과 다른 사람들에 대한 경험을 부정적으로 조형할 수 있다(Gilbert, 2010). 모듈 12에서 했던 것처럼, 개념화의 측면들을 간단하게 탐구해 보자.

안전, 보호, 보상 전략

사람들도 다른 동물들과 마찬가지로 위협을 받으면 이를 다루고 대처하기 위해 다양한 전략을 사용한다. 이러한 전략들은 주로 진화된 행동 반응과 연관된다. 예를 들어, 타인에게 보호 요청, 타인으로부터 멀어지기(도피/회피), 공격성(싸움), 순종(얼어붙음), 반응이 여기 해당하며, 이런 반응은 외적 혹은 내적 위협과 깊이 결부되어 있다(Gilbert,

2009, 2010). 이러한 전략들은 아동기나 청소년기에 주로 발달하며 성인기의 조건화(conditioning) 과정을 거쳐 정교화되고 강화된다.

의도치 않은 결과 및 자기 자신과의 관계

일반적으로 안전 전략은 장기적인 측면을 고려하지 않고 단기적으로 지각된 위협에 초점을 두므로 종종 반사적이고 회피적인 특성으로 인해 의도하지 않은 부적응적 결과를 초래한다. 이러한 결과들이 의도하지 않은 것임을 내담자 그리고 우리 자신에게 인식시키고, 삶을 악화하는 행동에 참여하지 않도록 돕는 것이 중요하다. 종종 이러한 전략은 단기적으로 위협을 다루는 데 어느 정도는 유용하게 경험되기도 하지만, 우리 스스로 대하는 방식(예: 나약하다, 무능하다, 선호될 만하지 않다, 어떤 방식으로든 결함이 있다)과 타인을 대하는 방식(예: 신뢰할 수 없다, 판단하려 든다, 피해야 한다)에 영향을 미칠 수 있다(Gilbert, 2010). 결국 이러한 결과들은 도움이 되지 않는 자기 자신과의 관계(자기 대 자기) 양식을 개발하거나 유지하게 하고, 이것이 고통을 일으켜 더더욱 안전 전략을 촉발함으로써 핵심 두려움을 재활성화하거나 점화시킬 수 있다. 이 시스템은 시간이 지남에 따라 자체적으로 강화되고 자연적인 교정을 막는 피드백 순환으로 발전할 가능성이 있다.

파티마와 에리카의 연습으로 돌아가서 파티마의 개념화 부분을 살펴보자.

에리카: 파티마, 당신은 핵심 두려움에 대해 조금 말해 줬었죠. 그 핵심 두려움은 비난과 거절에 대한 예상, 자신이 충분하지 않은 것, 그리고 자신의 감정을 두려워하는 데 초점이 맞추어진 것처럼 보이네요. (CFT 사례 개념화 작업기록지를 가리키며) 이것이 맞나요?

파티마: (잠시 멈추고 내려다본다.) 네, 맞아요.

에리카: (몸을 약간 기울인다.) 지금 어떤 감정이 드는지 말해 줄래요?

파티마: 음. 그냥 종이에 적은 걸 보니 힘들기도 하고 안도감이 들기도 해요. 자라면서 이러한 두려움이 생겼다는 것을 인정하기 힘들지만 결국 이렇게 말하고 나니 그럴 만하다고 느껴져요. 또 한편으로는 "나는 거절당하길 두려워해", "나는 정말 뭔가 잘못됐을까 봐 두려워"와 같은 두려움들이 내 인생을 얼마나 잠식시켰는지를 인정하는 것이 힘들어요.

에리카: (잠시 멈춘다.) 지금 뭔가를 정리하고 있는 것 같네요. 방금 인생의 일부가 두려움에 의해 휘둘려 왔다고 말했는데 그건 안전 전략처럼 들려요. 이건 다음 개념화의 부분이기도 한데,

거기에 대해서 조금 더 자세하게 말씀해 주시겠어요?

파티마: 우선, 두려움이 다른 사람과 관계를 맺는 방식에 영향을 미쳤다고 생각해요. 우리 부모님이 너무 비난적이라서 부모님과 대화하는 걸 그만두었는데 그것이 다른 사람들에게도 적용된 것 같아요. 저는 친구들 사이에서도 항상 이야기하기보다는 듣는 편이고, 제 자신에 대해 잘 말하지 않아요.

에리카: 그럼 당신은 사람들에게 비난할 만한 정보를 제공하기 않기 위해 당신의 이야기를 나누지 않음으로써 그들의 비난을 피하려고 노력한다는 건가요?

파티마: 정확해요. "그들이 모르는 것은 나를 다치게 할 수 없다"는 거죠. (약간 키득거린다.)

에리카: (미소 짓으며) 그 말이 이해가 되네요. 그런 전략이 당신이 두려워하는 상황을 피하는 데 어떻게 도움될 수 있는지 알 것 같아요. 그런데 이러한 전략이 의도치 않은 결과를 초래한 적은 없나요?

파티마: 예, 종종 그것이 저의 인간관계를 방해한다고 생각해요. 사람들은 제가 "알기 힘들다"고 말해요. 저는 스스로 알 만한 가치가 없는 사람이라고 느끼는 부분이 있었던 것 같아요. 제 생각엔 그것이 사회적 기회를 피하는 이유이기도 한 것 같아요. 오해는 마세요. 저도 친구가 있고 상당히 친한 친구들도 있어요. 하지만 새로운 사람을 만나거나 이미 맺고 있는 관계가 깊어지는 사회적 만남을 피하게 돼죠.

에리카: 그 패턴이 당신의 삶에 어떤 영향을 미치나요?

파티마: 그건 잘 모르겠지만, 제가 실질적으로 전문적인 관계망을 많이 하지 않는다는 뜻이에요. 전 새로운 치료자나 젊은 전문가들과 만남에 대해 공지를 받았지만, 결국 가지 않았어요. 네트워킹이 인맥을 쌓거나 다른 기회를 얻는 데 도움이 된다는 것을 알지만, 그다지 많이 하지 않아요. 데이트도 별로 해 보지 않았는데, 하고 싶기도 하지만 정말 겁이 나요.

에리카: 그러면 다른 사람에게 진실로 마음을 여는 것을 피하는 경향이 있는 거네요?

파티마: 예, 그건 저를 정말로 취약한 느낌이 들게 만들어서, 안 하려고 집순이가 되는 거죠.

에리카: 당신이 그런 두려움에 대처하기 위해 사용한 다른 전략들이 있는지 궁금하네요.

파티마: (잠시 생각에 잠기다가) 학교에서 좋은 성적을 받으려고 정말, 정말 열심히 공부했고, 그런 노력은 제 직장에서도 이어졌죠. 제가 내담자를 도울 수 있다는 것이 매우 중요하다고 느껴요. 그중 많은 부분은 제가 내담자와 그들의 어려움에 진심으로 자비를 느끼고 그들을 돕고 싶은 것에서 비롯하지만, 일부는 저에 대한 것이기도 하다고 생각해요.

에리카: 그것은 마치 자신에게 뭔가를 증명한다는 것과 같나요?

파티마: 아마도요. 아니면 반증하는 것일 수도 있어요. 뭘 하든지 이면에는 '내가 이것을 하면 안 된

다', '어쩌면 이것을 할 능력이 없다'는 두려움이 숨어 있는 것 같아요. 심지어는 제가 잘하고 있어도 두려움이 여전히 존재하죠.

에리카: 당신이 자라면서 겪은 경험을 고려하면, 그런 두려움이 지속되는 것이 이해가 되나요?

파티마: 이해돼요. 하지만 내담자와 어려움을 겪을 때마다 저의 위협 시스템이 촉발되고 제 안에 '비난하는 자기'가 나타나서 힘들어요. 그래서 제가 어떻게 하면 내담자를 잘 도와줄 수 있는지보다는 좋은 치료자로서 자격이 있는지 없는지를 고민하게 돼요. 그게 결국 저를 덜 효과적인 치료자로 만드는 것 같아요.

에리카: 참 어렵네요.

파티마: 맞아요. 물론, 모든 치료자들이 때때로 고군분투할 것이고 내담자는 치료 중에 좋아졌다 나빠졌다 한다는 것도 잘 알아요. 하지만 그렇게 알고 있으면서도, 내담자의 상태가 나빠질 때면 제 두려움이 자극되고, 결국에는 그것에 대해 계속 곱씹게 된다는 것을 점점 깨닫고 있어요.

에리카: 그 두려움에 대해 곱씹는 것이 또 다른 안전 전략이라고 할 수 있나요? 당신이 좋은 치료자인지 아닌지를 계속 생각하게 되면 왠지 더 나은 치료자가 될 수 있을 것 같나요?

파티마: (미소 짓는다.) 터무니없는 소리로 들리겠지만 딱 제가 하는 행동인 것 같아요.

에리카: 당신이 안전 전략과 의도치 않은 결과에 대해 많은 정보를 주어서 지금까지 내용을 요약해 볼까 하는데 괜찮으신가요?

파티마: 좋은 생각이에요.

에리카: 당신은 비난과 거절에 대한 두려움에 대처하기 위해 처음에는 부모님 그다음에는 일반적으로 사람들에게 마음을 열지 않는 방식으로 지냈고, 그리고 그 안전 전략의 의도치 않은 결과로 의미 있는 관계가 점점 줄어드는 것 같네요. 이것이 맞을까요?

파티마: (고개를 끄덕인다.) 맞아요.

에리카: 또 당신은 인맥을 쌓고 데이트를 하는 것과 같이 당신에게 도움이 될 수 있는 사회적 기회를 피함으로써 인생에 도움이 될 수 있는 잠재적인 기회와 관계를 놓친다고 말씀하는 것도 들은 것 같아요.

파티마: 맞아요.

에리카: 마지막으로, 당신은 완벽주의라는 단어를 쓰진 않았지만, 그런 성향이 어느 정도 느껴지네요. 학교와 직장에서 잘 해내기 위해 엄청 열심히 한 다음, 높은 기대에 미치지 못할 때 반추하고 스스로를 비난함으로써 부족하다는 두려움에 대처하는 것처럼 보여요.

파티마: (고개를 끄덕인다.) 맞아요.

에리카: 작업지의 두려움 항목에 '내가 감당할 수 없는 감정'도 있습니다. 당신은 이것에 대한 안전 전략들도 가지고 있다 생각하나요?

파티마: 그것은 앞에서 이야기했던 것과 비슷한 것 같아요. 모듈들을 작업하면서 저는 지금까지 저의 감정에 별로 주의를 기울이지 않았다는 것을 깨달았어요. 저는 보통 감정을 다른 사람들과 공유하지 않았어요. 심지어 혼자 있을 때도 일, 독서, 집안일, 그리고 반려견 산책시키기 같은 활동들로 바쁘게 만들었어요. 어쩌면 감정에 빠져서 길을 잃고 다시는 돌아오지 못할까 봐 두려워서 감정에 별로 주의를 기울이지 않은 것 같아요.

에리카: 그런 방식으로 감정을 회피하는 데에 어떤 결과가 뒤따른다고 생각하시나요?

파티마: (미소 짓는다.) 아무것도 해결되지 않아요! 회피는 저를 그 자리에 계속 갇히게 하죠. 이 작업지를 보니 너무 바보 같아요. 이러한 모든 회피 행동이 그동안 인정하지 않은 무서운 감정에 대해 작업하지 못하게 만들었죠. 치료자로서 이런 상황을 전부 살펴보고 나니 "저는 회피 중입니다"라고 말할 수 있겠어요. 이제는 여기에 대해 무엇이든 해야할 필요가 있어요.

에리카: 잠깐 동안 자기비난 버전의 자기가 나타나서 당신을 바보라고 불렀지만…… 문제를 다루는 데 도움이 될 수 있는 방향으로 자비로운 자기가 나타난 것 같아요. 당신에게 말을 하지 못했는데 사실 제가 미리 이 책을 읽었거든요. (미소 짓는다.)

파티마: (살짝 웃는다.) 네, 쉽진 않겠지만, 조금 더 낙관적인 느낌이 들어요.

에리카: 정말 좋아요, 파티마. 개념화의 마지막 부분은 이 모든 것, 특히 안전 전략과 그 결과가 자기 자신과의 관계에 어떤 영향을 미쳤는지와 관련이 있어요. 그것에 대해 얘기해 주시겠어요?

파티마: 음, 이제 보니까 사회적으로 철수하고 저에 대해 공유하지 않은 것이 저 자신이 충분하지 않다는 느낌을 강화하고 자기비난을 부추겼네요. 내담자들과 늘 얘기하던 말이에요. 사회적인 관계를 피하면, 우리늘 좀 더 편안하게 해 줄 수 있는 좋은 경험을 할 기회를 놓치게 된다는 걸요.

에리카: 그리고 안전 시스템을 작동시키고요.

파티마: 맞아요. 또, 완벽주의도 잘 들어맞는 거 같아요. 제가 절대로 도달할 수 없는 기준을 설정하면 수행을 통해 더 나은 기분을 느낀다는 것은 결코 불가능하지요.

에리카: (미소 지으며 고대를 끄덕인다.) 이 개념화에 대해 확실하게 요령을 터득하셨네요. 말씀하신 정서적 회피는 어떤가요? 그것이 당신 자신과 관계를 맺는 방식에 어떻게 영향을 주었나요?

파티마: (잠시 멈춘다.) 제 경우에, 감정을 피하는 것이 그 감정에 익숙해지지 못하게 만드는 것 같

아요. 하지만 당신도 알다시피 감정은 제 일부죠. (잠시 멈추고 생각에 잠긴다.) 그래서 그런 종류의 회피는 내가 충분하지 않거나 나에게 뭔가 문제가 있다는 생각으로 연결되는 것 같아요. 왜냐하면 내 감정 하나도 제대로 못 다루는 것이니까요.

에리카: (부드럽게 미소 지으며) 감정은 때때로 정말 다루기 힘들 때가 있죠.

파티마: 확실히 그래요. 하지만 전 더 잘할 수 있어요. 정말 그래요.

파티마가 완성한 개념화 작업기록지를 살펴보자(159쪽).

파티마의 완성된 CFT 사례 개념화 작업기록지

과거력의 영향

정서적/수치심 기억들:
부모님의 비난
아빠의 철회와 통제
엄마의 가혹함과 저조한 기분
부모님의 다툼
학교에서 괴롭힘과 인종차별
자신: 부적절하고, 수용받지 못하고 다르다고 여김.

타인: 예측할 수 없고 가혹하며 비난적이라고 여김.

핵심 두려움

외적:
거부
타인으로부터 비난받음.

내적:
나에게 뭔가 문제가 있다(충분하지 않다).
감당할 수 없는 감정

안전/방어 행동

외적:
다른 사람들과 개인적인 정보를 나누지 않음.
인맥 쌓기나 데이트 같은 사회적 기회를 회피함.

내적:
완벽주의/실패에 대한 집착,
정서 회피

의도하지 않은 결과

외적:
기회 놓침, 적은 데이트
피상적인 관계가 늘어남
관계를 발전시킬 기회 감소

내적:
실패한 느낌
감정을 수용하고 다루는 법을 배우지 못함.

자기 대 자기 관계

나는 결코 충분하지 않아.
난 이런 감정을 감당할 수 없어.
나는 대인관계를 관리하지 못해.

정서 및 기분:
수치심
불안, 저조한 기분

파티마와 에리카의 대화를 통해 한시적 공동 치료자 역할 훈련에서 이러한 탐색이 어떻게 진행될 수 있는지, 그리고 내담자와 이러한 대화를 어떻게 촉진할 수 있을지에 대해 감을 얻었기를 바란다. 만일 혼자서 프로그램을 진행하고 있다면 다시 한번 방해받지 않는 조용한 공간을 찾아서 잠시 진정 리듬 호흡을 한 뒤, 모듈 12에서 당신의 과거력과 핵심 두려움에 대해 작성한 내용을 다시 한번 검토하는 것이 좋다. 답변이 머릿속에 생생히 떠올랐다면, 다음과 같은 성찰을 숙고해 보라.

〈연습〉 나의 안전 전략, 의도하지 않은 결과 및 관계성 탐색하기

모듈 12에서 확인한 역사적 요인과 핵심 두려움을 되돌아보면, 당신은 두려움과 관련된 위협을 다루거나 회피하기 위해 어떤 안전 전략을 개발해 왔나요?

이러한 안전 전략들이 의도하지 않은 어떤 부정적인 결과를 낳았나요? 이들은 외부(대인관계, 다양한 삶의 영역 내에서의 기능 등) 그리고 내부(정서, 자기감) 세계에 어떤 부정적인 영향을 미쳤나요?

이러한 두려움, 안전 전략, 의도하지 않은 결과가 당신 자신에 대해 경험하고 관계 맺는 방식에 어떤 영향을 주었다고 생각하나요? 또 다른 사람을 경험하고 관계를 맺는 방식에는 어떤 영향을 미쳤나요?

마지막으로, 이러한 요소들이 어떻게 당신을 지금 상태에 머물게 하는 순환고리를 만들 수 있을까요? 안전 전략, 의도하지 않은 결과, 당신 자신과의 관계 맺는 방식이 당신의 핵심 위협 및 두려움, 그리고 관련된 안전 전략의 사용을 어떻게 부채질했나요?

이제 네 열의 개념화의 모든 측면을 완료했으므로, CFT 사례 개념화 작업기록지(162쪽)에 있는 당신의 개념화를 간결하게 요약하면 도움이 될 것이다.

나의 CFT 사례 개념화 작업기록지

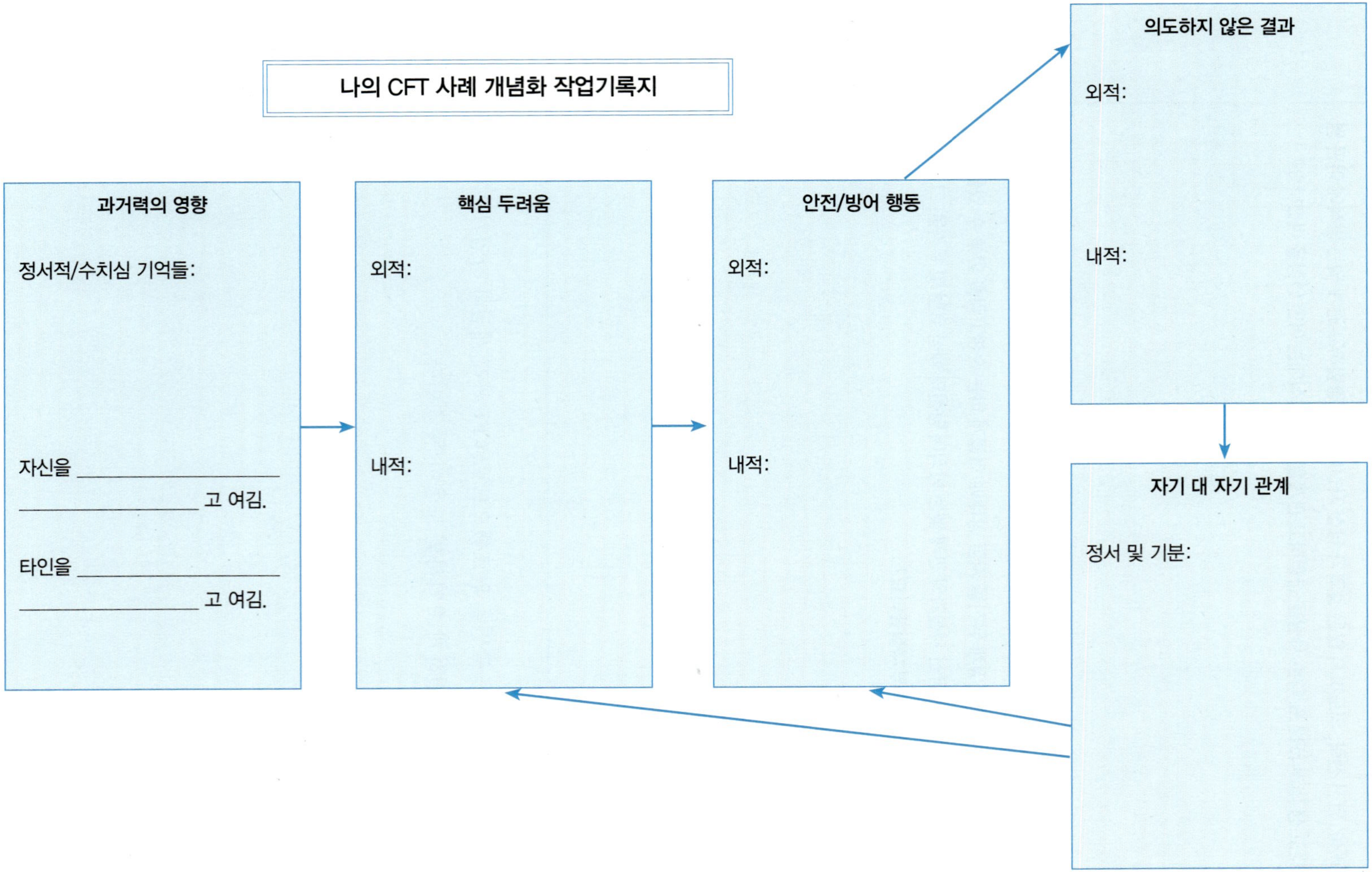

Russell L. Kolts, Tobyn Bell, James Bennett-Levy와 Chris Irons의 『자기탐색으로부터 자비중심치료 경험하기: 치료자를 위한 자기연습 · 자기성찰 워크북』에서 발췌. Guilfold 출판사에서 2018년에 출판됨. 이 양식을 복사할 수 있는 권한은 개인 용도로만 책을 구매한 사람에게 부여됨(자세한 내용은 저작권 페이지를 참조). 구매자는 이 양식의 사본을 다운로드할 수 있음(차례 끝에 있는 상자 참조).

자기성찰 질문

당신의 안전 전략을 확인하는 것이 쉬웠나요, 아니면 어려웠나요? 그 전략들이 이해되었나요? 의도하지 않은 결과와 자신 및 타인과 관계를 맺는 방식은 어떤 연관성이 있나요? 이러한 요소들을 개념화하는 방식이 당신 자신을 이해하는 데에 얼마나 도움이 되었나요?

개념화를 하면서 나타난 방해물이 있었나요? 만약 있었다면 어떻게 작업했나요?

개념화를 하면서 당신 스스로에게 자비를 경험했나요? 그것이 어떻게 받아들여졌나요?

내담자에게 이러한 종류의 개념화를 어떻게 사용할 것 같나요? 예상되는 문제들이 있나요? 그 문제들을 어떻게 다룰 것인가요?

모듈 14

마음챙김 점검하기

CFT에서는 마음챙김의 알아차림 습관을 기르는 것이 중요하다. 이 역량을 계발하는데 오랜 시간이 걸릴 수 있다. 모듈 6에서 당신은 마음챙김 호흡을 배웠다. 이번 모듈에서는 신체 경험, 감정 및 생각과 빠르게 연결될 수 있는 간단한 연습인 마음챙김 점검하기(the mindful check-in)를 소개할 것이다.

마음챙김 점검하기란 무엇인가

마음 챙김 점검하기란 순차적인 방법으로 자신의 경험에 주의를 기울이는 것과 관련된다(166쪽 연습 문항 설명 참고). 즉, 실제 생활에서 일어난 당신의 경험들을 비판단적으로 마음챙김하여 알아차림하는 시간이다(Kolts, 2011). 이 연습은 공식 명상(예: 마음챙김 명상)과, 일상생활에서 다른 사람과 상호작용하거나 임상 실무를 수행할 때 갖는 마음챙김적 알아차림 사이의 간극을 메우는 것을 목표로 한다. 이러한 방식의 연습은 마음 챙김 습관을 기르는 것을 목표로 한다. 또한 마음챙김의 알아차림으로 도움 받을 수 있지만 명상 참여에 거부감이 있는 사람에게도 유용한 시작점이 될 수 있다.

몸과 마음에 대한 알아차림 배우기

이전 장에서 살펴보았듯이, 우리의 정서와 동기는 주의를 붙잡고, 생각을 채색하며, 행동을 유도하는 등 마음을 강력하게 조직한다. 마음챙김 연습의 목표는 이러한 과정들을 실시간으로 알 수 있도록 돕는 것이다. 우리는 특정한 자극에 대한 습관적인 반응뿐만 아니라 감정이 처음 일어나기 시작하는 순간을 알아차림하도록 배울 수 있다. 궁극적으로 이 연습은 정서, 동기, 그리고 생각과 행동의 오래된 패턴에 따른 자동적인 행동을 줄이는 동시에 즉각적인 상황이나 경험에 어떻게 반응하면 좋을지 선택할 수 있는 기회를 제공하고자 고안되었다. 마음챙김 점검하기에서는 먼저 신체 경험에 주의를 기울이는 것으로 시작하여 점차 생각, 감정, 동기 그리고 이 연습 자체에 대한 당신의 반응으로 주의를 옮길 것이다.

〈연습〉 마음챙김 점검하기 연습

1. 내 몸에서 알아차린 것:

- 몸에서 어떤 느낌이 드나요?
- 긴장되어 있나요 아니면 이완되어 있나요? 어떻게 알 수 있나요? 그것이 어디에서 느껴지나요?
- 어떤 감각이 두드러지나요?
- 내 몸의 온도는 어떤가요?
- 몸이 외부 세계와 접촉하는 지점(예: 바닥 위의 발)은 어디인가요?
- 몸의 자세는 어떤가요? 어떻게 앉아 있거나 서 있나요?

2. 내 감정에서 알아차린 것:

- 어떤 감정을 느끼고 있나요?
- 어떤 감정 톤(빛깔)을 경험하고 있나요? 내가 느끼고 있는 감정에 이름을 붙일 수 있나요?
- 한 가지 이상의 감정이 느껴지나요? 어떤 감정이 제일 두드러지나요?

3. 내 생각에서 알아차린 것:

- 무슨 생각을 하고 있나요? 생각의 내용은 무엇인가요(무엇에 관한 것인가요?)
- 마음속에 어떤 이미지나 사진이 떠오르나요?
- 사고의 과정은 어떤가요? 빠른가요, 아니면 느린가요? 좁게 한 가지에 집중되어 있나요, 혹은 성찰적인가요?

4. 내가 하고 싶은 것(행동하려는 충동)에 대해 알아차린 것:

- 지금 당장 하고 싶은 게 있나요?

5. 나의 반응에서 알아차린 것:

- 연습에 대한 내 반응은 어떤가요?
- 생각, 감정, 정서 또는 충동을 주시했을 때, 거기에 강하게 반응하는 부분이 있었나요?
- 마음과 몸에서 무슨 일이 일어나고 있는지에 대해 더 생각나는 것이 있나요?
- 어떤 판단이나 비판을 하고 있나요?
- 어떤 경험을 옳거나 틀리다고 생각하면서 판단하고 있는 것을 알아차렸나요?
- 내 경험에서 발견한 것에 대해 뭔가를 하고 싶은 것을 알아차렸나요?
- 특정 정서나 신체감각과 관련하여 어떤 생각이 일어나나요? 아니면 그 반대의 경우가 일어나나요?

에리카의 마음챙김 점검 기록을 함께 살펴보자.

〈연습〉 에리카의 마음챙김 점검 기록

날짜/시간	마음챙김 점검으로 알아차린 것 (신체 감각, 생각, 감정, 행동하고 싶은 충동, 반응)
월요일 오후 1:00	나는 어깨와 목에서 긴장감을 알아차렸고 "더 이상 내담자를 보기에는 너무 지쳤다"고 생각하고 있음을 알아차렸다. 스트레스와 피로감을 느꼈고, 집에 가서 잠자리에 들고 싶은 유혹을 느꼈다. 또한, 지금 내가 느끼고 있는 것을 판단하고 있음을 알아차렸다: "나는 이러한 감정을 느껴서는 안 돼", "뭔가 잘못되어 가고 있는 게 분명해"라는 생각이 들면서 더욱 불안해졌다.

내담자와 우리 자신에게 가장 큰 어려움은 연습을 기억하는 것이므로, 이 연습에 대해 계획을 세우는 것이 도움될 것이다. 각 요일마다 현실적으로 자기 자신을 점검할 수 있는 시간에 계획을 세워야 한다. 휴대전화나 시계에 알람을 설정하거나 기억하는 데 도움되는 다른 방법을 생각해 볼 수 있다. 며칠간 정해진 시간에 시도해 본 후, 하루 중 다른 시간대로 바꾸어보는 것도 좋다. 아래의 양식을 사용하여 다음 주 동안 점검할 때 관찰한 내용을 기록해 보자.

〈연습〉 나의 마음챙김 점검 기록

날짜/시간	마음챙김 점검으로 알아차린 것 (신체 감각, 생각, 감정, 행동하고 싶은 충동, 반응)
월요일	
화요일	
수요일	
목요일	
금요일	
토요일	
일요일	

〈연습〉 위협 시 마음챙김으로 들어가기

이제 마음챙김 점검하기가 익숙해졌다면, 위협 시스템이 활성화되었을 때도 사용해 보길 바란다. 여기에서는 불안이나 분노 같은 위협 초점 감정들이 당신의 생각, 감각, 충동 행동을 조직화하므로 이때 내면의 경험을 마음챙김으로 바라보는 것이다. 위협 시스템이 작동할 때 마음챙김으로 알아차리는 것은 상당히 어렵지만, 이런 위협 반응이 삶 속에서 어떻게 나타나는지를 더 깊이 알아차릴 수 있게 해 주므로 많은 도움이 된다.

다음에 위협시스템이 작동되는 것을 알아차리면, 잠시 하던 것을 중단하고 아래의 차트를 완성해 보라. 위협 상황이나 촉발 요인을 기록하고 비판단적인 방식으로 경험을 기록해 보라. 앞에서 했던 연습처럼, 당신이 이러한 경험에 어떻게 반응하는지 주목하라: 예를 들어, 불안과 관련된 신체 감각에 이어 어떻게 판단적인 생각과 자기비난이 뒤따르는지 주의를 기울여 본다. 그러한 판단이나 비난에 대해서도 비슷하게 마음챙김의 태도로 바라볼 수 있는지 살펴보라. 갑작스럽게 발생하는 위협 경험 도중에 연습해야 한다는 사실을 기억하기 어렵다면, 최근 위협적인 경험을 떠올린 다음 그 경험과 관련하여 점검하는 것으로 시작할 수 있다.

상황/위협 반응에 대한 촉발 요인	위협 반응(신체감각, 정서, 생각, 행동 충동, 반응)을 마음챙김하여 알아차린 것

자기성찰 질문

'자동조종(autopilot)'에서 벗어나 당신의 경험을 점검해 보니 어떠한가요? 놀라운 것이 있었나요? 무엇을 배웠나요?

정기적으로 마음챙김을 수행해 보니 어떠했나요? 매일 얼마나 쉽게 작업을 완료할 수 있었나요? 무엇이 도움 되거나 방해가 되었나요?

위협 보호 반응을 마음챙김 방식으로 '조율'하는 것은 어떠했나요? 무엇을 발견하거나 배웠나요?

당신의 경험에 근거했을 때, 내담자에게 마음챙김을 소개하기 위한 가장 좋은 방법은 무엇일까요? 치료 과정에서 마음챙김을 연습하는 데 도움을 줄 수 있는 가장 좋은 방법은 무엇일까요?

당신의 경험에 비추어 보았을 때, 마음챙김이 자비를 가르치는 데 어떤 식으로 도움이 되며, 그 둘은 어떻게 서로를 보완한다고 생각하나요?

모듈 15
자비 꾸러미 풀기

자비를 측정하는 여러 도구들을 보면 도구마다 약간씩 다르다는 것을 알 수 있을 것이다. 이것은 정신건강 전문가들이 측정하고자 하는 일부 자질들과 달리 자비를 경험하고 행동하는 데에는 다양한 심리적 과정이 수반되기 때문이다. CFT는 이러한 복잡성을 다루기 위해 먼저 자비의 표준적인 정의에서 출발하였으며, 이는 여러 구성 요소를 담고 있다. 그런 다음 구체적으로 자비를 경험하고 능숙하게 적용하는 데 필요한 과정을 탐색하였다(Gilbert, 2010; Kolts, 2016). CFT에서 자비는 단순히 계발해야 할 가치가 아니라, 고통에 대한 태도이며, 심리치료의 세계에서 매우 중요한 질문에 대한 하나의 응답이기도 하다. '우리 자신과 다른 사람들의 고통과 투쟁에 직면했을 때 우리는 무엇을 하는가?'. 다음 여러 모듈을 통해 CFT에서 자비가 어떻게 정의되고 계발되는지 차근차근 풀어 보고 탐색해 볼 것이다.

자비 정의하기

이 책의 서문에서(7쪽), 길버트는 CFT의 자비 정의를 제시했다: "자신과 타인의 고통에 민감성과 고통을 완화해 주고 예방하기 위한 노력". 이 정의는 자비에는 고통을 알아차리고 관여하려는 용감한 의지가 있는 민감성과 고통에 대해 뭔가를 하려는 헌신적인 동기와 기술 모두가 필요하다는 것을 강조한다. 당신이 자비의 이러한 측면들을 어떻게 경험하는지 알아보기 위해 성찰 연습을 해 보자.

고통 및 어려움과 관계 맺기

다음 연습에서는 당신 자신과 다른 사람들의 고통, 투쟁에 어떤 방식으로 관여해 왔는지 성찰하게 될 것이다. 이를 통해 당신은 고통에 대한 민감성에 대해 생각해 보게 될 것이다: 당신 자신과 다른 사람들의 고통을 알아차리는지, 아니면 그 고통이 당신의 '레이더'에 잡히지 않는지, 그 고통에 마음이 동요하는지, 아니면 무감각한지, 고통을 이해하기 위해 더 깊게 살펴보는지, 아니면 외면하고 무시하는지, 일단 당신이 고통을 알아차렸다면, 고통과 어려움을 마주할 때 '그 고통에 대해 어떻게 했는지, 문제를 적극적으로 해결하려고 다가가는지, 아니면 포기하거나 다른 것으로 넘어가는 경향이 있는지, 당신이나 다른 사람이 괴롭다는 것을 알아차렸을 때 달래고 격려하는지 아니면 차단하거나 심지어 비난하게 되는지?'와 같은 추가 질문을 해 볼 수 있다.

다음 연습에서는 자비중심치료에서 정의하는 자비의 두 가지 측면을 살펴본다. 먼저 당신 자신과 타인의 고통에 어떻게 관계하는지에 대한 민감성을 살펴보는 것으로 시작한다. 그럼 고통과 어떻게 관계를 맺는지 조의 성찰부터 살펴보자.

예시: 조(Joe)의 성찰

타인의 고통에 대한 민감성: 다른 사람이 고통스러워하고 힘들어할 때 당신은 어떻게 반응하는 편인지 생각해 보세요. 이런 일이 일어났을 때 알아차리고 인식하는 경향이 있나요? 어떻게 반응하나요?

이건 약간 난해한 질문입니다. 제가 인식하지 못하면 어떻게 알 수 있을까요? 하지만 무슨 의미인지는 알 것 같아요. 제 대답은 상황에 따라 다르다는 것입니다. 만약 제가 알아차림을 지향하고 있다면, 즉 내담자에게 하는 것처럼 고통과 어려움의 신호에 주의를 기울인다면, 잘 알아차리는 편입니다. 그런 일이 있으면 저는 그들에게 동감하고 도와주고 싶습니다. 하지만 제가 주의를 기울이지 않거나 다른 일이 방해해서 대부분 그런 일이 일어나지 않는 것 같아요. 이런 모습은 저희 가족에게도 나타날 수 있습니다. 긴 하루 일과를 마치고 집에 왔는데 업무 스트레스로 지쳤다면, 여전히 저 자신에게 몰두되어 있어 가족들의 고통에 그리 민감하지 않을 것입니다. 이전 모듈의 위협 시스템과 비슷하죠. 그런 상황이 되면 저 자신의 일에 집중하느라 다른 사람들이 힘든 시기를 보내고 있거나 도움이 필요한지 잘 알아차리지 못할 수 있습니다. 어쩌면 제 상사도 마찬가지일 겁니다. 상사는 아마도 일의 생산성 때문에 스트레스를 받고 있을 텐데, 저를 많이 혼내면 저 역시도 짜증 나서 그가 어떻게 느낄지 알아차리거나 생각하지 않습니다.

자신의 고통에 대한 민감성: 당신이 고통스럽거나 힘들 때 어떻게 반응하는 편인지 생각해 보세요. 이런 일이 일어났을 때 알아차리고 인식하는 경향이 있나요? 어떻게 반응하나요?

하! 이 질문들은 대답하기 어렵네요. 전 분명하게 느끼고 있기 때문에 알아차린다고 말할 수 있습니다. 하지만 마음챙김 모듈을 해 보니 내가 느끼는 감정을 알아차리는 것과 그냥 그것에 휘말려 있는 것에 분명히 차이가 있다는 것을 알게 되었어요. 저는 많은 시간 동안 고통에 휘말려 있었던 것 같고, 그래서 진짜로 알아차리지 못했던 것 같습니다. 고통을 알아차렸을 때 반응하던 방식이 정말 도움이 되었는지 잘 모르겠습니다. 상당히 많은 시간을 내가 얼마나 좌절하고 스트레스 받았는지 알아차리는 작업을 했어도, 그렇게 느끼는 것에 대해 자책하거나 슈퍼바이저에게 불만을 제기하는 상상을 하기도 하는데, 어느 쪽도 제 기분이 나아지는 데 도움이 되지 않습니다.

고통을 돕고자 하는 동기: 당신이 다른 사람의 고통을 알아차리고 인식하게 되면 어떻게 행동하게 되나요? 먼저 다가가 돕거나 돕고 싶다는 생각이 드나요? 아니면 무언가 다른 행동을 하나요?

다른 사람들에 대해서는 조금 더 나은 것 같습니다. 저는 내담자들과 함께 그들의 문제를 이해하고 도울 방법을 찾으려고 열심히 작업합니다. 물론 지금 직장에서는 일에 대한 압박 때문에 그렇게 잘 못하지만, 예전에는 내담자에게 도움 될 수 있도록 오랜 기간 치료 계획에 상당히 많은 시간을 들였습니다. 너무 신경 쓴 결과로 지금은 그 동기가 좌절의 일부를 유발한다는 생각이 듭니다.

개인적인 수준에서는 지금보다 더 잘할 수 있을 것 같아요. 다시 말하지만, 스트레스를 받고 집에 오면, 심지어 아이나 아내가 힘들어하는 모습을 보더라도 항상 최선을 다해 돕지는 못합니다. 얼마전 집에 왔는데 아들이 수학 숙제와 씨름하고 있었습니다. 제가 하고 싶었던 것은 참을성 있게 아들과 같이 앉아서 스스로 할 수 있도록 도와주는 것이었습니다. 하지만 저는 아들이 수학 문제를 힘들어하는 것에 좌절감을 느꼈고, 아들이 문제를 이해하려고 열심히 노력하는 것 같아 보이지 않았습니다. 저는 아들을 도우려고 노력했지만, 결국 아내가 와서 도와주게 된 것은 명백히 제 인내심이 부족했기 때문입니다. 전 여기에 대해 정말 기분이 안 좋았습니다.

고통을 돕고자 하는 동기: 당신 자신의 고통을 알아차리고 인식하게 될 때 어떤 식으로 반응하나요? 이런 어려움을 겪을 때 도와줄 방법을 생각해 보는 편인가요? 아니면 무언가 다른 것을 하나요?

프로그램을 하면서 점점 나아지고 있지만, 여전히 가끔은 스스로를 비난하는 자신을 발견합니다. 앞에 적은 아들의 숙제를 도와주는 동안 참을성이 없어서 결국 아내가 대신해 준 것이 좋은 예입니다. 전 아들에게 좌절감을 주고 아내에게 화를 낸 나쁜 아빠라는 생각에 사로잡혀 그런 생각을 하지 않도록 주의를 다른 데로 돌리려고 노력하기 쉽죠. 이건 저에게 늘 문제였어요. 사회적 형성 모듈에서 저 스스로 묻고 질문하도록 배운 것이 여기에서 도움이 되었습니다: 직장에서 무슨 일이 일어나고 있는지 생각해 보면, 내가 이 문제로 힘들어하는 것이 자연스러운 게 아닐까? 하지만 저는 여전히 아들이 힘들어할 때 곁에 있고 싶고, 아내와 갈등을 겪고 싶지 않기 때문에 이런 문제의 원인이 되는 직장 스트레스를 좀 더 잘 관리할 수 있도록 스스로 도와줘야 해요. 그리고 제가 최상의 상태가 아닐 때 아내가 저를 돕는 것을 좀 더 받아들여야 하죠.

다른 연습과 마찬가지로, 몇 분간 방해받지 않을 수 있는 편안하고 좋은 환경을 찾아서 이 연습을 할 수 있는 자리를 마련해 주는 것을 권장한다. 따뜻한 차 한 잔을 마시며 안정을 취하고 1~2분간 진정 리듬 호흡을 하는 등 안전 시스템을 가동하여 자신의 경험에 대해 솔직하게 성찰할 수 있도록 한다. 준비가 되면 자신과 주변 사람들의 삶에서 고통과 어려움이 나타났을 때 어떻게 대처하는 있는지 숙고해 보는 시간을 잠시 가져 보라.

〈연습〉 고통 및 여려움과 관계 맺는 법

타인의 고통에 대한 민감성: 다른 사람이 고통스러워하고 힘들어할 때 당신은 어떻게 반응하는 편인지 생각해 보세요. 이런 일이 일어났을 때 알아차리고 인식하는 경향이 있나요? 어떻게 반응하나요?

자신의 고통에 대한 민감성: 당신이 고통스럽거나 힘들 때 어떻게 반응하는 편인지 생각해 보세요. 이런 일이 일어났을 때 알아차리고 인식하는 경향이 있나요? 어떻게 반응하나요?

고통을 돕고자 하는 동기: 당신이 다른 사람의 고통을 알아차리고 인식하게 되면 어떻게 행동하게 되나요? 먼저 다가가 돕거나 돕고 싶다는 생각이 드나요? 아니면 무언가 다른 행동을 하나요?

고통을 돕고자 하는 동기: 당신 자신의 고통을 알아차리고 인식하게 될 때 어떤 식으로 반응하나요? 이런 어려움을 겪을 때 도와줄 방법을 생각해 보는 편인가요? 아니면 무언가 다른 일을 하나요?

자기성찰 질문

이 모듈에서 당신의 경험에 대해 생각해 보세요. 당신 자신과 다른 사람들의 고통에 관여하는 방식을 되돌아보면서 무엇을 알아차렸나요? 이전에는 깨닫지 못했던 통찰이 있나요?

장해물이나 저항을 알아차렸나요? 그렇다면 그것을 어떻게 이해하고 다루었나요?

자신이나 타인의 고통에 이러한 방식으로 관계 맺는 것이, 보통 당신에게 어떤 결과를 가져왔던 것 같나요?

이 모듈에서 얻은 통찰이 내담자와의 작업에 어떤 영향을 미칠까요?

CFT 모델로 돌아가서, 당신의 경험이 CFT 모델에 얼마나 잘 들어맞나요? 잘 맞지 않는 부분은 없나요?

모듈 16
자기비난의 마음챙김 일지

우리는 보통 스스로 자기비난 경향이 있는지 없는지를 대충은 알고 있다. 하지만 정작 자기비난 경향이 있다면, 자신이 얼마나 힘든지 알아차리지도 못한 채 거의 자동적인 방식으로 지속하는 경우가 많다. 만약 우리가 알아차린다면, 인터넷이나 TV를 멍하니 보거나 과음하는 등 다양한 방식으로 주의를 분산시키려고 노력할 수 있다. 반면에 자기비난이 우리 삶에 미치는 영향을 이해하기 위해 마음챙김 장소에서 내부의 자기비난의 목소리를 듣고자 멈추는 경우는 극히 드물 것이다. 비난을 멈추고 그 목소리를 들으려면 용기가 필요하다. 용기는 자비의 전형적인 특징 중 하나이다.

이 모듈은 자기비난의 마음챙김 일지(Mindfulness of Self-Criticism Diary: MSCD)를 이용하여 내부의 비난을 멈추고 귀를 기울이는 방법을 다룬다. 우리는 MSCD를 사용하여 일주일 동안 내부의 비난 활동을 모니터링하는데, 비난을 직면할 때 어떤 감정인지에 주목한다. 그런 다음 우리는 한 단계 더 나아가 이러한 비난이 원하는 결과를 얻고 있는지를 살펴보게 된다. 이 과정에서 고통에 대한 감내력, 비판단 그리고 안녕감을 위한 돌봄과 같은 자비로운 속성들을 엮어 가기 시작할 것이다. CFT 책에서 MSCD를 언급한 것은 이번이 처음이지만, 이 작업은 CFT의 접근과 상당히 일치하며 집단 작업에서 유용한 것으로 입증되었다.

MSCD는 CBT에서 사용하는 사고 기록지와 표면적으로 유사하지만(Bennett-Levy et al., 2015; Greenberger & Pedesky, 2015) 그 역할은 다소 다르다. 사고 기록지와 MSCD의 목적은 모두 비난하는 목소리에 마음챙김 주의를 기울이는 것이다. 그러나 MSCD 사용의 요점은 비난하는 목소리를 바꾸거나 그것에 대해 대답하기 위한 것은 아니다. 더 정확히 말하면, MSCD의 목적은 자기비난 목소리의 알아차림을 발달시키기 위함이며, 그것을 회피하기보다 접근하여 자기비난 목소리가 명백하게 목표로 하는 목적을 달성하고 있는지의 여부를 평가하기 위함이다(예: 자기비난 목소리가 수행을 향상시키는가? 자신에 대해 더 좋게 느끼도록 돕는가? 안녕감을 증가시키는가?).

무엇보다도, MSCD에 기입하는 것은 자기비난과 개인의 문제 전반에 대한 기능분석에 도움된다. 결국 기능분석은 사례 개념화에 기여하고, 나중에 논의할 자비로운 자기 발달을 위한 타당성을 구축하는 데 도움된다. 이러한 아이디어는 비난을 맥락 안에서 살펴보고, 비난을 촉발하는 경향이 있는 경험과 그러한 비난이 자신의 삶과 내담자의 삶에서 제공하는 기능을 알아차리는 위한 것이다.

예시: 에리카(Erica)의 MSCD

에리카는 파티마와 치료자 간 역할 훈련 작업을 하면서 한 주간 MSCD를 완성하였다. 아래 예시는 네 번째 날인 목요일에 작성한 일지로, 세 개의 기록이 있었다. 이 단계에 이르자, 에리카는 자기비난의 목소리를 알아차리는 데 익숙해져 있었다. 비록 여전히 자기비난에 사로잡히긴 했지만, 첫 번째와 세 번째 항목(오전 11:00 & 오후 9:24)에서 자기비난 목소리에 대한 마음챙김이 증가했고, 자신의 삶에 미치는 엄청난 부정적 영향에 대해서 더욱 호기심을 가지게 되었다. 가끔 그녀는 비난의 목소리에서 조금씩 거리를 두기 시작하기도 했다. 비록 자기비난의 목소리를 바꾸라는 교육 내용은 아니었지만 에리카는 어려운 내담자 중의 하나인 제프를 만나기 전에 자기비난의 목소리가 전혀 도움되지 않고(오후 2:50 기록), 이 세션이 제프에게 도움이 되려면, 그녀 자신을 위한 자비로운 동기를 찾을 필요가 있다는 것을 알아차렸다. 에리카는 그렇게 했고, 그것이 회기 안에서 그녀와 제프의 경험을 변화시켰음을 깨달았다.

에리카의 자기비난 마음챙김 일지

날짜/시간/상황 (지각된 위협)	내가 말한 자기비난 문구(들). 목소리 톤은 어떠했는가? 목소리와 함께 어떤 이미지가 떠오르거나(예: 손가락질) 감각들(예: 불쾌감)이 느껴졌는가?	감정과 몸의 감각 (0~100%)	결과적으로 자기비난이 도움이 되었는가? 혹은 도움이 되지 않았는가? 기분이 어떠했는가? 얼마나 효과가 있었는가?
목요일 오전 11:00 직장에서 보고서를 늦게 끝냈고, 집중할 수 없었음.	넌 정말 가망이 없어. 도대체 어떻게 된 거야? 예전에는 이러지 않았는데 이제 퇴직해서 일을 제대로 할 수 있는 사람에게 양보해야 할 거야. 이미지: 찌푸린 얼굴, 주름진 이마, 손가락질 목소리 톤: 경멸에 가까운 비난	분노 70% 기진맥진 80%	완전히 기가 꺾인 느낌. 스스로를 비난하는 것이 오히려 부담을 늘리는 것 같았다.
목요일 오후 2:50 제프가 치료에 오기로 함. 난 그가 나타나지 않기를 바랐음.	몇 년 전만 해도 제프를 상담에 참여시키고 함께 작업하는 것이 힘들어도 즐거웠다. 그러나 지금은 하나의 큰 투쟁 같다. 정말이지 흥미를 잃었고 속도를 유지할 수 없으니, 일을 그만두어야 할 시기이다. 이미지: 기운 없는 몸, 그리고 고요함. 목소리 톤: 처음에는 경멸적이었다가 약간 따뜻하고 이해심 있는 톤으로 바뀜.	우울함 75% 기진맥진 70% 그 후 약간의 에너지 50%	다행히도 이걸 쓰고 나서 자기비난이 전혀 도움되지 않는다는 것을 깨달았다. 회기 전에 나를 다독이며 자비를 느끼어 그와 잘 소통할 수 있었다. 나의 목소리 톤이 바뀌었기 때문에 좋은 회기가 되었다.
목요일 오후 9:25 TV를 보고 있지만 생각들이 끊임없이 맴돌았음.	어떻게 해야 하지? 점점 나락으로 떨어지고 있어. 엉망으로 일하고. 이젠 퇴직할 때가 됐어. 친구를 볼 힘도 없어, 한 달간 스테이시(Stacey)도, 제니(Jenny)도, 래리(Larry)도 못 봤어. 이미지: 의자에 다시 털썩 주저앉음. 목소리 톤: 어느 정도 자포자기함.	우울한 70% 불안 40% 죄책감 75%	매번 이런 종류의 생각으로 내 머리를 쥐어박는 건 전혀 도움이 되지 않는다. 오히려 기분이 더 안 좋아질 뿐이다.

일주일간의 다이어리 항목들을 성찰했을 때, 에리카는 자기비난의 빈도와 강도에 충격을 받았고, 이것이 자신의 회복에 얼마나 도움 되지 않는지를 깨달았다. 파티마와 함께 검토한 뒤, 에리카는 다음과 같이 성찰하였다.

> 나 자신을 얼마나 비난하는지, 즉 실패에 대비하고 끔찍한 회기를 대비하고 있다는 것을 알아차리는 것은 놀라운 차이를 만들어 냈다. 지금 돌이켜 보면, 제프를 실망시키고 싶지 않았기 때문에 마음을 다잡았고, 나에게 필요한 자비와 이해를 건넬 수 있었다. 이게 바로 내 자신을 위해 해야 할 일이지 않았을까? 다른 사람이 관련되어 있을 때만 그렇게 할 수는 없다. 나 자신을 위해서도 그렇게 해야 한다. 그리고 내 내담자들에게 어머니가 돌아가신 지 겨우 몇 달밖에 되지 않은 상황에서 실수할 때마다 스스로 몰아붙이라고는 절대 말하지 않을 것임을 인식해야 한다.

〈연습〉 나의 MSCD

MSCD를 7부 복사하여, 매일 한 장씩 작성할 것을 권장한다. 다음 한 주 동안, 두세 개의 항목을 완성할 수 있는지 살펴보라. 가능하다면 항목을 더 만들어도 된다. 어떤 날은 다른 날보다 작성하는 것이 더 잘되거나, 더 적을 수 있다. 전체적인 목표는 자기비난 목소리에 대한 마음챙김이므로, 자기비난이 당신의 삶에서 어떻게 작동하는지에 주목하고, 효과적인 결과가 있는지에 대해 숙고해 보라.

나의 자기비난 마음챙김 일지

날짜/시간/상황 (지각된 위협)	내가 말한 자기비난 문구(들). 목소리 톤은 어떠했는가? 목소리와 함께 어떤 이미지가 떠오르거나 (예: 손가락질) 감각들(예: 불쾌감)이 느껴졌는가?	감정과 몸의 감각 (0~100%)	자기비난이 결과적으로 도움이 되었는가? 혹은 도움이 되지 않았는가? 기분이 어떠했는가? 얼마나 효과가 있었는가?

자기성찰 질문

MSCD를 사용하는 것이 어땠나요? 그만두게 만든 것이 있었나요? 그렇다면 그것은 무엇인가요?

MSCD를 사용하면서 어떤 경험을 했나요? 그것이 어떻게 느껴졌나요?

일지를 쓰면서 어떤 놀라운 것이 있었다면 무엇인가요?

당신의 경험에서 배운 것들 중 자기비난이 심한 내담자와 작업할 때 가치 있을 만한 것은 무엇인가요?

이 일지가 자비 흐름의 다른 측면에도 효과가 있을까요? 예를 들어, '다른 사람을 비난하는 것에 대한 마음챙김 일지'나 '비난받는 느낌에 대한 마음챙김 일지'였다면 어떨 것 같나요?

모듈 17

프로그램 중간 평가

모듈 1에서는 애착 회피와 불안, 자비 두려움 그리고 자기자비에 대한 측정을 완료하였다. 또한 이 책을 통해 작업할 도전적인 문제를 선택하고 기술하였다. 치료에서 효과는 치료 과정 전반에 걸친 지속적인 평가와 피드백의 사용과 관련 있다(Reese, Norsworthy, & Rowlands, 2009). 이제 모듈의 중간 지점에 도달했으므로, 다시 측정해 보고, 특히 모듈 1에서 확인한 문제와 관련하여 어떠한 변화가 있는지 생각해 보라.

〈연습〉 프로그램 중간 평가: ECR, FOC, CEAS-SC

먼저, 애착 회피 및 불안 척도인 ECR-RS의 항목을 다시 살펴보자. 채점은 처음 6개 항목의 응답을 합산하여 애착 회피 정도를 측정한 다음, 마지막 3개 항목의 응답을 합산하여 애착 불안 정도를 측정한다. 앞에서 보았듯이 처음 4개의 항목은 역채점되므로 측정 중간에는 숫자의 방향이 바뀐다. 자신의 경험에 가장 잘 맞는 응답에 동그라미를 표시한 다음 점수를 합산한다.

ECR-RS: 프로그램 중간 평가

다음 각 문장을 읽고 각 문장이 일반적으로 친밀한 관계에 대한 당신의 감정을 가장 잘 설명한다고 생각되는 정도를 평가해 주세요.

문항	매우 그렇지 않다						매우 그렇다
1. 도움이 필요할 때 다른 사람에게 의지하는 것이 도움이 된다.	7	6	5	4	3	2	1
2. 나는 대체로 다른 사람과 문제나 걱정거리를 의논한다.	7	6	5	4	3	2	1
3. 나는 대체로 다른 사람과 상의한다.	7	6	5	4	3	2	1

4. 나는 다른 사람에게 의지하는 것이 쉽다.	7	6	5	4	3	2	1
5. 나는 다른 사람에게 마음을 여는 것이 불편하다.	1	2	3	4	5	6	7
6. 나는 다른 사람에게 속내를 보여 주고 싶지 않다.	1	2	3	4	5	6	7
7. 나는 종종 다른 사람이 나에게 진심으로 관심을 기울이지 않을까 봐 염려한다.	1	2	3	4	5	6	7
8. 다른 사람들이 나를 버릴까 봐 두렵다.	1	2	3	4	5	6	7
9. 내가 다른 사람에게 관심을 기울이는 만큼, 그들이 나에게 관심을 써 주지 않을까 봐 걱정한다.	1	2	3	4	5	6	7

애착 회피(1~6번의 합):
애착 불안(7~9번의 합):

이제 FOCS의 항목을 다시 살펴보자. 잠시 시간을 내어 타인과 자비로운 관계를 맺고, 타인으로부터 자비를 받고, 자신에게 자비를 표현하는 것을 꺼리는 감정을 평가하는 다음 항목을 작성하고 점수를 매겨 보자. 아래 항목은 이 책을 위해 개발된 몇 가지 요약 항목과 FOC 척도의 몇 가지 항목 중 일부에 불과하다(검증된 전체 척도는 너무 길어 이 책에 포함하지 않음). 이 척도는 아직 타당화되지 않았으므로 내담자에게 또는 연구용으로 사용하지 않기를 바라며, 필요하다면 검증된 전체 척도를 https://compassionatemind.co.uk/resources/scales에서 다운받아 사용하라.

FOCS: 프로그램 중간 평가

다음 문장을 읽고 당신이 동의하는 정도에 체크해 주세요.

문항	매우 그렇지 않다		보통이다		매우 그렇다
1. 자비로우면 사람이 나약해지고 남에게 이용당하기 쉬워진다.	0	1	2	3	4
2. 자비로워지면 만만한 상대가 될까 봐 두렵다.	0	1	2	3	4
3. 내가 자비로우면 어떤 사람들은 나에게 너무 의지할까 봐 두렵다.	0	1	2	3	4

4. 다른 사람에게 자비를 느끼고 표현하는 것을 스스로 억누르는 편이다.	0	1	2	3	4
5. 나는 사람들이 친절하다는 걸 알 때조차도 거리를 두려고 한다.	0	1	2	3	4
6. 다른 사람의 친절이 약간 두렵게 느껴지기도 한다.	0	1	2	3	4
7. 사람들이 친절하거나 자비로우면, 나는 '벽을 친다'.	0	1	2	3	4
8. 나는 다른 사람의 친절과 보살핌을 받아들이는 것이 힘들다.	0	1	2	3	4
9. 나 자신에게 자비로워지면 거기에 의존하게 될까 봐 걱정된다.	0	1	2	3	4
10. 나 자신에게 자비로워지면 스스로를 비난하지 않게 되어 결점들이 드러나게 될까 봐 두렵다.	0	1	2	3	4
11. 나 자신에게 더 자비로워지면 약한 사람이 되거나 스스로의 기준이 무너질까 봐 두렵다.	0	1	2	3	4
12. 나 자신에게 친절하고 자비롭게 대하는 것이 어렵다.	0	1	2	3	4

주: 이 각색본은 FOC 척도 문항의 일부 항목과 본 책을 위해 개발된 추가적인 약식 문항을 포함하고 있다. 이는 책의 독자들이 모듈 작업을 하면서 자신들의 진전을 간단한 방식으로 추적할 수 있도록 돕기 위해 개발되었다. 따라서 선택된 문항들은 타당화되지 않았으며 연구 또는 임상적 작업에 사용하기 적합하지 않다. 연구나 임상적 목적에 적합한 타당화된 완전한 버전의 척도는 https://compassionatemind.co.uk/resources/scales에서 얻을 수 있다.

자비 보내는 것에 대한 두려움(1~4번의 합):
자비 받는 것에 대한 두려움(5~8번의 합):
자기자비에 대한 두려움(9~12번의 합):

마지막으로, CEAS-SC를 다시 해 보자.

CEAS-SC: 프로그램 중간 평가

내가 고통스럽거나 속상할 때…….

문항	절대 하지 않는다									항상 그렇다
1. 고통스러움이 일어나면 이에 대해 개입하고 해결하고자 한다.	1	2	3	4	5	6	7	8	9	10

2. 내 안에서 고통이 일어나면 고통을 알아차리고 민감해진다.	1	2	3	4	5	6	7	8	9	10
3. 나의 고통스러운 느낌이나 상황에 정서적으로 동요한다.	1	2	3	4	5	6	7	8	9	10
4. 나의 고통스러운 부분들에 대한 다양한 느낌을 견딘다.	1	2	3	4	5	6	7	8	9	10
5. 나의 고통스러운 느낌을 성찰하고 이해한다.	1	2	3	4	5	6	7	8	9	10
6. 나의 고통스러운 느낌을 수용하고 비난하지 않으며, 판단하지 않는다.	1	2	3	4	5	6	7	8	9	10
7. 나에게 도움이 될 것 같은 것에 주의를 기울인다.	1	2	3	4	5	6	7	8	9	10
8. 나의 고통에 대처할 수 있는 도움 되는 방법들을 생각하고 찾는다.	1	2	3	4	5	6	7	8	9	10
9. 나에게 도움이 될 만한 일에 대한 행동을 취하고 실천한다.	1	2	3	4	5	6	7	8	9	10
10. 나는 내면에 지지하고, 도움이 되며 격려하는 느낌을 만든다.	1	2	3	4	5	6	7	8	9	10

자비 관여(1~6번의 합): ____
자비 행동(7~10번의 합):____

이제 측정을 완료했으면, 모듈 1에서 확인한 도전 혹은 문제를 다시 살펴보자. 먼저 당신의 도전 과제를 고려하기 전에 세 명의 동료 치료자들의 과제를 다시 살펴보자.

예시: 파티마의 도전 문제 다시 살펴보기

파티마는 어린 시절의 자신을 떠올리게 할 뿐만 아니라 때때로 자신에게 적대감을 보이는 내담자를 힘겨워하고 있음을 확인하였다. 이것은 치료자로서 자신의 역량에 대한 자기의심과 그런 내담자와의 만남을 회피하고 싶은 감정이 들게 했다.

파티마의 현재 성찰: 이 내담자와 여전히 어려움을 겪고 있지만, 연습을 통해 그녀의 행동과 그에 대한 나의 반응을 조금 더 자비롭게 이해하는 데 도움이 되었습니다. 세 가지 시스템과 사회적 조형 연습은 정말 도움이 되었어요. 그녀의 과거력이 그녀가 위협을 느낄 때 보이는 행동들을 어떻게 형성했는지 이해할 수 있게 해 주어서요. 그리고 그 행동들이 제게 왜 그런 반응을 일으켰는지도 알게 되었죠. 또한 나의 과거력에 비추어 볼 때 나 자신의 반응이 어떻게 형성되는지 깨닫는 데에도 도움이 되었습니다. 안전한 장소의 심상도 도움이 되었고, 에리카와의 대화는 저를 아끼는 사람들의 도움을 더 잘 받을 수 있도록 사회적 관계에 다시 연결되고 노력하도록 동기를 부여해 주었습니다. 저는 여전히 내담자 문제와 관련하여 자기 비난과 자기의심을 경험하고 있어서, 이 프로그램에서 그런 문제를 다룰 부분에 대해 기대가 되네요.

예시: 조의 도전적인 문제 다시 보기

최근 직장을 옮긴 조는 생산성에 대한 기대가 높은 직책에 있으며 내담자에게 제공되는 치료의 질보다 청구 가능한 시간에 더 신경을 쓰는 상사가 위압적인 태도를 보이는 것을 경험하고 있다. 조는 이 문제와 관련하여 짜증과 분노를 경험하고 있으며, 이러한 감정이 아내와 자녀와의 상호작용하는 사생활까지 '스며들어' 괴로워하고 있다.

조의 현재 성찰: 슈퍼바이저는 같은 행동을 지속하였고 이것이 계속해서 나를 자극했습니다. 나의 과거를 생각해 보니, 그가 나의 발작 버튼을 누르는 데 능숙하다는 것이 이해되었습니다. 그래서 내가 뭔가 잘못된 게 틀림없다고 생각하며 신경질적으로 반응하던 것을 하지 않게 되었죠. 실질적으로 가장 도움 된 것은 호흡과 마음챙김 연습이었습니다. 위협 시스템이 활성화되는 것을 더 잘 알아차리게 되어 호흡을 통해 다시 중심을 잡을 수 있었고 그래서 내담자와 가족에게 더 머무를 수 있었습니다.

예시: 에리카의 도전적인 문제 다시 보기

에리카는 어머니가 돌아가신 후 6개월 동안 힘든 시기를 보냈고, 이후 SP/SR 프로그램을 시작하기로 결정했다. 에리카는 어머니가 돌아가신 후 처음 몇 달 동안 압도적인 슬픔에 시달리며 직장을 장기간 쉬고 사회활동으로부터 철수되어 있었다. 시간이 지나면서 슬픔이 누그러지긴 했지만 여전히 일상으로 복귀하는 데 어려움을 겪고 있었고 극심한 슬픔 시기에 중단했던 활동들을 재개하지 못했다. 가장 문제가 되는 것은 일에 대한 열정이 매우 컸음에도 불구하고 아직 의욕이 돌아오지 않았고 대신에 은퇴에 대한 환상을 품고 예전만큼 내담자에게 몰입과 헌신을 느끼지 못한다는 자책감을 경험한다는 것이다.

에리카의 현재 성찰: 나의 문제와 관련하여 세 가지 원에 대해 생각해 보는 것은 흥미로웠습니다. 가장 힘든 감정은 슬픔이었는데, 이 감정은 세 원에 깔끔하게 들어맞지 않아요. 하지만 어머니가 돌아가신 이후로 제 추동 시스템이 제대로 작동하지 않았다는 것을 알 수 있었고, 더 이상 슬퍼하지 않지만 어머니가 돌아가셨을 때(2년 전 저의 이혼과 함께) 나에게 안전하고 도움이 되었던 많은 것을 잃었다는 것을 알게 되었습니다. 그러다 보니 회피하는 일이 많아졌고, 나를 설레게 했던 인간관계에 대한 투자도 줄어든 것 같아요. 이 프로그램을 통해 이 모든 것이 어떻게 작동되는지 이해하게 되었고, 그리고 그것이 내 잘못이 아니라는 것도 알게 되었습니다. 프로그램은 내가 움직여야 할 필요가 있다는 것을 말해 주었으므로, 얼마간 행동 활성화 접근을 경험하였습니다. 그래서 나는 행동 활성화 방법을 알게 되었고 파티마와의 공동 치료가 정말 도움이 되었습니다. 파티마에게 도움이 되고 있다는 느낌과 우리 사이에 진정한 호감이 오가는 것을 느낄 수 있어서 정말 즐거웠어요.

〈연습〉 나의 도전적인 문제 다시 살펴보기

다시 한번, 방해받지 않는 조용하고 편안한 장소에서 차나 커피를 마시면서 연습하는 시간을 마련해 보라. 이제는 이러한 제안이 안전 시스템을 작동시키는 데 도움을 주기 위한 것이며, 이것이 위협 시스템의 좁은 시각이 아닌 유연하고 성찰적인 방식으로 문제에 접근하는 데 도움이 된다는 것을 알 수 있을 것이다. 그러니 편안히 앉아서 긴장을 풀고 진정 리듬 호흡을 하며 잠시 시간을 보내고, 준비되면 모듈 1로 돌아가서 확인한 도전적인 문제에 대한 설명을 다시 읽어 보라. 그 문제를 떠올린 후에 그러한 문제 혹은 어려움이 현재 당신의 삶에서 어떻게 경험되는지 생각해 보는 시간을 가져 보라. 이 문제를 이해하는 방식에 변화가 생겼는가? 당신의 과거와 우리 두뇌의 까다로운 작동 방식을 고려할 때 이 문제로 어려움을 겪는 것이 어떻게 이해되는가? 이 문제와 관련하여 경험하는 자기 자신의 방법에 변화가 생겼는가? CFT에 대해 배운 내용이 이 문제와 이 문제의 어려움을 겪었던 자신의 경험에 어떤 영향을 미쳤는지 생각해 보자. 프로그램의 어떤 측면이 도움이 되었는가? 그 과정에서 어떤 장해물이 있었는가? 그러한 장해물을 어떻게 대처했는가?

도전적인 문제 다시 살펴보기

자기성찰 질문

설문지의 중간 평가에 대해 어떻게 생각하나요? 변화 혹은 변화의 부족에 대해 어떻게 느끼나요? 자신의 기분이 어떻게 달라졌나요? 자신의 기분에 대해 어떻게 느끼나요?

도전적인 상황이나 어려운 문제를 되돌아보면서 어떤 경험을 했나요? 모듈 1의 성찰과 어떻게 다른가요?

도전적인 문제를 재검토하면서 어려움이나 장해물이 있었나요? 그렇다면 이러한 장해물을 어떻게 이해하나요? 당신이 그런 장해물을 가지고 있다는 것이 이해되나요?

당신의 경험으로부터 배운 것이 내담자와의 작업할 때 어떤 도움이 될까요?

이 모듈에 대한 경험이 CFT 모델에 대한 이해 및 적용 방법과 어떻게 관련되나요?

Part Ⅱ
자비로운 존재 방식 계발하기

모듈 18

다양한 버전의 자기: 위협 기반 자기

정서신경과학 연구는 인간과 다른 동물들에게서 기본적인 정서 조절 시스템이 진화해 온 것을 확인해 왔다(예: Panksepp & Biven, 2012; LeDoux, 1998). 행복, 두려움, 화, 평화로움 같은 다양한 감정 상태에 있을 때, 마치 다른 버전의 내가 나타난 것 같이 느껴지는 것을 알 수 있다. 우리들 대부분은 화 나거나 우울할 때 어떻게 행동했었는지 되돌아보며 자신이 생각하는 자신과 너무 달라서 민망함을 느끼는 자신을 발견할 수 있을 것이다. 이것은 혼란스럽고 고통스러워서 종종 자기비난의 토대가 될 수 있다. 하지만, CFT 관점에서 이러한 경험은 완벽히 이해된다. CFT에서 중요한 주제는 진화된 정서와 동기가 우리의 마음과 신체를 매우 다른 방식으로 구성하며, 다양한 형태의 주의, 사고, 추론, 심상 이미지, 정서적 경험, 동기 및 행동을 유발한다는 것이다(Gilbert, 2009, 2010). 이러한 복잡한 상호작용은 CFT에서 종종 [그림 M18-1]과 같이 '거미 다이어그램(spider diagrams)'으로 묘사된다.

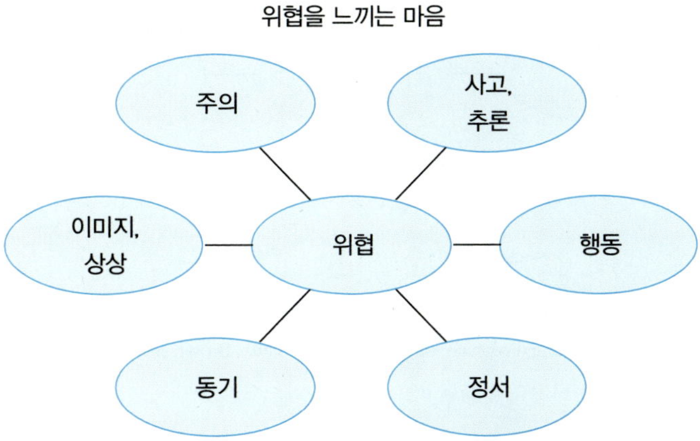

[그림 M18-1] **위협이 우리의 경험을 조직화하는 방법**

Gilbert(2009). 『자비로운 마음(The Compassionate Mind)』에서 발췌. Little, Brown Book Group의 허가를 받아 재인쇄됨.

CFT에서는 이러한 복잡한 정신적 과정의 상호작용에 의해 생성된 경험의 구성을 '다중 자기들'이란 언어로 표현한다. 예를 들어, "어젯밤은 당신의 화난 자기가 주도권을 잡고 있었던 것처럼 들리네요."라고 말할 수 있다. 다양한 정서와 동기 상태가 우리 안에서 경험 패턴을 강렬하게 구성할 수 있다는 관찰은 우리가 어떻게 혼란스러운 느낌, 생각, 행동 패턴에 휘말릴 수 있는지 이해하는 데 도움을 주므로, 우리에게 자비계발이 중요하다. CFT는 또한 사회적 정신화(social mentalities)*의 개념을 논하고 있다. 즉, 사회적 정신화는 우리가 다른 사람들과 어떻게 관계를 맺고 경험하는지, 그리고 때로는 우리 자신과 어떻게 관계를 맺는지를 구성하는 기본적인 동기(예: 돌봄, 경쟁, 방어, 자비)에 기반하는 관계적 지향성이다(Gilbert, 2010). 감정과 동기와 마찬가지로 이러한 사회적 정신화는 매우 다양한 방식으로 우리의 경험을 조직화할 수 있다. 예를 들어, 경쟁적인 관점, 방어적인 관점, 돌보는 관점 중 어느 관점을 취하는지에 따라, 다른 사람들을 경험하는 방식에 차이가 있음을 생각해 보라. 당신의 마음과 정서를 구성하고 있는 정신화에 따라서, 다른 사람들에게 관심을 기울이고, 그들에 대해 생각하고, 마음속에서 그려 보고, 그들을 느끼고 치료하려는 동기가 생기고, 그들에 대한 태도가 얼마나 달라지는지 상상할 수 있겠는가?

그러한 정서와 동기 상태가 우리의 마음을 구성하는 강력한 방식을 이해하면 내담자들이 그들 자신의 어려움에 더 자비롭게 이해하도록 도울 수 있다. "아……. 그래서 그

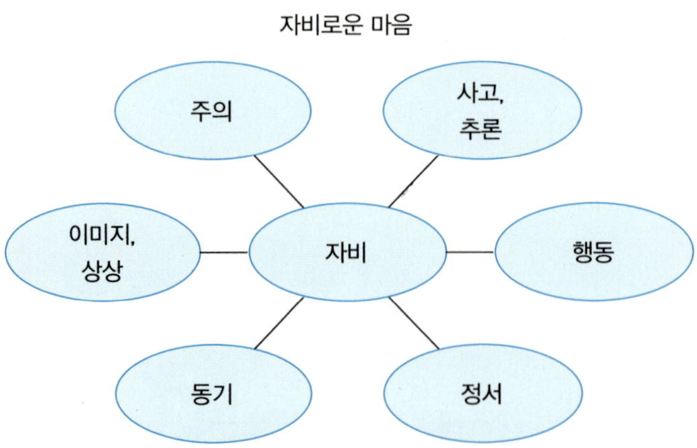

[그림 M18-2] **자비가 우리의 경험을 조직화하는 방법**

Gilbert(2009). 『자비로운 마음(The Compassionate Mind)』에서 발췌. Little, Brown Book Group의 허가를 받아 재인쇄됨.

*역자 주: 사회적 관계에서 관점(자세)에 따라 마음의 요소들(동기, 주의, 정서 등)이 수레바퀴처럼 하나의 '틀'로 작동됨을 의미함.

감정들이 일어났을 때 내가 그렇게 생각하고, 느끼고, 행동했구나." 그것은 고통스러운 상황에서 고군분투했던 자기 버전에 대해 자비를 가지도록 기회를 만들어 준다. 그것은 또한 내담자와 우리를 앞으로 나아가게 해 준다. 비록 우리는 이러한 다양한 정서, 동기 그리고 사회적 정신화가 우리의 마음을 구성하는 방식을 선택하거나 통제할 수 없지만, 우리가 의도적으로 여러 가지 동기를 계발하고, 자신 및 타인과 관계 맺는 방식을 계발하도록 선택할 수는 있다. 따라서 CFT는 우리 자신과 내담자의 고통을 효과적으로 다루는 데 특히 도움이 될 수 있는 방법으로 우리를 조직화하기 위해 자비로운 동기와 정신화를 함양하고 강화하는 데 초점을 맞추고 있다([그림 M18-2]를 보라).

다음 몇 가지 모듈에서는 이러한 다양한 관점을 탐색하도록 도움을 주는 데 초점을 맞춘다. 이 모듈에서는 당신에게 위협감(예: 분노, 불안, 두려움) 또는 위협에 기반을 둔 사회적 정신화(예: 방어성)를 경험했던 당시를 회상하도록 요청하고 그러한 반응이 어떻게 당신의 마음을 구성했는지 탐구할 것이다. 그리고 모듈 19에서는 동일한 상황에서 자비가 어떻게 이러한 것들을 다른 방식으로 구성했는지 상상해 볼 것이다. 조의 예시로 시작해 보자.

예시: 조(Joe)의 성찰

상황에 대해 간략하게 설명해 주세요.

이틀 전 저녁, 저는 직장에서 정말 짜증 나는 하루를 보내고 집에 왔습니다. 맥주를 가지고 막 자리에 앉아 약간의 휴식을 취하려고 하는데, 그웬(Gwen)이 다가와 "오늘 하루는 어땠어?"라고 명랑하게 물었죠. 저는 그녀의 말에 "어땠을 것 같아? 아주 훌륭했어. 멋진 직장에서 매일매일이 다 좋았던 것처럼. 빨리 일하러 가고 싶어. 물어봐 줘서 고마워."라며 심술궂게 빈정댔어요. 그녀는 조용히 저녁 내내 저를 피했죠.

당신에게 나타난 정서나 동기는 무엇이었나요? 거미 다이어그램을 그려 본다면, 다이어그램의 중간에는 무엇이 들어갈까요?

저는 확실히 짜증 났고, 어쩌면 심지어 화가 났을 수도 있어요. 아무튼 확실히 짜증이 났어요.

그때 어떤 정서나 신체 경험을 알아차렸나요?

저는 짜증이 났고, 그것을 온몸으로 느낄 수 있었어요. 그녀가 저의 하루에 대해 묻자마자, 몸에서 특히 복부, 목, 이마가 긴장된 것을 느꼈어요. 저는 어금니를 꽉 물었고 그 짜증 나는 에너지를 느낄 수 있었어요.

알다시피, 그 순간에 할 수 있는 최악의 행동이라는 것을 알면서도 그녀에게 확 터트리고 싶은 강한 동기를 느꼈어요. 그리고 그것은 도움이 되지 않을 거라는 제 생각이 맞았죠. 그 긴장감은 그날 밤 내내 저를 떠나지 않았어요.

그 상황에서 당신의 주의는 어디에 집중되어 있었나요? 넓게 분산되어 있었나요, 아니면 좁게 집중되어 있었나요?

아내와 상호작용을 하는 동안, 하루가 얼마나 끔찍했는지, 그녀가 그것을 어떻게 알았는지, 그리고 그녀의 말하는 방식에 짜증 나는데 주의가 좁게 맞추어져 있었어요. 나중에도 여전히 주의는 협소한 상태였지만 아내에게 어떻게 말했는지에 관한 끔찍한 느낌에 초점이 맞추어졌어요.

그 경험을 하는 동안 떠오른 생각과 추론에 대해 적어 봅시다. 어떤 생각을 했나요? 생각이 협소하고 반추적이었나요, 아니면 개방적이고 성찰적이었나요?

저의 생각은 협소하고 반추적이어서 같은 것에 대해 계속해서 생각하면서 마음을 졸였어요. 아내는 제가 직장 생활에 힘들어하는 것을 알고 있을 텐데, 하루가 어땠냐고 물어보는 것이 속을 긁는다는 생각이었죠. 애초에 제가 그 일을 하도록 부추긴 것도 아내라는 생각에 너무 화가 났었어요. 그렇지만 그후에는 제가 얼마나 잘못 대응했는지, 그저 저를 도와주고 격려해 주려고 노력하는 아내에게 잔소리를 한 제가 얼마나 끔찍한 남편인지에 대해 계속 생각했어요. 사과하고 싶었지만, 아내가 꺼지라고 할까 봐 두려웠어요.

그 경험을 하는 동안 머릿속에 어떤 이미지가 떠올랐나요? 어떤 이미지나 시나리오가 떠올랐나요?

우리가 대화할 때 어떤 이미지가 떠올랐는지는 모르겠지만, 그 후에 많은 것들이 있었어요. 처음에는 그녀가 저에게 계속 질문하는 모습이 반복해서 떠올랐고, 그녀가 이직을 권유하던 모습이 기억났어요. 나중에는 상호작용하면서 아내에게 심술궂게 대하는 제 모습이 마치 영화처럼 반복해서 떠올랐어요. 또 아내가 참는 건 여기까지며 아이들을 데리고 이사 나가겠다고 말하는 상상도 했어요. 정말 끔찍했어요. 전 언젠가 아내와 헤어질까 봐 두려운 것 같아요.

당신의 동기는 무엇이었나요? 무엇을 하고 싶었나요?

글쎄요, 그 상황에서 분명히 아내에게 화를 내고 싶었고 그렇게 했어요. 그 후에는 집을 떠나고 싶기도 하고 또 아내에게 사과하고 싶기도 했다는 것을 알게 됐어요.

당신의 행동은 어땠나요? 무엇을 했나요?

그 상황에서 제가 한 행동은 이미 설명했고, 그 후에는 서재로 숨어버렸어요. 저는 저녁 내내 의자에 앉아 컴퓨터 게임을 하면서 부끄럽고 걱정스러운 마음이었어요. 그리고 아내가 침대에 누워 잠든 것 같다는 생각이 들자, 저도 옷을 갈아입고 최대한 조용히 침대로 들어갔어요.

돌이켜 보면, 그 경험이 어떻게 느껴지나요?

정말 후회스러웠죠. 다음날은 상황이 나아졌지만, 그것은 아내 덕분이었죠. 아침에 아내는 저에게 약간의 거리를 두었지만, 여전히 친절했고 저를 싫어하는 것 같지도 않았어요. 그녀는 정말로 저에게 과분해요. 전 그녀를 다시는 그런 식으로 대하고 싶지 않아요.

이제 연습을 해 보자. 비교적 최근의 위협 경험 중 아직 기억이 생생한 것을 골라 보자. 방금 조가 답변한 것을 고려하여, 잠시 시간을 내서 그런 위협 상황과 그 상황과 관련하여 당신의 마음과 몸, 행동이 어떤 방식으로 나타났는지에 대해 생각해 보라. 마지막으로, 이러한 어려운 상황과 그로 인해 자신에게 촉발된 경험을 되돌아보며 어떤 기분이 드는지 생각해 보라.

〈연습〉 위협이 어떻게 우리의 몸과 마음을 조직하고 구성하는지 살펴보기

이 연습에서는 위협적인 반응이나 동기를 유발한 최근의 경험을 떠올려 보고, 당신의 마음을 조직하는 반응 방식에 대해 살펴보자.

상황에 대해 간략하게 설명해 주세요.

당신에게 나타난 정서나 동기는 무엇이었나요? 거미 다이어그램(spider diagram)을 그려 본다면, 다이어그램의 중간에는 무엇이 들어갈까요?

그때 어떤 정서나 신체 경험을 알아차렸나요?

그 상황에서 당신의 주의는 어디에 집중되어 있었나요? 넓게 분산되어 있었나요, 아니면 좁게 집중되어 있었나요?

그 경험을 하는 동안 떠오른 생각과 추론에 대해 적어 봅시다. 어떤 생각을 했나요? 생각이 협소하고 반추적이었나요, 아니면 개방적이고 성찰적이었나요?

그 경험을 하는 동안 머릿속에 어떤 이미지가 떠올랐나요? 어떤 이미지나 시나리오가 떠올랐나요?

당신의 동기는 무엇이었나요? 무엇을 하고 싶었나요?

당신의 행동은 어땠나요? 무엇을 했나요?

돌이켜 보면, 그 경험이 어떻게 느껴지나요?

자기성찰 질문

이 모듈에서 경험한 것을 떠올려봅시다. 위협 기반 정서나 동기가 당신의 마음을 조직하고 구성한 방식을 성찰하면서 무엇을 알아차렸나요? 어떤 정서와 신체 경험이 나타났나요?

어떤 장해물이나 저항이 있었나요? 만약 있었다면, 그것을 어떻게 이해하고 작업했나요?

여러분의 정서와 동기에 대해 생각하는 방법으로 거미 다이어그램을 사용하는 것이 유용했나요?

거미 다이어그램을 내담자와 함께 사용해 볼 생각이 있나요? 만약 그렇다면, 어떻게 그것을 활용할 건가요?

모듈 19
자비로운 자기 계발하기

책의 나머지 부분은 다양한 경험 및 정서와 관계를 맺는 자비로운 방법을 계발하는 데 중점을 두었다. CFT에서 자비의 계발은 적용할 기술로써 접근하는 것이 아니라 계발하는 적응적인 삶의 방식이라는 점을 기억하는 것이 중요하다. 점점 더 많은 연구들을 통해 자비 명상과 자비로운 삶의 방식이 불안 우울, 스트레스 호르몬, 염증의 감소와 면역계 기능 향상의 긍정적인 결과와 관련되고 있음이 입증되고 있다(Frederickson, Cohn, Coffee, Pek, & Finkel, 2008; Pace et al., 2009; Pace et al., 2013; Neff, Kirkpatrick, & Rude, 2007); 그 외 공감 증진(Mascaro, Rilling, Negi, & Raison, 2013; Hutcherson, Seppälä, & Gross, 2015); 정서 조절의 개선(Lutz, Brefczynski-Lewis, Johnstone, & Davidson, 2008; Kemeny et al., 2012; Jazaieri et al., 2013; Desbordes et al., 2012); 친사회적 행동(Leiberg, Limecki, & Singer, 2011); 사회적 연결성 경험의 증가(Hutcherson, Seppälä, & Gross, 2008), 웰빙(Neff, 2011); 그리고 탄력성(Neff & McGehee, 2010)이 포함된다. 또한 이러한 이점은 직장에서 조직의 직무 수행, 직원 생산성, 직원 참여의 향상도 포함한다(Cameron, Mora, Leutscher, & Calarco, 2011)(이 문헌의 훌륭한 요약본은 Seppälä, 2016을 보라). 따라서 이 모듈에서는 당신과 당신의 내담자가 고통과 삶의 투쟁에 대해 친절하고 용감하게 작업하는 데 도움이 되어 줄 자비로운 정신적 속성(mental attributes)을 발달시킬 수 있도록, 자비로운 버전의 자기계발을 위한 골조 역할을 해 줄 연습을 소개한다.

자비로운 자기연습: 자비 계발을 위한 행동 접근

이전 모듈에서 위협 관련 정서, 동기, 그리고 사회적 정신화가 어떻게 당신의 경험을 조직할 수 있는지를 탐색하였다. 본 모듈에서는 자비로운 동기를 계발함으로써 당신의 경험이 어떻게 조직될 수 있는지 숙고할 것이다. 자비로운 자기연습은 CFT에서 분리된 기술이 아니라 모든 자비로운 마음훈련 연습을 위한 골조를 제공한다.

내담자 그리고 아마도 우리 자신의 자기연습에서도 나타나는 흔한 장해물은 위협 관련 주의에 갇혀 버려 자비로운 관점이 어떤 것인지 상상할 수 없는 것이다. 또 다른 장해물은 현재 우리 자신에 대한 경험과 거리가 멀어서 자비롭게 반응하는 것을 상상할 수 없다는 것이다. 이러한 장해물들의 빈도를 고려해서, CFT는 지혜롭고 강인하고 돌보는 버전의 우리, 즉 자비로운 자기를 발달시키기 위한 행동 접근을 사용한다. 자비로운 자기연습의 목표는 자비가 가능한지 불가능한지 또는 연습과 관련한 자비로운 속성들을 우리가 갖고 있다는 느낌이 드는지 안 드는지 여부를 떠나, 우리 자신 혹은 상황에 대한 판단을 내려놓는 것이다. 대신에, 우리는 배우들이 역할, 캐릭터, 또는 동기 부여에 몰입하기 위해 사용하는 접근을 따른다. 비록 배우들이 때때로 자신이 느끼는 것과 상당히 비슷하거나 적어도 익숙한 역할을 맡기도 하지만, 종종 그들 자신이 생각하는 자신과 전혀 다른 역할을 연기하도록 요청받기도 한다. 배우들이 다양한 역할을 소화하기 위해 사용하는 기술들을 고려해 보자. 때때로 배우들은 자신이 그 캐릭터처럼 느껴졌거나 그들이 연기하는 캐릭터와 비슷한 경험을 했던 때의 기억을 활용하기도 한다. 또한 배우들은 이 캐릭터가 다양한 상황에서 어떻게 생각하고 느끼고 행동할지 연구하거나 상상하면서 시간을 보낼 수도 있다. 그들은 연기할 배역과 비슷한 특성을 가진 사람들을 관찰하는 데 시간을 쓸 것이고, 이를 통해 캐릭터의 특정한 속성(예: 목소리 톤, 얼굴 표정, 자세, 몸짓)을 구현하려고 노력하면서 연습할 것이다.

따라서 우리가 자비로운지 아닌지를 고려하기보다는 자비로운 존재를 연기하는 배우처럼, 만약 우리가 여러 가지 자비로운 속성을 가지고 있다면 어떨지 그리고 자비로운 관점에서 어떻게 생각하고, 느끼고, 주의를 기울이고, 행동할지를 상상한다. 다음 연습을 할 때, 이 자비로운 자기가 평소에 경험하는 자신의 방식과 다르더라도 걱정하지 말라. 그저 만약 당신이 이러한 자질들을 가지고 있다면 어떤 모습일지, 어떻게 느끼고, 생각하고, 행동하도록 동기를 부여하고 실제 행동할지를 상상해 보라.

만약 산만한 생각에 사로잡히거나 저항에 부딪혀 어려움을 겪고 있다면, 그러한 경험과 자비롭게 관계 맺을 수 있는지 보라: "이것은 쉽지 않아. 배우는 동안 힘든 것은 당연한 거야. 내담자들이 이 연습을 하면서 겪을 고충들을 깊이 이해하는 데 도움 될 거야." 그런 다음 이러한 자비로운 자질들을 갖는다면 어떠할지 부드럽게 상상해 보라. 어떤 사람들은 몸과 다시 연결하는 것에서부터 시작하는 것이 도움 된다고 느낀다. 예를 들어,

자비로운 표정(예: 친절한 반쪽 미소)을 짓고, 강하고 친절하며 지혜롭고 자비로운 존재일 때 내 몸이 어떻게 느낄지 상상해 보는 것이다. 어떤 CFT 치료자는 내담자에게 자비로운 자기의 역할을 맡아 일어나서 방을 돌아다니며 이러한 자비로운 자기의 버전이 어떻게 느끼고 걷고 상호작용할지 상상하도록 요청하기도 한다. 핵심은 당신이나 내담자에게 잘 맞는 방식을 찾는 것이다. 이는 자비로운 관점의 상상과 내면화를 시작하게 해 준다. 한 번 해 보자.

〈연습〉 자비로운 자기연습

이 연습에서는 자비, 친절, 지혜, 자신감, 그리고 용기로 가득 찬 자비로운 사람이 되면 어떨지 상상해 볼 것이다.

진정 리듬 호흡으로 몸을 푸는 것부터 시작하자. 머리를 곧추세우고 기품 있는 자세로 편안한 위치에 앉아, 1~2분간 호흡을 늦추고 4~5초간 들숨과 날숨을 뱉어 보라. 몸을 느리게 하고 마음을 느리게 하는 느낌에 주의를 집중해 보라.

정상적이고 편안한 호흡 리듬으로 돌아오도록 허용하면서 몸이 힘과 활력으로 가득 차 있다고 상상해 보라. 친절하게 옅은 미소를 지으며 자신이 매우 친절하고 지혜롭고 자신감 넘치는 자비로운 존재로 보여질 수 있도록 해 보자. 1~2분 정도 시간을 내어 자신의 몸이 이런 상태로 유지되도록 하면서 사려 깊은 자비로운 존재로서 자신의 느낌, 모습, 목소리까지 상상해 보라.

이제 우리는 특정한 자비로운 자질들을 갖는다는 것이 어떤 것인지 상상해 볼 것이다.

- 먼저, 자신과 타인의 고통을 완화하고 방지할 뿐만 아니라 자신과 타인이 행복한 삶을 살 수 있도록 돕고자 하는 깊은 열망, 즉 돕고자 하는 돌봄 동기로 가득 차게 되면 어떠할지 상상해 보자. 원한다면 이러한 돌봄 동기가 당신의 심장, 맥박 수준에서 일어나고 점점 자신과 타인에게 도움이 되고자 하는 소망이 커져서 빛이나 색으로 몸 전체가 가득 차게 되는 것을 상상해 볼 수 있다.
- 그런 다음, 이러한 돌봄 동기와 함께 당신이 지혜의 경험으로 가득 채워진다고 상상해 보자. CFT에서 지혜는 다양한 측면이 있다. 하나는 진화 모델로, 우리가 선택하지 않았지만 다양한 생각, 느낌, 그리고 충동을 일으키는 몸과 뇌를 가진 존재라는 것을 자비로운 자기로서 이해하는 것이다. 여기서 지혜는 우리 모두가 인생에서 상당 부분 우리가 선택하거나 통제할 수 없는 것들에 의해 조성된다는 것을 이해하는 것과 관련된다. 또한 지혜는 경험 및 상황을 다른 관점에서 볼 수 있는 능력을 가져다준다. 어려움이 닥쳤을 때, 지혜롭고 자비로운 자기는 그것에 대해 깊이 들여다보고

어려움을 일으키고 유지하는 원인과 조건들을 이해할 수 있다. 인생의 어려움에 직면할 때 삶의 경험과 직관적인 지혜를 바탕으로 유연하게 생각할 수 있다고 상상해 보라.

- 이제, 돌보는 동기와 지혜를 가지고 오만함이 아니라 "내 마음이나 삶에서 어떠한 일이 일어나든지 이것을 다룰 방법을 찾을 수 있다"는 깊은 신념과, 용기, 그리고 고통을 완화하고 막으려는 굳건한 의지가 내면에서 일어난다고 상상해 보라. 미래의 자비로운 자신을 믿고 무엇을 마주하든 다루어 나갈 수 있고 필요할 때 도움을 구할 수 있으며, 힘든 감정과 상황에 맞설 수 있는 용기와 할 수 있다는 확신으로 가득 차서 자신을 두렵게 하는 장애물이나 싫어하는 자신까지도 깊이 들여다보는 용기 있는 모습을 상상해 보라.
- 친절, 지혜, 용감한 헌신, 그리고 자비로 가득 차 있는 매우 자비로운 존재로서 어떻게 느끼고, 생각하고, 행동할지 잠시 상상해 보라. 당신의 동기는 어떠할 것 같은가? 당신 안에서 어떠한 이해가 일어날 것 같은가? 당신의 몸은 어떻게 느낄 것 같은가? 만일 어떤 어려움, 고통이나 장해물이 일어난다면, 그것들과도 친절하고 자비롭게 관계 맺을 수 있을지 살펴보라: "아……. 이건 어려워……. 그럴 만도 하지. 자비의 입장에서 이 장해물을 어떻게 이해할 수 있을까? 어떻게 하면 계속 나아갈 수 있도록 스스로를 격려할 수 있을까?

조의 연습이 어떻게 진행되는지, 그의 성찰을 살펴보자.

예시: 조(Joe)의 성찰

우선, 연습해 본 경험이 어떠했나요? 무엇을 알게 되었나요?

전반적으로 좋았습니다. 처음에는 적응하기 힘들었지만, 몸이 어떻게 느낄지에 집중한 것이 도움 되었습니다. 그런 자질들을 가지면 어떨지 생각해 보는 것도 좋았고, 비록 지금은 그런 자비로운 모습과 거리가 있지만, 직장에서 그리고 특히 가족과 함께 집에서 되고 싶은 내 모습에 훨씬 더 가까워진 것 같아요.

연습을 하면서 어떤 장애물 또는 저항이 일어났나요? 그 연습에서 마음에 들지 않았거나 유익함을 방해했던 것들이 있었나요?

처음에는 "오, 이제 정말 자비로워졌다고 상상할 거야."라는 것이 약간 인위적으로 느껴졌어요. 하지만 지시문을 따라가면서 약간 감을 잡을 수 있게 됐습니다. 몇 번씩 산만해져서 조금 좌절감을 느끼기도 했지만, 다시 집중할 수 있었어요. 저에게 가장 큰 어려움은, 지시문이 도움이 되었지만 약간 모호하게 느껴지기도 했다는 거예요. 연관되는 상황 없이 친절함으로 가득 차 있거나, 또는 현명해지거나, 자신감을 갖는 것을 상상하기 어려웠습니다. 그러나 다시 말하지만, 몸에 초점을 맞추면 조금 더 확고한 뭔가를 붙잡을 수 있어서 도움이 되었습니다.

당신을 자비로운 관점과 연결하고 이것을 자신에게 더욱 심화시키는 데 도움이 되었던 유용한 방법은 무엇이라고 생각하나요?

제 생각에 가장 중요한 것은 집중할 수 있는 상황을 만드는 것입니다. 각각의 자질들을 특정한 상황에 적용하는 것이 어떤 느낌일지 상상해 보는 것이 유용할 것 같습니다. 그러면 모호하게 느껴지지 않을 것 같아요.

조의 안내에 따라, 당신에게 자비로운 자기연습이 어땠는지 잠시 숙고해 보라: 연습에서 어떤 게 좋았고, 어떤 장애물이 있었으며, 향후 자비로운 관점과 연결되는 데 무엇을 고려하는 것이 도움 될지 숙고하라.

〈연습〉 나의 자비로운 자기연습 성찰하기

우선, 연습해 본 경험은 어떠했나요? 무엇을 알게 되었나요?

연습을 하면서 어떤 장해물 또는 저항이 일어났나요? 그 연습에서 마음에 들지 않았거나 유익함을 방해했던 것들이 있었나요?

당신을 자비로운 관점과 연결하고 이것을 자신에게 더욱 심화시키는 데 도움이 되었던 유용한 방법은 무엇이라고 생각하나요?

앞에서 언급한 것처럼, 자비로운 자기를 발달시키는 목표 중 하나는 당신이 계발할 다른 자비 기술을 위한 골조를 마련하는 것이다. 어떤 연습에도 마법 같은 것은 없으며, 이 연습도 예외는 아니다. 핵심은 이 자비로운 마음가짐으로 반복해서 전환하여, 점차적으로 자비로운 동기와 그에 따른 감정, 생각, 행동 방식을 심화시키는 것이다. 이러한 역할을 반복해서 수행함으로써, 자비로운 마음이 자연스럽게 느껴지도록 도와주는 정신적 습관(그리고 여기에 기반하는 신경 구조)을 발달시켜, 자비로운 자기와 일상에서 경험하는 방식의 격차가 점차 줄어들 것이다.

당신은 성찰하는 과정에서 몇 가지 장해물이나 도전 과제를 알게 되었을 것이다. 그래서 성찰하고 연습 경험을 심화할 수 있는 방법을 고려하는 것이 중요하다. 우리는 당신이 기술(매번 똑같은 단어/문법을 사용하는 것)보다 과정(마음속에 자비로운 정신 상태를 만들어 내는 과정)에 집중하길 바란다. 따라서 연습과 연습 경험에 익숙해지면 자비로운 느낌과 생각에 도움이 되는 측면과 도움 되지 않거나 방해될 수 있는 부분을 탐색하고 발견하면서 조금씩 실험해 보는 것을 두려워하지 않기를 바란다.

자기성찰 질문

이 연습이 어떠했나요? 당신의 어떤 부분 또는 내부의 목소리가 의문을 제기하지는 않았나요? 만약 그랬다면, 그들이 뭐라고 했나요? 그리고 그 목소리에 어떻게 대처했나요?

당신의 경험이 내담자의 자비로운 자기를 촉발하는 방법에 대한 시사점을 담고 있나요? 접근 방식에 의문을 가지거나, 자비로운 자기로 참여하기를 어려워하는 사람들을 도울 수 있는 말이나 방법은 무엇인가요?

모듈 20
행동하는 자비로운 자기

우리는 앞 모듈에서 다양한 자비로운 자질로 채워지는 것이 어떨지 상상하는 것을 연습했다. 당신은 조가 그의 성찰 과정에서 여러 가지 자비로운 자질과 관련한 구체적인 상황 없이 연습하는 것이 다소 모호하게 느껴지는 것을 장해물로 지적한 것을 기억할 것이다. 이것은 상당히 흔한 경험일 것이다. 이러한 자질들이 적용되는 상황이 없다면, 보살핌, 지혜, 강인함과 헌신 같은 것들을 상상하기란 어려울 수 있다. 그러면 조의 경험에서 교훈을 얻어 모듈 18에서 살펴보았던 삶의 도전에 대해 자비로운 자질들을 적용할 수 있는 구체적인 연습 방법을 모색해 보자.

이 연습은 모듈 19에서 설명한 자비로운 자기연습을 활용하여 자비로운 자기의 마음가짐(mindset)으로 다시 연결하는 것이다. 그다음에는, 당신의 자비로운 자기가 되어 보살피고, 지혜롭고, 용기를 지닌 자비로운 자기의 관점에서 모듈 18의 힘든 문제를 어떻게 경험하고 대할지 상상해 볼 것이다. 그러기 위해 당신이 원하는 만큼 시간을 할애할 수 있지만, 여기서 핵심은 시간의 양이 아니라 당신이 그러한 자비로운 자질로 가득 차면 어떠할지를 상상하면서 몸과 마음에서 자비로운 자기를 느끼는 경험을 하는 것이다.

이러한 연습이 조의 예에서 어떻게 나타나는지 살펴보자.

예시: 조(Joe)의 연습 성찰

상황을 간략하게 설명해 주세요.

이틀 전 저녁, 저는 직장에서 정말 짜증 나는 하루를 보내고 집에 왔습니다. 맥주를 가지고 막 자리에 앉아 약간의 휴식을 취하려고 하는데, 그웬(Gwen)이 다가와 "오늘 하루는 어땠어?"라고 명랑하게 물었죠. 저는 그녀의 말에 "어땠을 것 같아? 아주 훌륭했어. 멋진 직장에서 매일매일이 다 좋았던 것처럼. 빨리 일하러 가고 싶어. 물어봐 줘서 고마워."라며 심술궂게 빈정댔어요. 그녀는 조용히 저녁 내내 저를 피했죠.

그 상황이 당신에게 얼마나 힘들었는지 보고, 투쟁 버전의 당신에 대해 자비롭게 되돌아보는 것이 가능한지 살펴보세요. 잠시 시간을 가지면서 진정 호흡을 하거나 이전 모듈에서 배운 자비로운 자기연습을 다시 해 볼 수도 있습니다. 이렇게 보살피고 이해하는 자비로운 관점에서, 투쟁하는 버전의 자기 자신을 보니 어떻게 느껴지나요? 당신은 그녀 또는 그를 이해할 수 있나요?

흠. 좀 이상한 질문이네요. 나도 투쟁하는 그, 아니 내가 안쓰러워요……. 그러니까 저는 그냥 녹초가 됐어요. 직장에서 끔찍한 하루를 보낸 후에 긴장을 풀려고 그냥 앉아 있었어요. 저는 아내가 그저 저에게 친절히 대해 주려 했다는 것을 알지만, 그때 저는 그럴 준비가 되지 않았어요. 그냥 긴장을 풀기 위한 저만의 공간이 필요했어요. 아내에게 쏘아붙였지만……. 그녀에게 그런 식으로 대하고 싶지 않았기 때문에 속상했어요. 아내에게 상처를 주고 싶지 않았고, 그저 혼자만의 시간이 갖고 싶었을 뿐이에요.

당신 스스로에 대해 알고 있는 정보와 이전 경험을 고려했을 때, 그렇게 반응한 것이 이해가 되나요? 당신의 반응을 판단하기보다 이해하려고 노력해 봅시다.

예, 이해되지요. 당신도 알다시피 방금 작성한 글인데도 불구하고, 어쩌면 아내에게 시비를 걸고 싶었던 것 같아요. 화가 났거든요. 그녀는 너무 낙관적이어서 지금 내가 직장 생활이 힘들고 매일매일 비참하다는 것을 완전히 외면하는 것처럼 느껴지거든요. 물론 아내가 좋은 뜻으로 내 기분을 북돋아 주려고 한 것을 알지만 그런 식으로 다가오니까 기분이 꽤 안 좋았어요. 그녀가 기분 좋게 사기를 북돋으려고 다가오면 제가 화를 내고, 또 그녀가 힘들어하면 제가 걱정하니까 이러지도 저러지도 못해서 아내가 분명 힘들 거예요. 우리가 기대했던 방향으로 일이 풀리지 않는 것이 아내의 잘못은 아님에도 불구하고 아내는 저에게 새로운 일을 하라고 권유한 것에 대해 죄책감을 느끼고 있다는 것도 잘 알고 있죠.

다시 한번 거미 다이어그램을 상상해 봅시다. 이번에는 가운데에 자비를 넣어 보세요. 보살피고, 현명하고 용기 있는 자비로운 자기로서 다시 그 상황으로 돌아간다면 어떨지 상상해 보세요. 이번에는 매우 자비로운 관점의 마음가짐을 통해 그것을 경험해 봅니다. 실시간으로 사건이 다시 일어나는 것처럼 상상해 보거나 그 사건을 적어 보세요. 자비로운 마음가짐으로 보니 어떤 느낌이 드나요? 당신의 몸에서 이러한 감정들이 어떻게 일어나나요?

평온함을 느껴요. 너무나도 힘든 하루였기 때문에 완전히 편해진 건 아니지만 평온해졌어요……. 비록 희망 한대로 하루가 흘러가지 않았는데도 평화롭게 느껴져요.

자비로운 마음가짐으로 그 상황을 바라볼 때 당신의 주의는 어디에 집중되어 있나요? 주의가 넓게 확장되어 있나요, 아니면 좁혀져 있나요?

확실히 이전보다는 초점이 더 넓어졌어요. 엉망진창인 하루나 아내가 했던 말에 짜증 내는 데 초점을 맞추기보다, 자비로운 자기는 집에 있는 것이 얼마나 좋은지, 그리고 그녀와 함께 있는 것이 얼마나 좋은지에 주목하고 있어요. 지금 제 직업이 최고는 아니지만 제 삶에서 실제로 정말 좋은 것들이 많다는 것을 알고 있어요. 아내가 저를 응원해 주려고 노력하는 모습도 그렇고요. 그리고 그녀가 얼마나 똑똑하고 아름

다운지, 제가 얼마나 그녀에게 감사하고 있는지도요. 저를 사랑해 주고 제 곁을 지켜주는 가족이 있어서 얼마나 행운인지에 대해서도요. 그런 생각만으로도 눈물이 나요. 저는 가족을 정말 사랑하고, 그런 제 마음을 가족이 알았으면 좋겠어요.

자비로운 마음가짐으로 그 상황을 보면, 앞의 경험을 하는 동안에 당신은 어떤 생각을 하고 있나요? 그것을 어떻게 이해하고 있나요?
이전 질문에서 많은 생각을 했던 것 같아요. 앞서 말했듯이, 저의 자비로운 자기는 더욱 폭넓고 유연한 관점을 가졌어요. 아내의 관점에서 바라보니 정말 저를 도우려고 노력했다는 것을 알게 되었어요. 그 점이 정말 도움이 돼요.

자비로운 마음가짐으로 그 상황을 보면, 앞의 경험을 하는 동안 당신의 동기는 무엇인가요? 이러한 자비로운 버전의 당신은 무엇을 하고 싶어 하나요?
자비로운 자기는 제 상황을 더 좋게 만들고 싶어 해요. 그냥 앉아서 마음 졸이기보다는 다른 무언가를 하고 싶어 해요. 그리고 아내를 밀어내기보단 친밀해지고 싶어 해요.

이 상황에서 친절하고 현명하고 자비로운 마음가짐으로 느끼고 행동한다면, 이 자비로운 버전의 당신은 무엇을 할까요?
먼저, 저는 맥주를 마시거나 앉아서 마음 졸이지 않고, 산책하거나 기타를 연주하는 것과 같은 좋아하는 일을 할 거예요. 그런 다음 아내가 집에 돌아오면, 불만스런 제 일에 집착하기보다는 그녀에게 따뜻하게 인사를 건네고, 그녀를 보는 것이 얼마나 행복하지, 그리고 지금 당장은 일이 쉽지 않지만 그녀와 함께 있어서 얼마나 행운이라고 느끼는지 알려 줄 거예요. 저는 그녀의 어깨와 등을 쓰다듬는 저의 모습을 상상하고 있어요. 그녀는 그걸 좋아하고, 그것은 제가 그녀에게 쏘아붙여서 생겨나는 거리감보다 우리 사이에 친밀감을 만들어 줘요. 저녁 시간이 정말 다르게 흘러갈 거예요.

자비로운 마음가짐으로 이러한 문제를 처리하는 상상의 시나리오를 돌이켜보았을 때, 당신은 어떤 느낌이 드나요?
제가 다르게 반응했더라면 상황이 달라졌을 것이라 상상하니 조금 후회스럽고 슬퍼요. 하지만 희망적이기도 해요. 이제 제 감정에 갇혀 있는 것이 아니라 자비로운 자기로 나타난다면, 상황이 완전히 달라질 것이라는 것은 분명해요. 저는 가족과 시간을 보낼 겁니다. 어쩌면 저는 일을 좋아할 수 없겠지만 그렇다고 삶을 미워할 필요는 없죠. 그리고 오늘 저녁에 가족과 만나서 가족에게 얼마나 감사한지를 보여 줄 수 있는 기회가 오기를 고대하고 있어요.

**마지막 질문입니다. 배려하고 지혜롭고 그리고 자비로운 버전의 당신이 투명 인간처럼 그 상황으로 돌아가서 힘든 시간을 보내고 있던 투쟁 버전의 당신에게 지지, 격려, 조언을 해 줄 수 있다고 상상해 보세

요. 최선을 다해 이 문제를 해결하고자 투쟁하는 버전의 당신에게 어떻게 지원, 격려 또는 조언해 줄 수 있을까요?

그건 쉬워요. 지금 제 직장이 형편없어서 힘든 하루를 보내고 있는 것은 당연하다고 스스로에게 얘기해 겁니다. 하지만 제 인생은 지금의 직장보다 훨씬 더 많은 것들이 있다는 것을 상기시켜 주고 싶어요. 그리고 몇 분 후 저 문으로 그 무엇보다도 사랑하는 멋진 여자가 저 문으로 들어올 것이고 그녀와 사이좋게 지내며 즐거운 저녁을 보낼 수도 있고, 아니면 그녀를 밀어내고 지금 당장 해결할 수 없는 일로 밤새도록 괴로워할 수도 있다는 것을 저 자신에게 상기시켜줄 겁니다. 그건 제가 기분이 안 좋을 때도 꽤 쉬운 선택이라고 생각해요.

이 연습을 어떻게 진행할 수 있는지, 조의 예시로 보여 주었으니 이제 당신의 삶에서 힘든 상황(아마도 모듈 18에서 설명했던 상황)에 대해 자비로운 자기연습을 적용해 보자. 당신은 모듈 19에서 했던 방법으로 자비로운 자기연습과 연결 지어 아래에 나오는 성찰 작업을 해 볼 것이다. 중요한 것은 보살피는, 지혜로운, 용기 있는, 자비로운 버전의 당신이 이렇게 힘든 상황(그리고 이 상황에서 투쟁했던 버전의 당신)에 어떻게 반응할지 상상해 보는 것이다. 만약 그것이 어렵게 느껴진다면, 이러한 자질을 당장 가지고 있어야만 한다고 느낄 필요가 없다는 걸 스스로 상기해 보아라. 당신은 단지 배우가 역할을 맡는 것처럼 그러한 자질들을 가지게 된다면 어떨지 상상하는 것일 뿐이다. 만약 어려운 일이 발생한다면 이 연습이 정말로 힘들 수 있다는 사실에 대해 자비를 확장할 수 있는지, 자비로운 자기의 관점에서 그러한 어려움을 어떻게 이해할 수 있는지, 그리고 힘들더라도 계속할 수 있도록 격려하는 데 무엇이 도움될 수 있는지를 상상해 보아라.

〈연습〉 행동하는 자비로운 자기연습

모듈 19의 자비로운 자기연습으로 돌아가 당신이 원하는 시간만큼 자비로운 자기의 관점과 연결해 보자. 자비로운 자질들로 채워지는 것이 어떨지 상상해 보자: 당신을 돕기 위한 친절함과 배려하는 동기로, 그리고 당신의 고통을 깊이 이해하고 살펴보려는 지혜로, 도전과 불편함을 직면하고 작업하려는 용기로 말이다. 핵심은 당신이 얼마만큼의 시간을 보내느냐가 아니라, 이런 자비로운 마음 상태에 머무르는 경험이다. 이것을 해 보았다면 다시 모듈 18에서 당신이 기술했던 힘든 상황으로 돌아가 보자. 단, 이번에는 배려, 지혜, 용기 있는 자비로운 자기의 관점으로 이 경험을 어떻게 이해해 볼 수 있을지 상상해 보자.

상황을 간략하게 설명해 주세요.

그 상황이 당신에게 얼마나 힘들었는지 보고, 투쟁 버전의 당신에 대해 자비롭게 되돌아보는 것이 가능한지 살펴보세요. 잠시 시간을 가지면서 진정 호흡을 하거나 이전 모듈에서 배운 자비로운 자기연습을 다시 해 볼 수도 있습니다. 이렇게 보살피고 이해하는 자비로운 관점에서, 투쟁하는 버전의 자기 자신을 보니 어떻게 느껴지나요? 당신은 그녀 또는 그를 이해할 수 있나요?

당신 스스로에 대해 알고 있는 정보와 이전 경험을 고려했을 때, 그렇게 반응한 것이 이해가 되나요? 당신의 반응을 판단하기보다는 이해하려고 노력해 봅시다.

다시 한번 거미 다이어그램을 상상해 봅시다. 이번에는 자비를 가운데 넣어 보세요. 보살피고, 현명하고 용기 있는 자비로운 자기로서 다시 그 상황으로 돌아간다면 어떨지 상상해 보세요. 이번에는 매우 자비로운 관점의 마음가짐을 통해 그것을 경험해 봅니다. 실시간으로 사건이 다시 일어나는 것처럼 상상해 보거나 그 사건을 적어 보세요. 자비로운 마음가짐으로 보니 어떤 느낌이 드나요? 당신의 몸에서 이러한 감정들이 어떻게 일어나나요?

자비로운 마음가짐으로 그 상황을 바라볼 때 당신의 주의는 어디에 집중되어 있나요? 주의가 넓게 확장되어 있나요, 아니면 좁혀져 있나요?

자비로운 마음가짐으로 그 상황을 보면, 앞의 경험을 하는 동안에 당신은 어떤 생각을 하고 있나요? 그것을 어떻게 이해하고 있나요?

자비로운 마음가짐으로, 그 상황을 보면 앞의 경험을 하는 동안 당신의 동기는 무엇인가요? 이러한 자비로운 버전의 당신은 무엇을 하고 싶어 하나요?

이 상황에서 친절하고 현명하고 자비로운 마음가짐으로 느끼고 행동한다면, 이 자비로운 버전의 당신은 무엇을 할까요?

자비로운 마음가짐으로 이러한 문제를 처리하라는 상상의 시나리오를 돌이켜보았을 때, 당신은 어떤 느낌이 드나요?

마지막 질문입니다. 배려하고 지혜롭고 그리고 자비로운 버전의 당신이 투명 인간처럼 그 상황으로 돌아가서 힘든 시간을 보내고 있던 투쟁 버전의 당신에게 지지, 격려, 조언을 해 줄 수 있다고 상상해 보세요. 최선을 다해 이 문제를 해결하고자 투쟁하는 버전의 당신에게 어떻게 지원, 격려 또는 조언해 줄 수 있을까요?

자기성찰 질문

이 모듈에서 자비로운 자기를 경험하는 것과 이전 모듈에서 자비로운 자기 경험을 비교했을 때, (만약 차이가 있었다면) 집중할 수 있는 구체적인 상황이 있었던 것이 어떤 차이를 만들었나요?

이 연습에서 어떤 장애물 또는 저항이 있었나요? 연습 과정에서 당신이 하고 싶지 않았던 것이나 도움이 되지 않은 부분이 있었나요? 만약 그렇다면 어떻게 다루었나요? 아니면 미래에 그것과 작업할 때 어떻게 하는 것이 도움이 될 수 있을까요?

이 모듈에서 당신의 경험을 되볼아볼 때, 당신이 내담자에게 이러한 과정으로 접근하는 데 도움이 될 만한 어떤 것이 있었나요? 특정 내담자를 생각해 보세요. 당신의 경험이 특정 내담자에게 이러한 접근을 하는 데 어떤 영향을 미칠 수 있을까요?

모듈 21
자비로운 자기 심화하기

우리는 모듈 15에서 고통에 대한 민감성과 고통을 완화하고 방지하려고 노력하는 모든 것으로서 자비의 실무적 정의에 대해 살펴보았다. 모듈 19에서는 당신과 당신의 내담자들이 이 정의를 생생하게 느끼고 자비를 삶에서 구현하도록 돕고자 하는 자비로운 자기 연습을 안내하였다. 자비의 정의를 조금 더 자세히 살펴보면, 우리가 고통에 어떻게 반응하거나 관여하는지와 고통을 완화하고 방지하고자 우리가 어떻게 준비하고 행동하는지에 대한 두 가지 역량(capacities)이 관련되어 있음을 알 수 있다. CFT의 창시자인 폴 길버트는 이를 자비의 두 가지 심리라고 부르며, CFT에서 자비의 각 측면은 자비가 관여하는 과정들로 실생활에서 드러날 것이라고 설명하였다(Gilbert, 2009, 2010).

관여하기: 자비의 첫 번째 심리 살펴보기

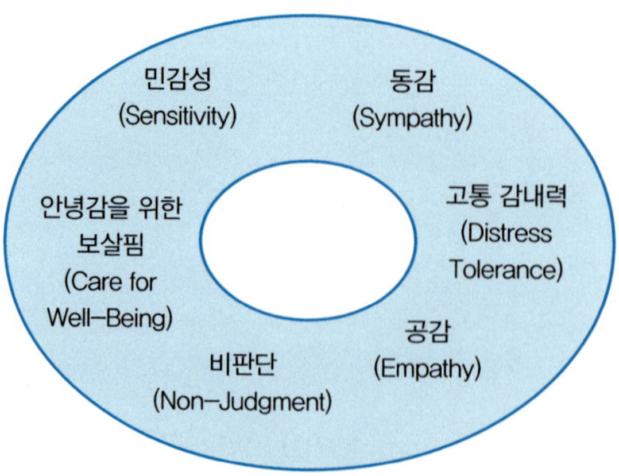

[그림 M21-1] 자비의 첫 번째 심리학: 관여하기

Gilbert(2009). 『자비로운 마음(The Compassionate Mind)』에서 각색됨. Little, Brown Book Group의 허가를 받아 재인쇄됨.

무엇보다도 자비는 내담자들이 자신의 고통과 관계 맺는 방식을 바꾸도록 요구한다. 많은 내담자들이 이전에는 고통스러운 경험이나 감정을 회피하거나 억누르고, 때로는 자신을 공격하는 방식으로 대처했을 것이다. 내담자들이 자비를 계발하도록 도울 때는, 우리는 내담자가 고통에 대해 보살피고, 보살핌, 지혜, 그리고 용기로 마주하도록 작업한다. 마찬가지로 치료자로서 우리 자신에게서 그러한 경향을 관찰해 볼 수 있다. 이 회기에서는 [그림 M21-1](224쪽)에 나타난 바와 같이, 고통에 자비롭게 관여하는 능력과 관련 있는 다양한 속성(attribute)들을 살펴볼 것이다.

이러한 각각의 자질들을 간단히 살펴보자.

- 안녕감을 위한 보살핌: 자비의 중요한 출발점은 보살핌의 동기이다. 즉, 우리 자신과 우리가 만나는 사람들의 고통을 줄이고 안녕감과 행복을 높이고자 하는 기본적인 욕구를 경험하는 것이다.
- 민감성: 고통에 대한 민감성은 고통을 차단하거나 외면하기보다는 고통을 알아차리고 고통에 주의를 기울이는 것이다. 민감성은 고통이 우리의 레이더에 잡혔을 때 우리 자신을 포함하여 보살핌이 필요한 사람에게 귀 기울이게 한다.
- 동감: 동감은 우리 자신과 다른 사람들이 마주하는 경험과 감정에 정서적으로 동화하는 것이다. 동감은 개념 또는 정신적 이해보다는 느낌 경험(felt experience)이다. 그러나 정서적인 고통에 빠져 있는 사람들은 대부분 자신과 타인의 고통에 대한 반응으로, 떠오르는 감정을 빠르게 차단하는 법을 배웠거나, 감정이 무뎌지고 차단된 상태일 수 있으므로 동감을 느끼는 것이 어려울 수 있다. 자비 행동의 맥락에서, 동감은 우리가 고통에 접근하고 해결할 수 있도록 동기를 부여하는 것으로 여겨져 중요하다. 그러나 고통의 동감이 고통받는 사람에게서 우리 자신으로 이동할 만큼, 돕는 것을 방해할 정도로 강하게 느끼지 않도록 하는 것이 중요하다.
- 고통 감내력: 고통에 관여하게 되면 상당한 고통과 불편함을 접하게 되므로 이것이 우리를 압도하면 자비를 차단할 가능성이 있다. 이러한 이유로, 자비의 핵심적인 자질은 고통 감내력이다. 고통 감내력은 힘든 경험을 처리할 때 일어날 수 있는 어려움과 불편함에 대해 참여하고, 감내하며, 수용하는 자세를 취할 수 있는 능력이다. 이는 고통에 수동적으로 체념하거나 지속적인 해로움에 우리 자신을 계속 노출하게 한다는 것이 아니라 고통을 다루는 작업에서 일어나는 불편한 경험들을 자비롭게

견뎌낼 수 있다는 것을 의미한다.

- 공감: 공감은 우리 자신이든 다른 사람이든 고통받는 누군가의 경험을 이해하는 것이다. 공감은 고통받는 사람의 정서적 경험에 공명되는 정서적 요소와 그러한 경험이 이해되고 고려되는(더 나아가 우리는 그럴 만하다고 타당화하는 것까지 포함하고자 함) 인지적 요소 모두를 포함한다. 그러나 우리가 위협을 느낄 때 공감은 쉽게 차단될 수 있다.
- 비판단: 비판단은 우리가 선호나 선택의 여지가 없거나 도움 되는 것과 되지 않는 것을 구분하지 못한다는 의미가 아니다. 비판단은 오히려 우리 자신이나 다른 사람들의 경험에 대해 비판하거나 비난하지 않기 위해 최선을 다한다는 의미이다.

다음 회기에서는 두 가지 질문을 고려해 볼 것이다: 당신은 이러한 속성들을 가지고 자비로운 관여로 참여할 수 있는 능력에 대해 어떻게 생각하는가? 그리고 이러한 능력을 계발하기 위해 무엇을 할 수 있을까? 당신의 경험을 숙고하기 전에 에리카와 파티마가 한정적 공동 치료 회기에서 이러한 영역을 어떻게 탐색했는지 살펴보자.

예시: 자비로운 관여하기 탐색

파티마: 에리카, 이 모듈에서 우리는 매뉴얼에 있는 자비로운 관여의 여섯 가지 측면들을 살펴볼 거예요. 먼저 각각의 자질을 어떻게 경험할 수 있었는지, 그리고 당신이 자질들을 더 계발하는 데 무엇이 도움 될 수 있는지에 대해 질문할 겁니다. 괜찮을까요?

에리카: (끄덕임) 좋아요.

파티마: 그럼 돌아가면서 이야기해 보겠습니다. 자비로운 동기, 그러니까 당신 자신이나 다른 사람들의 안녕을 보살핀 경험에 대해 얘기해 주시겠어요?

에리카: 저는 항상 다른 사람들을 도우려는 동기가 많았는데, 그것이 인생의 진정한 목적의식을 주었죠. 하지만 엄마가 돌아가신 직후 한동안은 동기가 전혀 없는 것처럼 느껴졌어요. 저는 다른 사람들의 고통이 제 고통을 유발하지 않도록 피하려고 노력했던 것 같아요. 저 자신의 웰빙에도 크게 신경 쓰지 않았던 시기도 있었어요. 완전히 압도당했죠. 그러다 서서히 보살핌 동기가 돌아오기 시작했고, 내담자들과 다른 사람들에게 점점 관여하는 저 자신을 발견했어요. 예를 들어, 저는 당신과 이러한 만남을 정말 즐기고 있죠. 이러한 연습을 통해 저 자신에게도 똑같이 따뜻하게 대해 줘야 한다는 것을 알았고 다른 사람들의 도움을 받는 데

더 개방적일 필요가 있다는 걸 배우고 있어요.

파티마: 슬픔이 잦아들면서 더 관여하는 느낌을 받는다고 하니 정말 반갑네요. 이 영역에서 더 성장하고 싶은 몇 가지 방법을 알아낸 것처럼 들려요. 당신이 얘기했던 방식으로 보살핌 동기를 만들어 내려면 무엇이 도움이 될까요?

에리카: 솔직히, 저는 저 자신과 다른 사람에게 친절하게 대하고 싶다는 생각을 계속 되새기며 마음속에 그 생각을 간직할 방법을 찾아야 할 것 같아요. 이것은 내담자들이 기억하도록 돕기 위해 사용하는 치료 도구 중 하나이죠. 이전 회기에서 일기 쓰기에 대해 얘기했는데, 매일 조금씩 자비 일기를 써서 일상의 일부가 되도록 하는 것이 정말 도움될 것 같아요.

파티마: 정말 좋은 생각이에요! 저도 시도해 봐야겠네요. 다음은 민감성 자질로 넘어가 봅시다. 자신이나 다른 사람들이 고통받거나 고군분투할 때 얼마나 잘 알아차리나요?

에리카: 상황에 따라 달라요. 저 자신이 스트레스 받을 때는 잘 인식하지만, 정말 극심한 슬픔의 시기에는 전혀 알아차리지 못하고 그 감정에 빠져 있어요. 그런 감정이 올라오는 것을 알아차리는 것이 점점 더 나아지고 있는데, 우리가 했던 마음챙김 연습이 도움 되었어요.

파티마: 다른 사람들이 괴로워할 때 알아차리는 것은 어떤가요?

에리카: 저는 항상 사람들이 뭔가를 느끼고 있다는 신호를 주는 표정이나 목소리 톤 변화를 잘 알아차렸어요. 엄마가 돌아가신 직후에는 제 감정에 사로잡혀 있어서 잘 못 했지만 일반적으로는 꽤 잘하는 부분입니다.

파티마: 당신의 민감성을 더 계발하는데 무엇이 도움 될까요?

에리카: 두 가지가 떠오르는데요. 첫 번째는 스트레스를 조금 더 잘 관리해서 그것이 끼어들지 않게 하는 거예요. 위협 시스템과 그리고 위협 시스템이 얼마나 우리의 주의를 좁히는지 배웠을 때 엄청 감동받았어요. 또 저는 마음챙김 연습을 계속하고 싶어요. 마음챙김은 제가 경험에 완전히 사로잡히지 않고 어느 정도 거리를 두고 알아차릴 수 있게 해 주는 것 같아 계속 연습하고 싶어요.

파티마: 아주 좋네요. 당신이 자신의 경험을 면밀히 살펴봐 주셔서 정말 감사해요. 기분이 어떠신가요?

에리카: 정말 좋아요. 당신은 확실히 저의 '안전한 사람' 중 한 명이 되었어요. (미소)

파티마: (따뜻한 미소) 고마워요. 그 이야기를 들으니 정말 기분 좋네요. 다음 영역으로 넘어가도 될까요?

에리카: 물론이죠.

파티마: 동감은 어때요? 당신에게 어떤가요?

에리카: 늘 쉽게 동감하는 것은 아니에요. 영화나 그런 것을 보면서 항상 눈물을 흘리는 편은 아니지만 사람들이 고통받는 것을 보면 확실히 동감이 느껴져요. 내담자들과 일하면서, 내담자를 위해 감정을 느끼는 것과 그들의 고통에 압도되지 않는 것 사이에서 적절하게 균형을 잡아 왔다고 생각해요. 앞에서 얘기했듯이 저는 엄마가 돌아가신 직후 상당히 오래 관계가 단절되었지만 점점 나아지고 있어요.

파티마: 당신 스스로에게는 어떤가요? 고통스럽거나 힘들 때 스스로에게 동감할 수 있나요?

에리카: 그건 좀 달라요. 솔직히 저 자신에 대해 동감한다고 생각 해 본 적은 없어요. 과거에 저는 저의 고통에 대해 거의 관심을 기울이지 않았고, 또 때로는 고통을 무시하고 스스로 힘을 내서 처리해 나가야 한다고 여겼어요. 그런데 지난번 모듈에서 우리가 했던 자비로운 자기 연습이 저를 많이 바꿔 준 것 같아요. 엄마가 돌아가신 후에 고군분투했던 저 자신을 돌아보면, 그때 얼마나 마음 아팠했는지 알게 되어서 사실 정말로 감동받았어요. 그 연습 이후 몇 번 마음껏 울었는데 그게 정말 도움이 됐던 것 같아요. 그 일이 저에게 얼마나 힘든 일이었는지 처음으로 인정하고, 그저 그 일에 대해 무엇을 느끼든 허용해 주었어요. (눈물을 글썽거림)

파티마: (잠깐 멈추고 부드럽게 미소지으며 눈물을 글썽임) 어떻게 하면 당신 자신에 대해 동감을 계속 키울 수 있을까요?

에리카: (잠깐 멈춤) 제 생각엔 그냥 속도를 늦추고 아플 때 기꺼이 인정하고, 제 고통이 다른 사람들의 고통과 마찬가지로 타당하다는 것을 스스로에게 상기시키는 것으로 충분한 것 같아요. (여전히 울먹임)

파티마: (따뜻하게) 맞아요, 알잖아요. 당신의 아픔도 다른 모든 사람과 마찬가지로 타당해요.

에리카: (부드럽게 웃으며, 숨김없이 울고, 코를 품) 당신이 간파했네요. 맞아요. 정말 그래요. 저는 그걸 기억할 필요가 있어요.

파티마: (몸을 기울이며, 미소 지음) 다음으로 갈 준비가 되었나요?

에리카: (미소) 네.

파티마: 고통 감내력은 어때요? 내담자나 당신 안의 고통을 보면 대처할 수 있나요?

에리카: 저는 항상 내담자의 고통을 잘 견뎌 왔어요. 치료를 오래 하려면 그런 방법을 배워야 한다고 생각해요. 얘기한 것처럼, 인생을 거쳐오면서 나 자신을 상당히 잘 관리해 왔어요. 하지만 엄마가 돌아가신 후에 그 부분이 좀 무너졌어요. 슬픔이 너무 압도적으로 느껴졌죠. 그래도 이야기했던 것처럼, 점점 나아지고 있어요.

파티마: 고통 감내력을 더 기르는 방법에 대한 아이디어가 있을까요?

에리카: 음……. 제가 알고 사용하는 것 그리고 최근에 배운 것들, 예를 들면 진정 리듬 호흡과 몇 가지 심상 연습이 도움이 됐어요. 우리가 내담자한테 하는 것처럼, 과거에 고통을 다룰 때 어떤 것이 저에게 도움이 됐는지 생각해 보고 그것을 사용하도록 하는 겁니다. 엄마가 돌아가신 후에는 그렇게 하지 못했죠. 또 다른 한 가지는 더 늦기 전에 친구들과 꼭 연락하는 거예요. 제가 아플 때 가장 마지막으로 할 것 같은 일이지만, 큰 도움이 돼요.

파티마: (고개를 끄덕임) 네. 저도 공감되네요.

에리카: (미소) 그럴 수 있을 것이라고 생각했어요.

파티마: 공감은 어때요? 당신이나 다른 사람들이 느끼는 감정과 경험을 잘 인식하고 이해하는 것이 능숙하나요?

에리카: 제 스스로 위협을 느끼지 않는 한, 내담자들에게 공감을 잘해요. 저는 항상 내담자들의 경험과 힘든 상황을 마주할 때 어떤 기분이 들지 잘 느끼는 편이에요. 그런데 저 스스로를 위해 그렇게 해 본 적은 많지 않네요. "내 기분이 어때?"라고 물어볼 만큼 느긋해지지 않는 것 같아요. 그래서 마음챙김 연습과 내가 느끼는 감정을 확인하고 고려하는 것을 기억하려고 노력하는 것이 도움 되는 것 같아요.

파티마: 아주 좋아요. 또 도움 될 만한 것이 있나요?

에리카: 일기를 써 보는 것도 좋은 것 같아요. 감정을 종이에 적으면 조금 더 객관적으로 바라볼 수 있고 왜 그렇게 느낄 수밖에 없는지 이해하는 데 도움 되는 것 같아요.

파티마: (고개를 끄덕임) 이제 마지막이네요, 비판단입니다. 이건 내담자나 당신 자신이 힘들거나 고통받을 때 비판적으로 되지 않도록 하는 것과 관련되어 보이네요. 어떤가요?

에리카: 저는 다른 사람들을 그렇게 판단하는 편은 아니었어요. 물론 어떤 사람들은 저를 짜증 나게 하기도 하지만 그럴 때조차도……. 엄마는 저에게 판단하지 말라고 가르쳤어요. 어머니는 항상 사람들이 어떻게 그렇게 되었는지에 대한 이야기는 절대 알 수 없다고 말씀하셨어요. (침묵) 그런데도 저는 자신에게는 비판적인 시기를 겪었어요. 제가 일을 망치고 있다거나 원하는 방향으로 되지 않는다고 느껴지면 저 자신을 상당히 가혹하게 대할 수 있어요.

파티마: 거기에 대해서는 무엇이 도움 될 것 같나요?

에리카: 우리가 앞에서 얘기했던 거요. 그냥 저 자신에게 고군분투하도록 허락해 주는 거죠. 누구나 그러하듯 **당연히** 저도 힘드니까. 그것을 기억할 수 있다면, 정말 도움이 될 것 같아요.

파티마: (미소 지으며 고개를 끄덕임) 정말 멋져요, 에리카. 저도 공감해요. 이제 연습이 끝났는데요. 더 하고 싶은 얘기가 있을까요?

에리카: 아니요, 그런데 감사하다고 말하고 싶어요. 이건 저에게 정말 도움이 되었어요. (부드러운

미소)

파티마: 감사합니다. 그리고 저도 고마워요. (따뜻한 미소)

이제 당신도 같은 질문을 생각해 볼 시간이다. 당신은 자비로운 관여의 각 자질들을 어떻게 경험하고 있는가? 그 자질들을 심화시키기 위해 무엇이 도움이 될까? 이 연습을 개인적으로 하고자 한다면, 이전 연습에서 했던 것처럼 편안한 물리적 및 심리적 공간을 만들라. 반면 집단이나 치료자 간 역할 훈련과 함께 작업한다면, 에리카와 파티마가 보여 주었던 것처럼 파트너와 상호작용하면서 탐색하기에 좋은 연습이 될 것이다.

〈연습〉 나의 자비로운 관여 탐색하기

당신을 위한 편안한 환경을 만들고 진정 리듬 호흡을 한 뒤, 자비로운 관여의 각 측면들을 성찰해 보라.

자비로운 동기: 고통이나 어려움에 직면했을 때 자신이나 타인을 친절하게 도와주고 싶은 마음을 가졌던 경험을 탐색해 봅시다. 쉽게 떠오르거나 도전적으로 느껴지는 경험들이 있나요?

자비로운 동기를 더욱 심화시키기 위해서는 무엇이 도움이 될까요?

민감성: 자신이나 타인에게 일어난 고통과 어려움을 주목하고 알아차릴 수 있었던 경험을 탐색해 봅시다. 쉽게 떠오르거나 아니면 어렵게 느껴지는 경험이 있나요?

자신이나 타인의 고통을 더 자비롭게 주시하고 알아차리기 위한 능력을 심화시키기 위해 도움이 되는 것은 무엇일까요?

동감: 자신이나 타인의 고통과 어려움을 보며 감정적으로 동요되었던 경험을 탐색해 봅시다. 쉽게 떠오르거나 어렵게 느껴지는 경험들이 있나요?

자신이나 타인의 고통과 어려움을 보면서 동감을 느끼는 능력을 더욱 계발하는 데 도움이 되는 것은 무엇인가요?

고통 감내력: 불편감이나 고통을 마주했을 때 피하거나 억누르지 않고 대처했던 경험을 탐색해 봅시다. 쉽게 떠오르나요? 아니면 어려운가요?

불편감이나 고통을 마주했을 때 회피하거나 억누르지 않고 더 자비롭게 감내하고 다루기 위한 능력을 더 계발하기 위해서는 무엇이 도움이 될까요?

공감: 자신이나 타인이 힘들어했을 때 그 감정을 인식하고 이해할 수 있었던 경험을 탐색해 봅시다. 쉽게 떠오르거나 어렵게 느껴지는 경험들이 있나요?

자신이나 타인이 힘들어했을 때 그 감정에 대해 더 자비롭게 알아차리거나 이해하기 위한 능력을 더 계발하기 위해서는 무엇이 도움이 될까요?

비판단: 고통과 어려움을 겪고 있는 자신과 타인을 비판하거나 비난하거나 평가절하하는 것을 자제할 수 있었던 경험을 탐색해 봅시다. 쉽게 떠오르거나 도전적으로 느껴지는 경험들이 있나요?

고통과 어려움을 겪고 있는 자신과 타인을 비판하거나 판단하기보다 더 자비롭게 반응할 수 있는 능력을 더 계발하기 위해 무엇이 도움이 될까요?

이 모듈에서, 우리는 자비의 첫 번째 심리, 즉 고통에 자비로운 방식으로 관여하는 능력을 탐구하는 데 중점을 두었다. 두 번째 자비의 심리는 고통을 덜어 주거나 예방하기 위해 무언가를 할 수 있도록 자신을 준비시키는 방법과 관련된다. CFT에서, 이 자비로운 반응은 [그림 M21−2]가 나타내는 것처럼 주의, 심상, 사고 및 추론, 감정 상태, 감각 초점 그리고 행동을 다루는 다중모드의(multimodal) 기술 훈련 관점에서 작업한다. 지면 관계상, 이 모듈에서 이러한 기능에 대해 자세하게 설명하지 못하지만 워크북 전반에 걸쳐 이러한 훈련의 많은 부분을 확인할 수 있을 것이다.

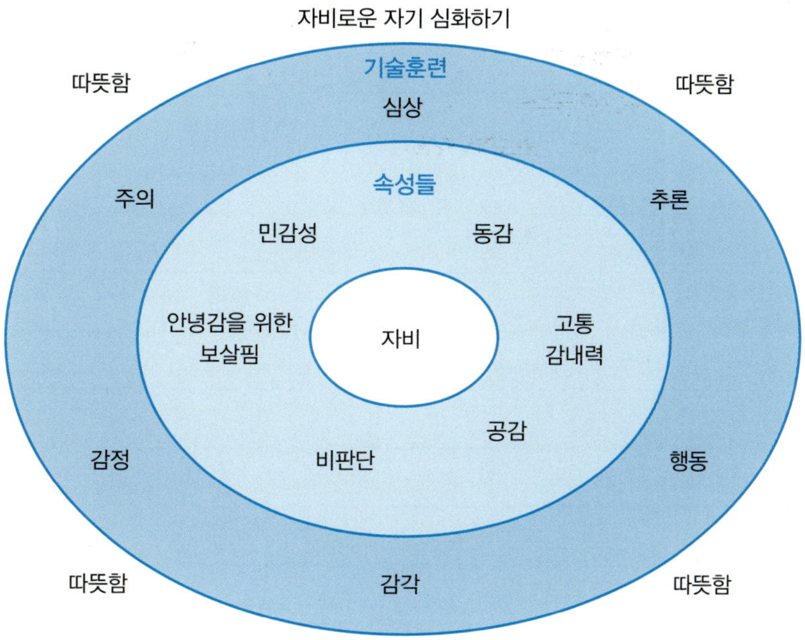

[그림 M21−2] 자비로운 속성과 기술 훈련

Gilbert(2009). 『자비로운 마음(The Compassionate Mind)』에서 각색. Little, Brown Book Group의 허가를 받아 재인쇄됨.

자기성찰 질문

자비의 여섯 가지 자질들을 경험하는 것이 얼마나 쉬웠나요, 혹은 어려웠나요? 다른 것보다 쉬운 것이 있었나요? 어떤 것이었나요?

여섯 가지 자질들을 경험할 때, 당신의 강점과 약점을 어떻게 이해했나요? 당신의 삶에서 이전 경험으로 거슬러 올라가서 이런 자질과 관련한 경험들을 떠올릴 수 있나요? 그렇게 하는 것이 도움이 되나요?

이 모듈의 경험이 내담자들과 무엇을 할지에 어떤 영향을 미쳤나요? 내담자들에게 여섯 가지 속성을 촉진하기 위해서 어떤 전략을 사용할 것 같나요?

관여하기의 여섯 가지 속성과 여섯 가지 기술은 CFT 구조의 일부입니다. 이 개념이 얼마나 가치 있다고 생각하나요? 당신이 경험해 본 결과, 더 추가하거나 변경할 것이 있나요?

모듈 22
CFT의 행동 실험

지금까지 행동 실험들의 효과성을 조사한 CFT 관련 논문은 없지만, 전통적인 CBT 연구들은 행동 실험이 치료적 변화를 위한 가장 효과적인 전략 중 하나라고 제안해 왔다(Bennett-Levy et al., 2004; McMillan & Lee, 2000; Salkovskis, Hackmann, Wells, Gelder, & Clark, 2007). 이러한 제안들과 더불어 폴 길버트가 그의 저서에서 행동 실험을 CFT에 맞게 쉽게 적용할 수 있다고 언급한 점을 고려할 때(Gilbert, 2010) 우리는 CFT 맥락 안에서 행동 실험이 적용되는 모듈을 포함하는 것이 유용할 것이라 생각했다.

행동 실험은 일반적으로 치료자와 내담자가 진행에 방해가 되고 실생활에서 검증할 수 있는 견해나 생각을 파악하는 것에서부터 시작한다. 그런 다음 내담자는 생각에 대한 믿음의 정도를 0~100% 척도로 평정한다. 우리는 직관 또는 감정 수준의 믿음과 이성적 믿음이라는 두 종류의 평가를 사용하도록 제안한다. 우리가 '직관적으로' 또는 감정적으로 느끼는 것과 이성적으로 생각하는 것 사이에는 종종 불일치가 있기 때문이다(Bennett-Levy et al., 2015; Stott, 2007; Teasdale, 1996). 그런 다음 내담자와 치료자가 함께 두 가지 생각/신념의 타당성을 시험하는 실험을 개발하여, 치료회기나 일상생활에서 작업해 볼 수 있다. 예를 들면, 치료자가 "제가 당신의 비판적인 목소리 역할 연기를 할 테니, 당신은 마음속에서 무엇이 느껴지는지, 마음속에서 무슨 일이 일어나는지 알아차릴 수 있을까요?"라고 묻는다. 어쩌면 외부 세계에서 취하는 행동을 포함할 수 있다. 예를 들면, "만약 직장에서 자비로운 자기를 활용한다면 어떤 차이가 있을까요?" 행동 실험의 다른 유형은 다른 사람들을 관찰하는 것을 포함할 수 있다. 예를 들면, 사람들은 실수를 했을 때 자신을 어떻게 대하는가? 그것은 그들에게 얼마나 효과가 있는가? 행동 실험은 자연적으로 나타날 수 있다. 예를 들어, 회기 안에서 치료자가 "방금 당신에 대해 밝힌 것에 대해 제가 어떻게 느낄 것이라고 생각하나요?"라고 질문할 수 있다. 그리고 때때로 치료자와 내담자는 내담자가 자신의 행동을 바꾸면 어떤 일이 일어날지 전혀 예상하지 못하는 경우 '발견하기' 실험을 계획하기도 한다. 예를 들어, "일주일 동안 진정 리듬 호흡을 연습하면 어떤 변화가 일어나는지 보는 것은 어떨까요?" CFT 특유의 행동 실험 특징은 다양한 동기 시스템(예: 위협 보호, 자비로운 자기)의 영향에 대한 탐구와 관련될 가능성이 높다.

때때로 위협 보호 전략에서 파생된 도움 되지 않는 오래된 생각(가설 A; 예: "내 역량을 끌어올리기 위해 가장 좋은 방법은 자신에게 엄격해지는 거야")을 검증하기 위해 행동 실험을 계획할 수 있다. 때로는 오래된 생각과 자비로운 자기에서 온 새로운 생각을 비교하기도 한다(가설 A vs. 가설 B; 예: "아들에게 하듯이, 나 자신에게도 보살핌과 자비로 대한다면 더 좋은 역량을 발휘할 수 있을 거야"). 그리고 때로는, 새로운 생각인 가설 B(예: "자비로운 자기를 만드는 것은 더 나은 결과로 이어질 거야.")의 증거를 만들기 위한 주된 목적으로 실험을 개발하기도 한다. 이러한 각각의 예시에서는 호기심에 가득 찬 탐구의 어조가 느껴진다: "우리가 이걸 시도해 보면 어떤 결과가 일어나는지 보자."

실험을 설계한 후 실험을 시작하기 직전에, 참가자는 어떤 일이 일어날지 예측한다. 그런 다음 참가자는 실험을 수행한다. 실험 후, 참가자는 실제로 일어난 일에 대한 관찰을 기록하고, 자신의 생각에 대한 믿음을 다시 평정하며, 그 경험이 자신의 삶에서 자비의 가치에 대한 자신의 생각에 어떤 영향을 미쳤는지 의미를 되새긴다. 행동 실험에 대한 보다 심층적인 치료는 베넷-레비(Bennett-Levy)와 그의 동료들의 연구(2004, 2015)를 참조하라.

예시: 행동 실험 계획하기

에리카: 이 모듈에서는 행동 실험을 설정하고 완료하는 방법을 살펴볼 겁니다. 이번 실험에 대해 어떻게 생각하세요?

파티마: 약간 불안한 느낌이 들어요. 들어 본 적은 있지만 치료에 적용해 본 적은 없어요.

에리카: (부드럽게 미소 지으며) 새로운 일을 처음 시작하면 불안한 마음이 들 수 있다는 것을 이해해요. 한 단계씩 차근차근 진행해 나가면서 어떻게 되는지 지켜보도록 해요.

파티마: (미소 지으며) 좋은 계획인 것 같네요.

에리카: 우선, 위협 시스템이 당신이 원하는 방식으로 작업하는 데 어떻게 장애물이 될 수 있는지, 이와 관련하여 어쩌면 상당히 오래전부터 지니고 있었던 생각을 떠올려 볼 수 있을까요?

파티마: 앞에서 언급했듯이, 저는 가끔 장시간 일하지 않으면 내담자를 실망시킬 수 있다는 생각에

사로잡히곤 해요.

에리카: 그건 저도 마찬가지예요. (웃음) 당신의 직관적인 수준에서, 0~100% 척도로 봤을 때 그 생각을 얼마나 믿고 있나요?

파티마: 아마 80% 정도일 거예요. 꽤 강력하다고 느껴져요.

에리카: 그렇다면 조금 더 이성적이고 인지적인 수준에서는 어때요?

파티마: 그 정도는 아닌 것 같아요. 저의 일부는 그것이 사실이 아니라는 것을 알고 있어요. 그래서 아마도 50%일 거예요.

에리카: 잘하셨어요. 다음으로, 다른 관점인 가설 B를 살펴볼 텐데요. 그러기 위해서는 당신의 자비로운 자기와 접촉하는 것이 도움 될 겁니다. 잠깐 해 볼까요?

파티마: 좋아요.

에리카: (파티마가 자신의 자세와 호흡에 연결되도록 이끌어 준 후, 간단한 자비로운 자기연습을 안내한다.) 파티마, 이제 당신은 자비로운 자기, 즉 현명하고, 강하며 자신의 안녕감을 위해 헌신하는 당신의 일부와 연결되어 있습니다. 이 상황에 대해 어떻게 생각하세요? 잠시 시간을 내어 자비로운 자기가 이 문제를 어떻게 이해하고 접근할 수 있는지 생각해 보세요.

파티마: (생각에 잠긴 표정으로 몇 분간 조용히 앉아 있는다.) 생각보다 쉬워서 좀 놀랐어요. 자비로운 자기가 저를 더 잘 돌본다면, 내담자들을 위해 더 나은 치료자가 될 것 같아요. 이것은 위협을 느끼는 자기가 원하는 것이기도 해요. 단지 다른 관점으로 접근하고 있을 뿐이에요.

에리카: (따뜻하게 미소 지음) 정말 잘하셨어요! 좋아요. 그럼 당신은 자비로운 자기의 관점을 어느 정도로 평가하시나요?

파티마: 음, 감정적이고 직관적인 수준에서 보면 30%는 될 것 같아요. 이성적인 수준으로 보면 50% 정도인 것 같아요.

에리카: 잘했어요, 파티마. 확실히 익숙해지고 있군요. 우리가 이것을 어떻게 검증할 수 있는지 봅시다. 앞으로 몇 주 동안 무엇을 할 수 있을까요?

파티마: 음, 두 가설을 모두 시험해 봐야 할 것 같아요. 다음 주 동안 직장에서 평소에 하던 일을 계속하면서 제 기분이 어떤지 살펴봐야 할까요?

에리카: 좋아요. 다음 주에 그렇게 해 보는 것도 좋습니다. 두 번째 주에는 다른 것을 시험해 보는 것에 대해 어떻게 생각하세요? 직장에서 지낼 때 자비로운 자기의 관점으로 지내보면 어떨까요? 어떻게 할 수 있을까요?

파티마: 다른 사람들처럼 오후 5시에 퇴근하는 것이 맞을 것 같네요.

에리카: 좋은 계획입니다. 여기에 대해서 어떻게 느껴지나요? 어떻게 진행될 것으로 예상하시나요?

파티마: 저는 그 질문에 답이 여러 가지 있을 수 있다고 생각해요. 저는 위협에 기반한 제 마음과 자비에 기반한 제 마음이 사물을 어떻게 다르게 보는지 진심으로 잘 알고 있어요. 위협에 기반한 제 마음은 변화하는 것에 대해 매우 불안해하고 있고, 내담자를 실망시키고 치료자로서 그리고 한 사람으로서 제가 충분하지 않다고 느끼는 것에 대해 걱정해요. 특히, 밤에는 자기비난과 반추에 사로잡혀 잠을 잘 이루지 못해요.

에리카: (따뜻하게) 위협 시스템에 들어가는 연습을 많이 한 것 같네요.

파티마: (미소) 맞아요! (잠시 멈추고 생각에 잠김) 제가 위협으로 가득한 그곳에 얼마나 잘 빠져드는지 알아차리기 시작했어요. 그렇긴 하지만, 점점 속도를 늦추고 자비로운 자기와 연결하니 마음이 편안해졌어요. 우리가 하고 있는 모든 연습을 통해 더 명확해지고 있어요.

에리카: 자비로운 자기는 이 모든 것에 대해 어떻게 생각하나요?

파티마: (잠시 생각하며) 불안한 마음이 들겠지만 그런 감정을 견딜 수 있을 만큼 충분히 강하고, 어깨가 한결 가벼워지는 것 같은 안도감을 느낄 수 있을 것이라고 자비로운 자기가 말해 주는 것 같아요. 그리고 내담자들을 돕고 싶어 하는 것은 이해할 수 있지만, 이미 긴 하루가 끝나는 시점에서 내담자를 압박하는 것은 그들에게 호의를 베푸는 것은 아니라고 말해요.

에리카: 잘했어요, 파티마. 당신의 자비로운 마음이 여기까지 전해지는 것 같아요. 이 실험을 하면서 마음에 염두에 두는 다른 것이 있을까요?

파티마: 자비로운 자기는 제가 둘째 주에 겪게 될 어려움을 다룰 수 있도록 도와줄 자비로운 관점과 연결할 수 있다는 것을 상기시켜 줄 수 있어요. 이상하게 들리겠지만 그것을 알게 되니 정말 든든한 기분이 들어요.

파티마는 에리카에게 실험의 개요를 설명하고, 가설 A와 가설 B 사이의 변화를 관찰하는 데 도움이 되는 몇 가지 방법을 선정하였다. 파티마는 가설 A를 기반으로 일어날 수 있는 일에 대한 예측 모음과 가설 B를 기반으로 한 예측 모음을 만들었다. 그 후 그녀는 첫째 주와 둘째 주의 결과를 기록하면서 실험을 수행했다. 특히, 오후 5시에 퇴근하겠다는 계획을 실천할 수 있도록 매일 아침 업무를 시작하기 전에 자비로운 자기와 연결하는 것을 연습하고, 그날의 자비로운 의도(자신의 웰빙을 돌보고자 5시에 퇴근하는 것을 어렵게 만들 수 있는 위협 기반 감정을 견디는 것)에 근거하여 자신을 다스리는 연습을 하도록 했다. 두 번째 주를 마친 후, 그녀와 에리카는 실험 결과로 자기 보고식 측정과 경험에 대한 성찰 모두에서 차이를 검토하였다.

행동 실험 개발하기

파티마의 실험 과정을 이해했다면, 당신의 덜 자비로운 생각들을 시험해 볼 수 있는 행동 실험을 개발하고, 그것을 자비로운 나의 생각들과 비교해 보라. 파티마의 예를 따라, 검증할 생각을 기록하고, 초기 직관적인 수준과 이성적인 수준에서 믿음 정도를 평가하는 실험을 준비한 후 진전 정도를 측정할 방법을 찾고 어떠한 결과가 나올지 예측해 본다. 그런 다음, 실제 1~2주간 실험을 수행하고, 주말에는 241쪽의 파티마의 예처럼, 처음 생각에 대한 믿음의 정도를 다시 평가한다. 242쪽의 빈 행동 실험 기록지를 참고 자료로 활용하고, 처음 행동 실험을 설정하는 경우에는 모든 것을 정확하게 맞추는 것에 너무 걱정하지 말라.

이 과정의 핵심은 가설 B를 만들고, 실험을 개발하고, 어떤 일이 일어날지 예측하는 데 자비로운 자기를 어떻게 사용하느냐에 달려 있다는 것을 기억하라. 다른 행동을 시도하기 전에 자비로운 나의 마음 상태로 전환하는 것은 연습의 동기를 유지하고, 연습 도중에 일어나는 위협 경험을 견디는 데 도움이 된다. 마지막으로, 이러한 자비로운 마음가짐은 실험에 대해 성찰할 때도 도움이 될 수 있다. 성찰이 위협에 기반하거나 자기비판적인 마음에 의해 주도된다면, 실험과 그 결과에 대해 명확하게 숙고하는 것이 어려울 수 있다. 예를 들어 당신은 가설 B 실험 결과를 고려하기보다는 실험을 얼마나 잘 수행하였는지 비난하는 자신을 발견할지도 모른다.

자비로운 자기연습에 대한 복습이 필요하다면, 모듈 19를 잠시 돌아보고 오는 것이 유용할 수 있다. 방금 언급하였던 각 단계에 참여하기 전에 잠시 시간을 내어 이 연습을 통해 자비로운 마음가짐에 대해 생각해 보는 것이 도움될 수 있다.

파티마의 행동 실험 기록지

날짜	생각/견해	실험	예측(들)	결과	배운 것
날짜	검증할 생각, 견해, 가정이나 또는 신념은 무엇입니까? 대안적인 관점이 있나요? 믿음 정도를 평가하세요(0~100%).	생각을 검증하는 실험을 설계하기 (예: 자비에 대한 두려움 검증하기, 피하고 싶은 상황에 직면하기, 방어 수단을 버리기, 새로운 방식으로 행동하기)	어떤 일이 벌어질 것이라고 예측하나요?	실제로 무슨 일이 발생했나요? 무엇을 관찰했나요? 당신의 예측과 결과가 얼마나 맞았나요?	이러한 결과는 당신의 원래 견해/생각에게 어떤 의미인가요? 그것을 얼마나 믿나요(0~100%)? 수정이 필요할까요? 어떻게요?
9/2 ~ 9/16	가설 A: 지속적으로 야근해서 상담에서 내담자의 욕구를 충족시키지 못하면, 보살핌과 자비의 부족으로 보일 것이다(심지어 소진이라는 대가를 치르더라도 말이다). 그럼 나 역시 기분이 좋지 않을 것이다. 직관적 믿음: 80% 이성적 믿음: 50% VS. 가설 B: 나 자신을 더 잘 돌본다면, 기분이 좋아지고 더 좋은 치료자가 될 것이다. 직관적 믿음: 30% 이성적 믿음: 50%	다음 주에는 정상 근무하기. 이번 주는 매일 오후 5시에 집에 가기 다음의 척도에서 내 점수 비교하기 • 우울, 불안, 스트레스 척도(DASS) • 간단한 과민성 척도 • 자기자비, 타인자비 척도 • 각 치료 회기(0~10)에서 각 자질에 대해 평정	잘 모르겠다. '위협적인 마음'은 사람들과의 약속을 미루는 것이 상당히 죄책감을 느끼게 할 것이라고 말한다. 이로 인해 불안이 매우 커지고 밤에 반추하도록 만들 것이다. 짜증이 많이 날 수 있다. 더 많은 사람을 보게 되면 치료의 질은 안 좋겠지만 내 기분은 더 나을 것이다. VS. 자비로운 마음은 나를 돌보는 것이 안도감이 들것이라고 한다. 실제로 저녁 시간을 내서 요가에 가거나 로빈과 이른 저녁에 영화를 보러 갈 수도 있다! 그럼 치료가 훨씬 더 즐겁고 모든 면에서 더 나을 것이다. 그리고 실제로 내담자들이 하루 정도 더 기다린다고 해서 그렇게 나쁠까?	늘 그렇듯이, 첫 주는 꽤 소진되었다. 5일 중 4일은 집에서 짜증 났고 지쳐 있었다. DASS와 과민성 척도가 걱정됐다: 그리고 평가를 통해 나의 치료의 질이 오후부터 줄어든다는 것을 알게 되었고, 실제로 하루에 평균적으로 3회기는 불만족을 느꼈다. 2주 차에 5시에 퇴근할 수 있다는 것에 자유를 느꼈다. 처음 며칠 동안 나는 조금 죄책감을 느꼈지만 4일 차가 되자 평가 점수를 통해 에너지와 자비가 첫 번째 주보다 더 많아졌고, 두 척도에서는 점수가 낮아졌다는 것을 깨달았다. 자비 주간은 회기의 불만족은 겨우 평균 0.8이었다.	생각에 대한 재평가: "내담자의 요구에 반응하지 않은 것은 나의 돌봄과 자비 부족 때문임을 보여 준다." 직관적 믿음: 30% 이성적 믿음: 20% "만약 나 자신을 더 잘 돌본다면, 기분이 훨씬 나아져서 더 나은 치료자 될 것이다." 직관적 믿음: 80% 이성적 믿음: 80% 모든 측정에서, 나 자신을 더 잘 돌보는 것의 이점은 소요되는 비용을 훨씬 능가했다. 처음의 죄책감을 극복하고 나니, 나 자신이 훨씬 나아지는 것을 느꼈다. 그리고 치료의 질에 대한 자기보고식 평가가 보여 주듯이 내 치료법은 훨씬 더 좋아졌다.

나의 행동 실험 기록지

	생각/견해	실험	예측(들)	결과	배운 것
날짜	검증할 생각, 견해, 가정이나 또는 신념은 무엇입니까? 대안적인 관점이 있나요? 믿음 정도를 평가하세요(0~100%).	생각을 검증하는 실험을 설계하기 (예: 자비에 대한 두려움 검증하기, 피하고 싶은 상황에 직면하기, 방어 수단을 버리기, 새로운 방식으로 행동하기)	어떤 일이 벌어질 것이라고 예측하나요?	실제로 무슨 일이 발생했나요? 무엇을 관찰했나요? 당신의 예측과 결과가 얼마나 맞았나요?	이러한 결과는 당신의 원래 견해/생각에게 어떤 의미인가요? 그것을 얼마나 믿나요(0~100%)? 수정이 필요할까요? 어떻게요?

자기성찰 질문

실험을 설계하는 것이 얼마나 쉬웠나요? 아니면 어렵게 느껴졌나요? 그렇게 생각한 이유는 무엇인가요?

실험을 어떻게 수행하였나요? 어떤 어려움이 있었나요(있었다면)? 감정이나 몸에서 어떤 것을 느꼈나요?

당신의 신념이 직관적 수준과 이성적 수준에서 어떤 영향을 받았나요? 이를 어떻게 이해하시나요? 당신의 경험으로부터 내담자와 작업할 때 도움이 될 만한 교훈은 어떤 것이 있을까요?

자비로운 자기를 사용하여 실험의 과정을 이끌어 가는 것은 어땠나요? 힘든 점은 없었나요? 만약 그렇다면, 다음에는 어떤 것이 도움이 될까요?

Part Ⅲ

자비의 흐름 계발하기

모듈 23

자기자비에서 타인자비로: 기억을 활용한 기술 구축

다음 몇 개의 모듈은 자비의 다른 '흐름'에 초점을 맞춘다. 우리가 논의했었던 것처럼, 흐름의 개념은 자비에 집중하고, 표현하고, 경험할 수 있는 각각의 방향과 관련된다. 본 모듈은 자신으로부터 타인에게로 흘러가는 자비의 흐름을 다루며, 다른 사람에게 자비를 보낼 때 자비로운 자기의 마음가짐에 집중하고 행동하는 연습을 해 볼 수 있는 기회가 될 것이다. 타인을 향한 자비는 종종 치료 시의 역할 안에 내재된 본질적인 부분으로 간주되며, 치료자가 발견하고 연결할 수 있는 '더 쉬운' 자비의 흐름이 경우가 많다. 그러나 타인을 향한 자비는 때때로 생각보다 더 복잡할 수 있다. 다음 몇 가지 모듈에서는 이러한 흐름에 연결하고 이 흐름이 내 안에서 작용하는 방식에 익숙해질 수 있도록 도와주는 연습을 소개한다.

기억에서 흘러나오는 자비

본 연습은 타인을 향해 자비로운 행동을 했던 기억에 초점을 맞춘다. 기억은 자비에 대한 생생한 경험과 그 경험에서 느껴졌던 감정에 연결되는 것을 돕기 때문에 자비를 기르는 데에 시작하기 좋은 지점이다. 기억 작업은 의도적으로 우리의 몸과 마음을 자극하기 위한 정신적인 심상을 활용하는 방법이다. 우리가 이러한 심상 연습을 하면 할수록, 자비를 촉진하고 위협 시스템을 다루는 데 도움 되는 뇌의 시스템을 더 쉽게 활용할 수 있다(Gilbert, 2010).

이 첫 번째 연습은 우리가 다른 사람에게 자비를 전달하는 경험에 접촉하게 해 준다. 이는 자비로운 동기가 감정과 신체 감각에 영향을 미치고 우리의 마음을 형성한다는 점에서 자비로운 동기의 존재와 영향을 더 잘 인식하기 위한 연습이다. 이 연습은 우리가 타인을 향해 돌봄을 제공할 때 자비로운 자기가 우리 안에서 어떻게 작동하는지 경험하게 해 준다.

다음 연습에서, 당신은 함께 작업했던 내담자에게 자비로워졌던 기억을 사용할 수 있다. 또는 친구, 가족 또는 다른 사람을 포함하는 기억을 떠올릴 수 있다. 핵심은 당신 안의 자비로운 느낌을 활성화하고자 진실된 자비의 마음으로 행동했던 상황의 기억을 선택하는 것이다. 이전 연습과 같이, 자비의 느낌이 발달하는 데 시간이 걸릴 수 있음을 인식하고 자비로운 감정이 일어나는데 시간이 걸리더라도 상대방에 대한 자비의 의도와 소망에 집중한다.

〈연습〉 기억에서 흘러나오는 자비

1. 방해받지 않는 조용한 장소를 찾아 잠시 진정 리듬 호흡을 합니다. 편안하고 품위 있는 자세와 친절한 얼굴 표정으로 자비로운 자기와 연결해 보세요.
2. 힘들어하거나 고통스러워하는 다른 사람에게 돌봄과 자비를 제공했던 기억을 떠올려 보세요. 아마도 내담자 중의 한 명일 수 있습니다. 상대가 극한의 고통을 경험했던 기억은 가능한 선택하지 마세요. 마음속으로 그 장면을 그려 보면서 기억을 자세하게 떠올려 보세요. 당신의 주변 환경과 그 사람이 어떻게 보이고 들리는지 상상해 보세요.
3. 강인함, 지혜, 친절함, 그리고 헌신의 자질이 체화되고 드러나고 있는 최고로 자비로운 자신에 대해 상상해 보세요. 이러한 자질들을 자비로운 자기로 구현할 때 당신이 어떤 모습일지 상상해 보세요. 이러한 자질을 표현하는 데 도움이 되도록 자세를 조정해 보세요.
4. 당신이 다른 사람에게 친절과 보살핌을 주었던 기억을 떠올리면서 몸 안에서 느껴지는 감각과 정서에 집중해 보세요. 이러한 감정들을 당신의 친근한 얼굴 표정과 연결지어 보세요.
5. 사람들에게 돌봄과 지지를 주려는 당신의 의도에 집중해 보세요. 상대의 고통 경험에 민감하게 반응하고 도움될 수 있다는 자신감을 가지고 그 고통에 맞서 보세요. 그 사람이 고통에서 벗어나 번영하기를 바라는 마음을 느껴 보세요. 따뜻한 느낌들이 당신의 몸 안에 퍼지도록 허락합니다.
6. 자비로운 목소리 톤으로 상대에게 말했던 혹은 말하고 싶었던 지혜롭고 친절한 말에 집중해 보세요. 당신이 했거나 하고 싶었던 자비로운 행동들을 떠올려 보고, 그것이 당신에게 어떤 느낌을 주는지 알아차려 보세요.
7. 잠시 자비를 표현하고 친절하게 도움을 줄 수 있다는 즐거움에 집중해 보세요.
8. 점차 이미지가 사라지게 놔두시고 준비되면 주의를 진정 리듬 호흡으로 돌립니다. 이제 조용히 눈을 뜨고 천천히 환경에 적응해 봅니다.

에리카의 예시가 보여 주듯이 연습을 마치고 난 후에는 잠시 연습을 통해 일어난 경험과 그로 인한 느낌에 대해 성찰해 볼 수 있는 시간을 가져 보세요.

예시: 에리카(Erica)의 기억에서 흘러나온 자비에 대한 성찰

당신은 이 연습에서 어떤 경험을 했나요? 연습을 하는 동안 당신의 몸과 마음에 무엇이 일어났나요? 어떤 감정을 경험했나요? 어떤 기분이 들었나요? 연습하는 동안 어떤 경험의 변화가 있었나요?

처음에는 집중할 수 있는 기억을 찾는 것이 어려웠어요. 그리고 바로 제가 어려워했던 내담자들이 떠올랐지만 이건 저의 위협 시스템이 작동하는 것으로 이해했습니다. 그래서 세라(Sarah)와 함께한 치료 회기를 떠올렸어요. 그녀가 아버지를 잃은 것에 대해 이야기한 것은 처음이었고, 저는 그녀가 슬픔에 연결되기 위한 공간을 만들어 주었습니다. 그녀는 눈물을 주룩주룩 흘렸고 저는 그녀가 얼마나 용감하게 자신의 슬픔을 저와 나누고 있는지 알 수 있었죠. 저는 그녀가 자신의 경험에 머물도록 계속 격려했어요. 그녀에 대해 강하고 안정적인 느낌이 들었고, 제가 곧게 자세를 유지하며 그녀에게 주의를 기울이는 모습을 상상했죠. 그녀를 향한 따뜻함이 내 숨결과 함께 흘러나가는 것을 상상했어요. 수용하고 돌봄의 느낌을 전달하려고 목소리를 부드럽게, 천천히 냈어요. 저는 개입해서 문제를 해결하고 싶다는 충동을 알아차렸지만, 그녀에게 가장 필요한 게 뭔지 알기 때문에 이런 욕구가 지나가도록 두었다는 것을 기억해요. 도움이 되었던 순간을 기억하고, 그녀에게 이로운 작업이 되었다는 것에 집중하니까 좋네요. 가슴에 따뜻한 느낌으로 남아 있어요.

이제, 잠시 연습에 대한 당신의 경험과 그에 따른 느낌을 성찰하는 시간을 가져 보자.

〈연습〉 기억에서 흘러나오는 나의 자비

당신은 이 연습에서 어떤 경험을 했나요? 연습을 하는 동안 당신의 몸과 마음에 무엇이 일어났나요? 어떤 감정을 경험했나요? 어떤 기분이 들었나요? 연습하는 동안 어떤 경험의 변화가 있었나요?

자기성찰 질문

이 연습을 하는 동안 자신에게 일어난 일을 떠올리면서, 첫 번째 자비 심리의 여러 속성(민감성, 동감, 고통 감내력, 공감, 비판단, 안녕감을 위한 보살핌)을 어느 정도로 경험했나요? 이러한 속성들 중에 일부가 다른 것보다 더 강하게 느껴졌던 경험이 있나요?

연습을 하는 중에 장애물이 있었나요? 만약 있었다면 어떻게 해결했나요?

이 모듈에서 당신의 경험은 타인을 향한 자비를 경험하는 것에 어려움을 느끼는 내담자에게 어떻게 도움 될 수 있을까요? 당신은 그들과 함께 어떤 활동을 할 수 있을까요?

모듈 24

자기자비에서 타인자비로: 심상을 사용한 기술 구축

이전 모듈에서 당신은 다른 사람에게 자비를 제공하는 기억과 연결하고 그 과정에서 떠오르는 감정을 알아차렸다. 이 모듈은 우리가 무관심하게 대하는 사람이나 나와 다르다고 생각하는 사람을 포함한 주변 사람들에게 자비를 집중함으로써 자기에서 타인으로 향하는 자비의 흐름을 개발하는 데 중점을 두었다. 이 연습은 불교 전통에서 나온 자애(loving-kindness) 명상을 각색한 것이다(예: Salzberg, 2002). 이 연습은 메타 바브나(Metta Bhavana)로 알려져 있는데, 친절함, 우정, 비연애적 사랑(Metta)의 함양 및 계발(Bhabana)로 번역할 수 있다. 이 명상에서는 다른 사람에게 친절하고 자비로운 마음으로 대하는 태도를 네 단계로 분류한다:

① 우리가 알고 사랑하는 사람들에게
② 우리가 잘 알지 못하는 사람들에게
③ 우리가 어렵게 여기는 사람들에게
④ 궁극적으로, 모든 존재들에게

이 연습은 우리가 다른 사람들과 맺는 기본적인 연결과, 우리가 공유하는 인간의 열망 및 경험에 집중하는 것과 관련된다. 이 연습은 타인에 대한 무조건적인 자비를 개발하는 것에 기반을 두고 있기 때문에, 우리가 특정한 사람을 판단하고, 비판하고, 거부하고, 심지어 그들에 대한 우리 자신의 감정에 비판적으로 반응하는 우리의 본성을 알아차리고 작업하게 해 준다. 이런 의미에서, 이 연습은 다른 사람들과 연결될 때 위협 시스템의 활성화를 인식하는 데 도움을 줄 수 있으며, 동시에 상호 호혜적인 방법으로 우리 자신과 다른 사람들에 대한 자비심을 자극하는 것에 초점을 전환하는 연습을 제공한다.

이 연습은 타인을 향한 자비의 다양한 측면을 함양할 수 있는 방법을 제공하며, 이는 앞서 제시된 두 가지 자비의 심리를 떠올리게 한다. 여기에는 다른 사람들의 고통의 현실에 관여하는 것과 그들이 그러한 고통으로부터 자유롭기를 바라는 진정한 바람과 열망이 관련된다. 중요한 것은, 여기에 다른 사람들이 행복과 번영을 경험하면서 성장하기를 바라는 희망과 소망도 포함된다는 점이다.

우리가 다른 사람들에게 자비를 일으킬 때 어려움이나 저항에 부딪힌다면, 이러한 반응이 우리의 몸과 마음에서 어떻게 나타나는지 마음챙김을 통해 알아차리는 것이 도움될 수 있다. 우리는 자비로운 척할 필요는 없지만, 우리 안에서 일어나는 모든 저항에 친절한 호기심과 현명한 관심을 기울이면서 다른 사람의 행복에 대한 열망을 재확인하거나 우리의 그러한 열망이 미래에 다른 사람을 위한 소망과 감정에 연결되기를 바란다. 예컨대, "비록 지금은 이 사람에게 마음을 열 수 없지만, 앞으로는 이 사람을 돌보는 것에 더 개방적이고 싶은 열망을 가질 수 있겠지."

〈연습〉 타인을 향한 자비에 초점 맞추기

[준비 단계]

편안하면서도 깨어 있는 자세를 취하고 진정 호흡 리듬으로 시작합니다. 다정한 표정을 하고 눈을 감는 것이 편하다면 그렇게 하도록 합니다.

이제 당신이 자비로운 자기와 일치한다고 상상해 보세요. 따뜻함, 지혜, 힘 그리고 헌신 등 당신의 자비로운 자기의 자질들을 떠올려 보세요. 이러한 자질들이 내면에서 생생하게 떠오른다고 상상해 보세요. 당신의 친절하고 격려하는 내면의 목소리를 듣는 연습을 해 보세요.

[당신과 가까운 사람]

당신이 아끼고 가깝게 느끼는 사람을 떠올려 보세요. 즉, 따뜻한 감정이 자연스럽게 느껴지는 사람을 떠올려 보세요. 이 사람의 모습, 목소리, 평소의 움직임을 떠올리며 당신 앞에 있다고 상상해 보세요. 시각적 이미지로 그 사람을 상상하거나, 그 사람이 당신과 함께 있다는 느낌 감각을 만들어 낼 수도 있습니다.

이제 이 사람이 힘든 사건이나 경험을 겪었을 때를 상상해 보세요. 그 사람의 고통에 민감해지고 그 분의 경험에 공감할 수 있도록 허용해 주세요. 이분에 대한 관심과 배려하는 느낌을 알아차리고, 자연스럽게 자비가 일어나도록 해 보세요. 이분에게 도움이 되어 주고 고통을 덜어 주고자 하는 동기를 알아차려 보세요.

당신의 자비로운 자기 관점에서(다정한 얼굴 표정과 따뜻한 목소리 톤을 유지하면서), 이 사람에게 다음과 같은 진심 어린 소망을 보낸다고 상상해 보세요:

- [해당 인물의 이름 말하기], 당신이 행복하고 건강하기를 바랍니다.
- [해당 인물의 이름 말하기], 당신이 고통과 아픔에서 벗어나길 바랍니다.
- [해당 인물의 이름 말하기], 당신이 기쁘고 행복하기를 바랍니다.

몇 분 동안 위의 문장을 반복하며, 이 사람을 향한 자비의 흐름에 연결합니다. 이러한 바람을 표현할 때 느낌에 주의를 기울입니다. 당신이 그분을 위해 바라는 긍정적인 상태를 그분이 경험한다고 상상하면서 당신 안에서 일어나는 감정을 알아차려 보세요. 만약 그 분을 향한 느낌의 흐름에 어떠한 어려움이 있다면, 이를 친절하게 알아차리고, 자비롭고, 친절하고, 헌신적이고자 하는 당신의 의도와 동기에 다시 연결해 보세요.

이미지가 희미해질 때까지 진정 리듬 호흡에 집중해 봅니다.

[중립적인 사람]

이제 당신의 내담자나 중립적으로 느끼는 사람, 당신이 좋아하지도 싫어하지도 않는 사람을 떠올려 보세요. 잠깐 만난 사람일 수도 있고, 제한적이지만 정기적으로 연락하는 사람(예: 점원, 직장 동료)일 수도 있습니다.

이 사람을 마음속에 떠올리면서 이분도 당신과 마찬가지로 삶의 흐름 속에서 고통스러운 감정을 느끼고 조절하기 어려운 마음을 지니고 있다는 자비로운 통찰을 가져 봅니다. 당신과 친한 사람들처럼, 이분도 희망, 꿈을 지니고 있으며, 삶의 좌절과 실망에도 불구하고 행복하고 사랑받기 위해 노력하고 있습니다. 이분도 당신과 마찬가지로 자신이 통제할 수 없는 많은 상황에 의해 조형되었습니다. 이제 이분이 외롭거나 실망 같은 고통을 경험한다고 상상해 보세요. 그분의 고통에 연결하여 공감하면서 관심과 배려를 느끼도록 허용해 보세요. 다음 1분 동안, 그 사람에게 다음과 같은 바람과 희망을 반복해 보세요:

- [해당 인물의 이름 말하기], 당신이 행복하고 건강하기를 바랍니다.
- [해당 인물의 이름 말하기], 당신이 고통과 아픔에서 벗어나기를 바랍니다.

• [해당 인물의 이름 말하기], 당신이 기쁘고 행복하기를 바랍니다.

이러한 바람을 표현할 때, 당신의 느낌을 알아차려 보세요. 자연스럽게 걱정과 보살핌이 흘러나올 수도 있고 무관심, 불안, 좌절감이 느껴질 수도 있습니다. 당신의 몸에서 느껴지는 반응을 알아차려 봅니다. 당신 안에서 일어나는 모든 경험들에 호기심과 마음챙김을 가지고 자비로운 동기와 위협 시스템이 충돌하는 방식을 친절한 관심으로 관찰해 보세요. 그리고 이 사람에 대한 자비로운 열망으로 부드럽게 돌아갑니다. 그분이 당신이 원하는 긍정적인 상태를 경험한다고 상상해 보고, 이때 떠오르는 감정을 알아차려 보세요.

이미지가 희미해지도록 허용하며 진정 리듬 호흡에 집중해 봅니다.

[당신이 어려워하는 사람]

이제 당신이 싫어하거나 갈등이 있었던 누군가 또는 함께 시간을 보내고 싶지 않은 누군가를 떠올려 보겠습니다.

그분을 마음속으로 떠올리며 그분의 존재감에 집중해 보세요. 그분도 당신처럼 행복해지기를 원하고 고통을 피하고 싶어 하는 사람이라는 사실을 기억하세요. 이분 역시 수백만 년의 진화로 형성된 복잡한 뇌와 자신이 통제할 수 없는 상황에 의해 자기감이 형성되었습니다. 당신과 마찬가지로 이분도 인생의 어려움에 직면하여 최선을 다하고 있습니다. 당신처럼 이분도 때때로 불안, 분노, 슬픔으로 인해 고통받습니다. 그 사람이 했던 일에 관련된 과거 기억이 당신의 자비로운 성찰을 방해한다면, 그분의 관점에서는 그렇게 곤란한 행동조차도 타당한 근거를 가졌다고 생각할 수 있는지 고려해 보세요. 당신의 잘못이 아닌 이유로 당신을 힘들게 하거나, 당신의 감정을 자극하는 사람에게 자비를 느끼기 어려운 것이 당연하다는 것을 인정하면서, 당신 자신에게 자비롭도록 허용합니다.

이제 이 사람이 고통을 경험하고 있다고 상상해 보세요. 그분의 고통과 아픔에 다가가고 연결될 수 있다면, 그의 두려움, 외로움, 실망, 거절이나 실패에 대한 느낌을 느끼는 것이 가능한지 보십시오. 비록 이분이 한 일들이 상처가 되었더라도, 고통에 대한 반응, 괴로움을 회피하기 위해, 행복을 추구하기 위해, 혹은 불행하게도 해로운 방법으로 자신의 욕구를 충족하도록 알려 준 환경에서 성장해 왔기 때문에 그렇게 한 것임을 상기해 보세요. 그분이 한 인간으로서 보살핌을 받고 도움이 되는 방향으로 성장하는 경험을 하기를 바라는 마음을 가져 보세요. 친절한 표정과 따듯한 목소리 톤을 유지하면서 다음과 같은 진심어린 소망을 상대에게 전한다고 상상합니다.

- [해당 인물의 이름 말하기], 당신이 행복하고 건강하기를 바랍니다.
- [해당 인물의 이름 말하기], 당신이 고통과 아픔에서 벗어나기를 바랍니다.
- [해당 인물의 이름 말하기], 당신이 기쁘고 행복하기를 바랍니다.

이 문구를 반복하면서, 그 사람을 당신의 마음속에 떠올려 봅니다. 그 사람이 행복하고 번영하기를 바라는 당신의 바람에 주의를 집중하면서 그 사람을 향한 문구에 연결해 보세요. 당신이 소망하는 대로 상대가 긍정적인 상태를 경험하는 것을 상상하면서 이때 일어나는 감정을 알아차립니다. 보살피고 걱정하는 마음을 보내는 것이 쉬운지 아니면 억울하고 화나는 감정이 느껴지는지 알아차려 보세요. 이 경험이 당신의 몸 어느 곳에서 울려 퍼지는지 알아차려 보세요. 당신이 느끼는 방식에는 옳고 그름은 없습니다. 당신 자신을 보호하기 위해 위협 시스템이 활성화되는 것을 알아차리고, 이런 일이 어떻게 일어날 수 있는지 인식하면서 자신의 경험에 대한 개방적이고, 친절하고, 섬세한 호기심을 가져 보세요.

그분에게 당신의 마음과 생각을 열겠다는 의도를 재확인하고 그분이 자비를 경험하도록 하는 의도에 전념해 보세요. 그분의 인간성에 집중해 보고, 그 사람이 다른 사람들 그리고 당신과 공유하고 있는 공통점에 초점을 맞춰 보세요. 그분이 자신과 타인, 그리고 당신에게 상처를 주는 방식으로 행동하게 만든 고통이나 상처에서 벗어난 모습을 상상해 보는 것도 좋습니다.

이미지가 희미해지도록 허용하며 진정 리듬 호흡에 집중해 봅니다.

[살아 있는 모든 존재들]

연습의 마지막 부분은 모든 사람들에게 자비를 확장해 보는 것입니다. 앞의 단계들에서, 당신은 모든 사람들이 공통적으로 가지고 있는 기본적인 인간성, 즉 고통으로부터 자유로워지기를 바라는 열망, 행복하기를 바라는 희망, 인간으로서 겪는 두려움, 고통, 감정, 기쁨 그리고 욕망, 모든 각계각층의 사람들을 연결해 주는 동일한 경험에 연결되어 있습니다.

먼저 친구나 가족과 같은 소중한 사람들을 하나씩 떠올린 다음, 출근길에 지나치는 사람처럼 관계가 덜한 사람들로 넘어가세요. 그리고 갈등이나 어려움을 겪은 사람들을 포함하여 더 많은 사람들을 포함하도록 인식의 폭을 더 넓혀 보겠습니다. 모든 사람들이 당신과 마찬가지로 행복하고 고통에서 벗어나기를 바란다는 것을 기억하세요. 모든 사람들이 당신처럼 사랑받고 거절당하지 않기를 원합니다. 그들도 당신처럼 안전하기를 원합니다. 이제 당신의 인식을 이웃과 시민들, 당신의 살고 있는 나라의 사람들 그리고 마지막으로 도처에 살고 있는 모든 존재들까지 확장해 보세요. 모든 사람을 상상하며 다음과 같은 바람과 열망을 표현합니다.

- 모든 존재가 행복하고 건강하기를 바랍니다.
- 모든 존재가 고통과 아픔에서 벗어나기를 바랍니다.
- 모든 존재가 기쁘고 행복하기를 바랍니다.

마치 당신의 자비가 자라나 한 사람 한 사람에게 감동을 주고 그 자비심이 다시 다른 사람에게 퍼져 나가는 것처럼 당신의 바람이 모든 인류에게 퍼져나가는 것을 상상해 보세요. 모든 생명체가 서로 연결되어 있다는 것에 감사합니다. 이 모든 존재들이 당신의 자비로운 바람을 받고 행복해지고 고통으로부터 자유로워지며 안녕감으로 충만하다고 상상해 보세요.

시각화가 희미해지면 몸의 느낌을 알아차리고 몸과 몸을 지탱하는 사이의 접촉점을 알아차려 봅니다. 준비가 되면 천천히 눈을 뜨고 주변의 환경으로 다시 돌아옵니다.

명상 연습 후, 259쪽에 자신의 경험을 적으세요. 에리카의 예에서는 특히 내담자들에게 초점을 맞추었지만, 당신은 직장 생활이나 가정에서 만나는 사람들에게도 자유롭게 초점을 맞출 수 있습니다.

예시: 다른 사람들을 향한 자비에 초점을 맞춘 에리카의 성찰

어떤 경험을 했나요? 연습을 하면서 당신의 몸과 마음에서 무슨 일이 일어났나요? 어떤 감정을 경험했나요? 이 연습 후 기분이 어떠했나요? 연습하는 동안 경험에 변화가 있었나요?

정말 흥미로운 경험이었어요. 제가 만나는 내담자의 관점에서 연습에 대해 생각해 보게 되었습니다.

첫 번째 단계는 쉬웠어요. 저는 광장공포증에서 많이 호전된 폴(Paul)을 떠올렸어요. 저는 우리 관계가 폴이 변화하는 데 중요한 역할을 했다고 생각했어요. 폴을 생각하면, 그의 어려움과 그가 행복하고 고통에서 자유로워지기를 바라는 저의 마음에 연결될 수 있었어요. 그가 잘 지낸다는 생각에 기쁨을 느낄 수 있었고 가슴이 따뜻해지는 것을 알아차렸습니다.

두 번째 단계는 좀 더 어려웠습니다. 제가 다른 내담자들에 대해 다르게 느낀다는 것을 인정하는 것이 불편했어요. 저는 이제 막 만나기 시작한 내담자 수(Sue)를 선택했습니다. 그녀는 우울증을 앓고 있는데 솔직히 말하자면, 그녀의 무망감과 동기 부족이 저에게는 좌절스러웠습니다. 그녀와 함께 연습을 시작하면서, 달력에서 그녀와의 약속을 볼 때마다 제 마음이 얼마나 가라앉는지 깨달았습니다. 이런 생각에 죄책감을 들었지만 연습에 다시 집중할 수 있었고 이것이 도움 되었습니다. 그녀에게 집중하는 시간을 보내면서, 그리고 그녀가 회기에 오기 위해 에너지를 모으는 것이 얼마나 어려울지 생각하니 가슴이 뭉클해졌습니다. 어머니가 돌아가신 후의 제 경험을 생각해 보면, 내담자의 에너지와 동기의 결핍을 이해하게 되었습니다. 그녀가 겪은 모든 일이 너무나 비극적으로 느껴졌고, 제 몸도 슬프고 무겁게 느껴졌습니다. 그런데 제 염원과 연결되니 긍정적으로 느껴졌습니다. 저는 그녀의 상황이 달라졌으면 하고, 그녀가 기분이 나아질 수 있는 방법을 찾도록 돕고 싶다는 열망을 느꼈습니다.

세 번째로 선택한 사람은 소니아(Sonia)였는데, 결국 다른 사람에게 위탁하게 된 내담자였습니다. 우리는 그저 이해가 잘 안 됐고, 그녀는 제 스타일에 전투적이고 불만족스러워 보였습니다. 그녀는 누군가가 자신에게 무엇을 해야 하는지 알려 주기를 원하는 것처럼 보였는데 그것은 제 치료 방식이 아닙니다. 그녀를 생각만 해도 너무 당황스럽습니다. 연습을 하는 동안 저는 마음이 방황하고 있다는 것을 알아차렸고, 자신을 해명하고 정당화하고 싶었지만, 이를 바로 알아차리고 그녀에게 집중했어요. 그녀는 고통스러워하고 나아지지 않을까, 또다시 실패하지 않을까 두려워하는 한 인간이었습니다. 그 갈등은 계속 이어졌고, 마치 두 개의 힘이 씨름하는 것 같아 이상하게 느껴졌습니다. 하나는 그녀가 잘되기를 바라는 것이고 다른 하나는 좌절감을 느끼는 것입니다. 그리고 이런 감정을 느끼는 것에 대해 죄책감을 느낍니다. 저는 몸이 수축하고 턱에 긴장감이 생기는 것을 알아차렸습니다. 그런데 문구로 돌아오는 것이 도움이 되었는데 그녀가 평화를 찾기를 바라고 고통이 사라지기를 바라는 마음에 연결되어 방어적인 태도가 완화될 수 있었어요. 그 친절함을 저 자신과 저의 반응에 확장시킬 수 있었는데, 그것은 놀라운 일이었습니다. 온몸이 부드러워지는 것을 느낄 수 있었습니다.

마지막 부분이 정말 좋았습니다. 이 잔물결들이 제 안에서 확장되고 확장되는 것처럼 느껴졌습니다.

〈연습〉 다른 사람들을 향한 자비에 초점을 맞춘 나의 경험

어떤 경험을 했나요? 연습을 하면서 당신의 몸과 마음에서 무슨 일이 일어났나요? 어떤 감정을 경험했나요? 이 연습 후 기분이 어떠했나요? 연습하는 동안 경험에 변화가 있었나요?

자기성찰 질문

연습을 하면서 경험한 것이 당신이 치료를 준비하는 방식에 어떤 함의를 줄지 성찰해 봅시다.

이런 종류의 명상 연습은 다른 사람을 향한 자비로운 마음을 가지는 것이 어려운 내담자와 작업할 때 어떻게 전달될까요? 당신의 내담자에 대해 생각해 보세요. 그 내담자에게 적절할까요? 아니면 적절하지 않을까요?

모듈 25
자기자비에서 타인자비로: 자비로운 행동

자기에서 타인으로 가는 자비 흐름의 마지막 연습은 다른 사람들에게 자비로운 행동을 연습하고 기록하는 것이다. 앞에서 논의해 왔던 것처럼, 돌봄과 자비의 행동은 위협 보호 및 추동 시스템을 자극하는 상황에 관여하는 것과 관련될 수 있다. 자비로운 행동은 진정과 안전에 관련된 특정 상황 및 행동에만 국한되지 않는다. 실제로 가장 용감한 돌봄 행위 중 어떤 것은 적극적으로 위험과 위협을 마주하는 것을 포함한다. 한 가족을 구하기 위해 불타는 건물에 들어가는 소방관이나, 친구 편을 들며 괴롭힘에 맞서는 아이를 생각해 보라. 이러한 행위들을 뒷받침하는 공통점은 자비로운 동기에 기반한다는 것이다.

세 가지 정서 시스템 모델은 우리의 상호작용이 다른 사람들에게 미치는 영향을 고려해 볼 수 있는 좋은 틀(예: 우리와 상호작용한 결과로 그 사람의 어떤 정서 시스템이 자극될까?)을 제공한다. 이는 우리가 내담자들과 어떻게 상호작용하는지 고려할 때 특히 중요한 부분이다. 우리가 다른 사람들과 관계 맺고, 그들에 대해 생각하고, 그들에게 접근하는 방식은 우리 자신의 정서 조절 시스템에 긍정적인 영향을 줄 수 있고 특정 행동을 점화시킬 수 있다(예: 위협 시스템은 공격-회피-회유 행동을 '준비시킴'). 만일 치료 과정에서 치료자와 내담자 둘 다 위협 시스템에 갇혀 있다고 상상해 보자. 그러면 방어와 회피적 상호작용으로 춤을 추느라, 어려운 치료 작업을 수행하는 데 안전 기지를 제공하지 못하게 될 것이다. 따라서 타인을 위한 자비를 계발하는 것은 특히 자비가 우리의 상호작용에 영향을 미친다는 점에서 자기와 타인 모두에게 상호 이익이 된다(예: Hutcherson et al., 2008).

자비 행동의 맥락에서 '능숙함'의 개념은 고려해 볼 가치가 있다. 때때로 의도는 좋을 수 있지만, 행동에서 오해를 사거나, 부적절하거나, 역량이 부족하여 도움 되지 않는, 원치 않았던 결과를 가져올 수 있다. 예를 들어, 사별 후 휴가에서 막 복귀한 후 내담자와 첫 회기를 진행할 예정인 동료에게 다가갈 때, 가장 능숙한 행동은 기분이 어떤지 묻지

앎기일 것이다. 가장 능숙한 자비 행동은 동감뿐만 아니라 공감에 기반하고 있다. 그리고 동감과 공감은 다른 사람이 그 순간에 필요로 하는 것이 무엇인지 민감하게 반응하고 조율할 수 있는 능력을 반영한다. 이 예시의 경우에 필요한 것은, 하루 일과가 끝난 뒤 동료를 찾아가 커피 마시자고 초대하여 그녀를 긍정적으로 생각한다는 것을 보여 주는 친절한 말을 나누고, 그녀가 더 자유롭게 얘기할 수 있게 해 주는 것일 수 있다. 예를 들어, 슬픔을 능숙하게 다루는 행동이란 때때로 우리의 한계를 인정하고 그 사람의 고통을 '고치거나', '해결하려고' 하지 않는 태도를 필요로 할 수 있다. 특히, 슬픔을 해결하려고 하는 노력이 당사자의 고통을 증가시킬 때 그러하다. 이러한 인식은 결국, 도움이 되고 싶지만 그 방법을 모르는 것에 따른 우리 자신의 불충분함 또는 불안감에 대한 고통 감내력을 요구할 수 있다. 이전 모듈에서 탐색했던 것처럼, 자비로운 행동은 고통에 대한 민감성과 이를 덜어 주려는 동기의 핵심 요소를 요구하지만, 어떤 행동이 정말 능숙하고 도움될지에 대한 역량과 분별력도 포함된다.

다른 사람을 향한 당신의 자비로운 행동과 그에 따른 성찰을 기록하기 위한 워크시트가 263쪽에 있다. 일주일 동안 매일 자비로운 행동을 기록할 수 있는 7개의 열이 있지만, 당신이 도움 된다고 생각하는 어떤 방식으로든 기록지를 사용할 수 있다(예: 하루에 1개 이상의 자비 행동을 자유롭게 기록하기). 자비로운 행동에 관여하고 성찰하는 일상의 습관을 만들어보라. 이러한 성찰을 위해 일정한 시간을 할애할 수도 있다.

예시: 에리카(Erica)의 자비로운 행동 기록

날짜	타인을 향한 자비로운 행동	성찰
	자비로운 행동을 간단하게 설명해 보세요(예: 무엇을 했나요? 어디서 일어났나요? 어떤 상황이었나요? 누구와 관련 있나요?)	당신의 경험에 대해 얘기해 보세요(예: 어떻게 느꼈나요? 그 행동은 당신과 다른 사람에게 어떤 영향을 끼쳤나요? 그 행동을 다시 할 것인가요? 당신 스스로나 다른 사람에 대해 새롭게 배운 것이 있나요?)
2016/ 3/11(월)	직장 종료가 방금 참석했던 회의가 얼마나 힘들었는지에 대해 말했습니다. 저는 판단 없이 들었습니다.	우리의 대화 후에 동료가 차분해져서 자신을 괴롭히던 것을 놓아 버릴 수 있게 되어서 기뻤습니다. 때때로 누군가의 얘기를 그냥 들어주는 것만으로도 변화를 가져 올 수 있습니다.

2016/ 3/12(화)	주삿바늘을 무서워하는 내담자와 노출 작업을 할 때, 떠나고 싶어하는 그녀를 방에 있도록 했습니다. 그녀는 화를 냈지만 우리는 함께 해결했고, 그녀는 회기 내내 방 안에 남아 있었습니다.	처음에는 어렵게 느껴졌고 내담자가 언짢아할까 봐, 또 저에 대해 어떻게 생각하고 어떻게 볼지 걱정하여 위협 시스템이 활성화되는 것을 알아차렸습니다. 하지만 자비가 고통을 잠재우는 것이 아니라 고통의 원인에 직면하도록 돕는 것임을 압니다. 제 자신이 그녀를 돌보려는 마음에서 쉬운 행동을 선택하기보다는 필요한 행동을 선택했다고 생각합니다. 이렇게 생각하니 더 힘이 났습니다.

〈연습〉 나의 자비로운 행동 기록

날짜	타인을 향한 자비로운 행동	성찰
	자비로운 행동을 간단하게 설명해 보세요 (예: 무엇을 했나요? 어디서 일어났나요? 어떤 상황이었나요? 누구와 관련 있나요?)	당신의 경험에 대해 얘기해 보세요(예: 어떻게 느꼈나요? 그 행동은 당신과 다른 사람에게 어떤 영향을 끼쳤나요? 그 행동을 다시 할 것인가요? 당신 스스로나 다른 사람에 대해 새롭게 배운 것이 있나요?)

자기성찰 질문

지난주 동안 다른 사람들을 향한 자비 행동에 특별히 초점을 맞춰 보니 어땠나요? 무엇을 알아차렸나요? 새롭게 알아차린 것이 있나요?

지난주 동안 기록을 하면서 개인적인 방해물이나 어려움이 있었나요? 혹은 타인을 향한 자비 모듈 세 가지 요소에 대해서 개인적인 방해물이나 어려움을 경험했나요? 그것을 어떻게 이해했고, 어떻게 작업했나요?

타인을 향한 자비 모듈에서 했던 경험을 떠올려 봤을 때, 연습들이 자비의 본질에 대해 새로운 통찰을 주었나요? 치료자로서 당신에게 어떤 의미가 있나요?

타인을 향한 자비의 흐름에 대해 함께 작업하는 것이 특히 어떤 내담자에게 도움 될 것이라고 생각하나요? 당신의 경험을 성찰해 보면, 이 연습을 내담자에게 어떻게 설명하는 것이 가장 좋을까요? 내담자가 이 자비 흐름의 중요성에 대해 탐색하는 것을 어떻게 도울 수 있을까요?

이 모듈을 하면서 배운 것 중에 기억할 만큼 중요하다고 느껴지는 점은 무엇인가요? 그러한 배움은 치료자의 역할에서, 또는 개인적인 삶에서 적용될 것입니다. 배운 점 중에서 개인적으로나 전문적으로나 중요한 것이 있나요?

모듈 26
타인으로부터 받는 자비: 기억을 활용한 기술 구축

자비의 두 번째 흐름은 타인으로부터 자신에게로 흘러들어오는 자비를 포함한다. 우리가 치료자들과 대화를 나누어보면, 타인을 향한 자비를 경험하는 능력은 좋은 반면 자신을 아끼는 다른 사람들로부터 자비를 받고 의지하는 데 어려움을 겪는다고 보고하는 사람이 많았다. 심지어 그들이 매우 필요로 할 때도 말이다. 때때로 다른 사람들의 자비에 자신을 개방하는 것은 우리 안의 많은 두려움과 장벽을 활성화시킬 수 있고, 이는 충분히 이해할 수 있는 반응이다. 다음 두 모듈은 훈련, 연습 및 인내심을 통해 새로운 기술을 익히는 것과 마찬가지로 자비에 대한 수용을 계발하는 데 중점을 두었다. 또한 그러한 탐색은 치료 안에서 우리가 보내는 자비를 신뢰하고 수용하는 데 있어 내담자들이 겪을 수 있는 어려움을 더 잘 이해하는 데 도움을 줄 수도 있다.

기억에서 흘러나오는 자비

첫 번째 연습은 다른 사람들로부터 친절이나 보살핌을 받았던 기억에 집중하는 것을 포함한다. 모듈 23에서 경험한 것처럼, 당신이 다른 사람으로 진정, 안전, 그리고 소속감을 느꼈던 경험을 자극하기 위해 기억을 사용할 것이다. 이 연습은 다른 사람의 마음을 긍정적으로 받아들이는 데 집중하여, 앞으로 이러한 경험들에 대해 마음을 열고 주의를 기울일 수 있도록 준비시킨다. 마지막으로, 이 연습은 다른 사람으로부터 자비를 받는 것에 집중하는 것이 어떤지 당신의 경험을 알아차리고, 이 과정에서 발생할 수 있는 어떤 장애물이나 저항을 성찰할 수 있는 기회를 제공한다.

여기서 작업하고자 하는 기억을 선택할 때, 복잡한 감정이 뒤섞여 있거나 상당한 고통을 겪었던 순간은 피하도록 하라. 그렇지 않으면, 당신의 까다로운 위협 초점 뇌 덕분에 자비의 경험보다는 고통에 집중하게 될 수 있다. 따라서 더 강렬한 기억으로 넘어가기 전에, 누군가가 당신을 기꺼이 도와준 경험을 먼저 떠올려 보라(예: 친구가 이사를 도와주겠다고 했을 때). 이 연습을 진행하면서, 그 사람의 마음과 당신에게 도움을 주고 친절하게 대하려는 바람 및 동기에 집중해 보라. 그것을 받는 당신의 마음과 몸에서 무엇이 느껴지는지 집중해 보자. 따뜻함, 감사함, 그리고 즐거움이 일어나도록 허용해 보는 것이다. 이전의 연습과 마찬가지로, 만약 그러한 감정이 없거나 접근하기 어렵다고 느껴진다면, 그러한 경험에 있을 때 어떤 느낌일지 상상해 보는 방식으로 연습해 볼 수 있다.

〈연습〉 기억에서 흘러나오는 자비

1. 진정 리듬 호흡으로 시작하면서, 척추를 바르게 하고, 편안하고, 주의 깊은 자세를 취하세요. 눈을 감고, 소중한 사람을 만나는 것처럼 다정한 표정을 지어 보세요.

2. 준비가 되면, 누군가가 당신에게 친절하거나 자상한 태도로 대했던 때의 기억을 떠올려 보세요. 다양한 감각들에 집중하면서 마음속으로 당시 사건을 재현해 봅니다: 무엇을 보고, 듣고, 냄새 맡고, 느꼈나요?

3. 이제 당신에게 도움이 되고자 하고, 지지적이고, 친절해지고자 하는 상대방의 욕구와 동기에 집중해 보세요. 이러한 친절함이나 보살핌이 어떻게 드러났나요? 다음 사항에 집중하는 시간을 가져봅시다:
   - 기억 속에 있는 사람의 친절하거나 돌보아 주는 표정.
   - 그 사람의 말과 목소리 톤.
   - 상대방의 감정: 그 순간 상대방이 나에게 느낀 감정과 원하는 것이 무엇인지.
   - 상대방의 행동과 관계 맺는 방식: 당신을 돕거나 친절하게 대하기 위해 상대방이 무엇을 했는지.

4. 그 기억을 떠올릴 때, 이러한 친절을 받는 것에 감사와 기쁨을 느껴보세요. 만약 이것이 어렵다면, 그러한 감사와 기쁨을 경험할 수 있다면 어떤 느낌일지 상상해 보세요. 그 사람의 자비가 당신에게 전달되는 것을 상상하고 그 마음을 긍정적으로 받아들이는 것이 어떤 느낌일지 상상해 보세요. 당신이 기억하고 있는 친절함과 보살핌을 느낄 수 있도록 당신의 몸의 자세와 표정을 연습해 보세요.

5. 자신의 속도에 맞춰 기억이 점차 사라지도록 하면서 천천히 다시 호흡에 주의를 둡니다. 잠시 후 눈을 뜨고, 현재 환경으로 돌아옵니다.

앞의 연습을 마친 후, 다음에 제공된 공간을 사용하여 자신의 경험을 되돌아보자. 파티마의 사례는 친절했던 기억에 집중하는 동안에도, 우리의 주의가 위협적인 측면(이 경우, 할머니를 그리워하는 느낌과 혼자 집으로 돌아갈 생각)으로 쏠릴 수 있다는 것을 잘 보여 준다. 이 예시는 또한 이전 모듈에서 살펴본 마음챙김 기술을 사용하여 주의 산만을 어떻게 다룰 수 있는지도 보여 준다.

〈연습〉 파티마의 기억에서 흘러나오는 자비의 경험

당신의 경험은 무엇입니까? 당신은 무엇을 상상했나요? 당신의 몸과 감정에서 무엇을 알아차렸나요?

바로 할머니가 생각났습니다. 여러 가지 기억들이 떠올랐는데 제가 방문할 때마다 할머니가 반갑게 맞아 주셨던 모습에 초점을 맞췄습니다. 크게 포옹하고, 차를 함께 마시고……. 할머니가 제가 하는 일에 대해 기억해 주시고 관심을 가져주셔서 늘 감동했습니다. 연습하는 동안, 할머니의 미소, 저를 소중하게 여기고 귀 기울여 주시는 그 느낌에 집중했습니다. 그리고 주방의 따뜻함과 냄새, 안전하고 보살핌을 받는다는 느낌에도 집중했습니다.

제가 대학생일 때 할머니가 돌아가셨는데, 이제 더 이상 할머니를 볼 수 없다는 것이 조금 슬프게 느껴지기 시작했습니다. 잠시 동안 마음이 방황했지만, 계속해서 할머니의 미소를 보고 느끼고, 음식 냄새를 맡으며, 할머니와 함께 있는 것을 느끼며 할머니에 집중했습니다.

〈연습〉 나의 기억에서 흘러나오는 자비의 경험

당신의 경험은 무엇입니까? 당신은 무엇을 상상했나요? 당신의 몸과 감정에서 무엇을 알아차렸나요?

비교와 대조

자비로운 집중의 잠재적인 이점과 영향을 살펴보는 데 가장 도움이 되는 한 가지 방법은 앞의 연습에서 언급한 경험과 당신에게 불친절했던 사람에게 집중했을 때의 느낌을 대조해 보는 것이다. 최근에 있었던 논쟁이나 의견 충돌을 잠시 떠올리고 이 기억이 당신의 기분에 어떤 영향을 미치는지 알아보는 실험을 해 보는 것도 좋다. 평소 우리가 사람들에게 불친절하게 대우받는 상황을 얼마나 자주 상상하고, 떠올리고 예상하는지 생각하는 것도 흥미로울 수 있다. 우리의 진화된 뇌가 잠재적인 위협을 감지하고 대응하는 쪽으로 치우쳐 있다는 것을 기억하면, 우리의 뇌는 긍정적인 경험보다는 그러한 불편한 경험에 우리의 관심을 집중시킬 가능성이 더 높다. 그러나 다행히도 우리는 우리가 원하는 감정 상태를 유발하는 데 도움이 되는 기억을 떠올리도록 의도적으로 선택할 수 있다.

장애물 작업

파티마의 예처럼, 이 연습을 통해 다른 사람들로부터 자비를 받는 것과 관련하여 특정한 장애물이나 두려움에 집중되고 있음을 발견했을 수도 있다. 파티마와 사례에서 보듯이, 그러한 장애물은 현재 당신의 삶에서 원하는 관계를 갖지 못했다는 외로움, 슬픔 또는 비애와 관련될 수 있다. 또는 이 연습이 다정함이 부족한 관계나 상호작용에 대한 기억을 촉발시켰을 수도 있다. 우리는 우리가 다른 사람의 마음 안에 어떻게 자리 잡고 있는지 상상하는 것만으로도 취약성, 당혹감, 수치심을 유발하여 위협 시스템을 활성화하고 자비에 대한 수용성을 떨어트릴 수 있다. 자비에 대한 반응은 종종 우리가 과거 애착 인물들과의 경험에서 비롯된 암묵적인 연합에서 발생하는 경우가 많다(Gilbert, 2010). 이런 방식으로, 자비나 연결성에 대해 개방하려면 애착의 역사를 개방해야 하는데, 이는 당연히 많은 사람에게 고통스러울 수 있다(예: Bowlby, 1980 참조).

여기서 중요한 것은 무엇도 잘못되지 않았다는 것이다. 이러한 경험은 자비가 당신에게 적합하지 않거나 연습의 효과가 없다는 신호가 아니고 오히려 그 정반대의 의미일 수 있다. 자비에 대한 장애물, 두려움, 저항을 다루는 법을 배우는 것이 심리치료로서 CFT

의 초점이며, 이러한 경험은 성장할 수 있는 영역으로 우리를 이끌 수 있다. 다른 사람으로부터 보살핌을 받는 것(그리고 다시 우리 자신을 돌보는 것)에 대한 이러한 장애물은 내담자뿐만 아니라 우리의 안정 및 진정 시스템에 대한 접근을 방해할 수 있다. 이러한 장애물과 두려움이 왜 발생했는지 이해하고 그러한 것들이 발생할 때 능숙하게 대처하는 것(예를 들어, 자비로운 자기의 마음가짐과 연결하고, 이러한 경험들과 어떻게 연관될 것인지 상상하는 것)은 치료 과정의 필수적인 부분이다.

자기성찰 질문

연습을 하는 동안 장해물이나 저항을 경험했나요? 무엇을 알아차렸습니까? 어떤 경험을 했나요?

만약 장해물을 알아차렸다면, 그 장해물과 어떻게 작업했나요?

다른 사람들로부터 자비를 받을 때 장해물을 경험하였든 하지 않았든, 이 연습에서 내담자와 작업할 때 도움 될 만한 것으로 무엇을 얻어 갈 수 있을까요?

모듈 27

타인으로부터 받는 자비: 타인의 친절함에 마음 열기

타인으로부터 자기로 향하는 자비 흐름의 두 번째 연습은 타인으로부터 받는 친절함 및 자비 개방이 포함된 일상적인 연습이다. 이것은 여러 가지 면에서 주의 연습으로, 타인의 친절한 행동과 그 행동이 우리에게 불러오는 경험에 주의를 기울이는 것이다. 앞서 논의했던 것과 같이, 우리의 뇌는 조상들의 생존을 보장하기 위해 본능적으로 부정 편향을 갖게 되었다. 이러한 뇌는 위협과 위험을 스캔하고, 등록하고, 기억하는 데 우선순위를 두었다. 따라서 본 연습의 목적은 부정적인 대인관계 경험을 억제하거나 무시하라는 것이 아니라, 우리 뇌의 부정적 편향에 균형을 맞추게 돕는 것이다. 이에 우리는 우리에게 일어나는 좋은 것을 의도적으로 '받아들이고', 그 사건이 우리에게 충만하고 풍부한 경험이 될 때까지 알아차리며 음미하도록 선택할 수 있다(Hanson & Mendius, 2009).

이러한 음미는 우리에게 자비로움을 보이는 상대방의 의도를 인정하고 우리가 그분의 마음 안에서 긍정적으로 여겨지는 느낌에 마음을 열고 머무는 것을 포함한다. 이러한 상호작용은 당신 안에서 만들어 낸 느낌과 감정의 다양한 자질을 탐색하며, 당신의 몸 안에서 감각이 일어나고 드러나도록 해 준다(예: 가슴에 따뜻한 느낌이 펴져 나가는 것). 연습을 통해, 이러한 집중은 마음의 습관이 될 수 있다. 즉, 우리는 우리의 삶에서 일어나는 소소한 일들에 주의를 기울이는 법을 배울 수 있다. 다른 많은 연습과 마찬가지로 형식적인 연습을 하는 것이 아니라 일주일(원한다면 더 많이) 동안 다른 사람으로부터 친절을 받은 경험을 알아차리고 기록한다. 이러한 경험을 계속 기록하면, 앞으로 그런 친절함을 알아차리도록 마음을 훈련하는 데 도움될 수 있다. 또한 이 연습이 당신의 자비로운 자기 관점에 연결되는 데도 도움될 수 있다. 에리카의 일상생활 연습의 예시를 한번 살펴보자.

예시: 에리카(Erica)의 타인의 친절에 나의 마음 열기 기록지

요일	타인의 친절한 행동으로부터 알아차린 것 (외적)	나의 감정, 신체, 마음에서 경험하고 집중한 것 (내적)
월요일	한 내담자가 마지막 회기에 카드를 주었습니다. 그녀는 저의 지지와 격려에 대해 고마워했는데 그 말이 정말 감동적이었습니다.	저는 그녀의 말에 정말 공감하려고 노력했습니다. "고맙다"는 말은 금방 지나칠 수도 있었지만, 저는 정말 그 말에 귀를 기울이려고 노력했습니다. 낮 동안 몇 번이나 카드에 있는 그 말을 읽었습니다. 울기도 했지만 괜찮았습니다.
화요일	문화센터에서 잘 모르는 사람이 저에게 웃어 주었고 문을 열어 주었습니다.	온몸에 온기가 느껴지고 감사한 마음이 들었습니다.
수요일	슈퍼바이저가 전화를 해서 어려운 내담자와 어떻게 되어 가는지 확인하였습니다. 그녀는 저를 위해 시간을 내주었고, 인내심 있으며 친절하였습니다.	누군가 이번 주 동안 저를 생각해 주고 보살핌을 받았다고 느껴졌습니다. 그녀는 정말 바쁘기 때문에, 저에게 시간을 내주었다는 것이 감동적이었습니다. 그 덕에 숨을 돌릴 수 있었지요.
목요일	제 친구 수잰(Suzanne)이 주말에 저를 초대하는 음성 메시지를 남겼습니다. 그녀는 저를 다시 만나고 싶다고 했습니다. 그녀의 따뜻하고 진심 어린 목소리가 느껴졌어요.	주말을 집에서 보내려고 계획하고 있었고, 처음에는 메시지를 듣고 당황했습니다. 그러나 이러한 생각을 마음챙김한 뒤 그녀의 목소리와 말들에 다시 집중하였습니다. 저는 그녀의 연락에 고마움과 감사를 느끼며, 다시 사회생활에 참여하고픈 의도를 떠올렸습니다. 그녀의 얼굴을 보는 것을 상상하니 미소가 지어졌어요. 제 몸이 누그러지는 것을 느꼈습니다.
금요일	제 동료 중 한 명인 폴(Paul)이 부탁하지도 않았는데 제가 가장 좋아하는 모카 커피를 가져다주었습니다. 그는 모카를 제 책상 위에 놓으면서 어깨에 부드럽게 손을 얹었습니다.	그게 정말 필요했어요! 저는 일을 멈추고 커피를 즐겼습니다. 손 안에 있는 컵의 온기와 폴을 향해 느껴지는 따스함에 집중했습니다.
토요일	마을에서 수잰을 만났는데 그녀가 점심을 사주었습니다. 그녀는 강요하지 않고 어머니와 제가 어떻게 지내는지 물었습니다. 그녀는 걱정스러워하며 관심을 보였습니다.	수잰이 밥을 사게 놔두었어요! 기분이 좋아졌습니다! 수잰은 저를 잘 알고 있어서 이야기하는 것이 도움 되었습니다. 저는 부담될까 봐 걱정했는데 수잰과 대화를 나누니 안심이 되었어요. 가슴 안쪽이 가벼워지는 것을 알아차렸고 돌봄 받았다고 느꼈습니다.
일요일	쇼핑하러 나갔는데 이웃 중 한 명이 인사를 하려고 길을 건너왔습니다. 그녀는 저를 보고 정말 반가워하며 주중에 커피를 마시러 들르라고 했습니다.	하루 종일 아무도 만나지 않고 혼자만의 세계에 있던 저는 그녀를 보자 불안한 마음이 들었습니다. 하지만 그녀의 친절함은 전염성이 있었어요. 웃고 이야기하고 나니 한결 기분이 나아졌습니다. 저는 지역사회의 일부라는 것과 사람들과 연결되는 느낌에 집중했습니다.

아래에 있는 기록지를 사용하여 타인이 주는 친절함을 알아차리는 연습과 그 결과로 당신 안에서 일어나는 경험을 매일 기록하라.

〈연습〉 타인의 친절에 나의 마음 열기 기록지

요일	타인의 친절한 행동으로부터 알아차린 것(외적)	나의 감정, 신체, 마음에서 경험하고 집중한 것(내적)
월요일		
화요일		
수요일		
목요일		
금요일		
토요일		
일요일		

자기성찰 질문

다른 사람으로부터 자비를 경험하는 것이 당신에게 어떤 영향을 주었나요? 즉, 당신의 정서적 또는 신체적 반응들은 어떠했고, 그것이 연습하는 과정에서 변하거나 성장했나요?

경험을 기록지에 적는 것이 어땠나요? 할 수 있었나요? 아니면 잊어버렸나요? 방해물이나 두려움, 혹은 어려운 반응이 끼어들었나요? 걱정은 없었나요? 무엇이 눈에 띄었나요?

방해물이나 두려움, 어려운 반응들이 있었다면 그것들을 어떻게 다루었나요? 앞으로는 어떻게 그것들과 자비롭게 작업할 것인가요?

이 연습들을 통해 당신의 관계나, 다른 사람들로부터 받는 연민과 보살핌에 대한 당신의 경험에 어떤 통찰을 얻게 되었나요? 이 통찰은 당신에게 무엇을 의미하나요? 앞으로는 무엇을 다르게 시도해 볼 수 있을까요?

자비 흐름 연습 경험에 비추어 봤을 때, 이 연습을 임상적 연습에 어떻게 통합시킬 수 있을까요? 이러한 연습이 도움 될 만한 내담자가 있나요? 그 내담자들에게 연습들을 어떻게 소개할 것인가요? 어떤 이유를 들 수 있을까요?

모듈 28

자기에게 자비 보내기: 자비로운 편지 쓰기

이전의 몇 개의 모듈에서 다른 사람들에게 자비를 보내는 것과 다른 사람으로부터 자비를 받는 경험에 대해 살펴보았다. CFT에서 세 번째 자비의 흐름은 자기자비이다. 자기자비는 자기 자신에게 자비를 보내고 경험하는 능력 그리고 자비를 받고 혜택을 얻을 수 있는 것이다. 본 모듈은 모듈 7에서, 당신의 발달력에 비추어 어려움이 어떤 의미가 있는지 고려하기와 모듈 20에서 자비로운 자기의 관점에서 투쟁적인 버전의 자기에게 자비를 보내기에서 제시된 몇 가지 자기자비 연습보다 더 공식적이다. 이전의 모듈들은 자기자비의 발판을 마련하고자 시도한 것이므로, 이 연습이 당신에게 친숙하게 느껴지기 바란다. 이 모듈에서는 자비로운 편지 쓰기라는 또 다른 각도에서 자기자비를 살펴보고자 한다. 여기서 목적은 어려움에 직면했을 때 내담자와 마찬가지로 우리 자신에게 따뜻하고 자비롭고 온정적으로 관여할 수 있는 방법의 목록을 개발할 수 있도록 돕는 것이다.

자비로운 편지 작성하기

자비로운 편지를 쓰는 방법에는 여러 가지가 있다. 가장 일반적인 것 중 하나는 자비로운 자기의 관점에서 어려움을 겪고 있거나 고통받는 자기의 모습, 즉 과거에도 현재에도 계속 고군분투하는 문제를 겪는 자기 자신에게 편지를 쓰는 것이다. 먼저 보살펴 주고 현명하며, 용기 있는 관점을 되찾는 데 도움이 되는 자비로운 자기연습을 다시 살펴본 다음, 개인적인 문제나 도전하는 자신을 지지하고 격려하기 위한 자비로운 편지를 작성할 것이다. 이제 앞에서 확인한 익숙한 투쟁이나, 원한다면 최근에 발생한 어려움을 떠올려보는 것도 유용할 것이다.

이 도전적인 문제를 기준 삼아, 당신이 편지를 쓸 때 활용할 자비의 두 가지 심리, 즉 고통에 대한 관여와 그것을 완화하고 예방하기 위한 준비 및 행동)에 다시 익숙해지는 시간을 갖게 될 것이다. 먼저, 자비로운 관여의 여섯 가지 자질과 이러한 자질이 편지에서 나타날 수 있는 몇 가지 가능한 언어적 표현을 살펴보자:

- 안녕감을 위한 보살핌(Care for well-being): "제가 당신을 아끼고 있다는 것을 알아주었으면 합니다."
- 민감성(Sensitivity): "이 글을 읽고 있다면, 당신은 아마 지금 고통을 받고 있거나 어려움을 겪고 있을 것입니다."
- 동감(Sympathy): "당신이 상처받았다는 걸 알게 되니 마음이 아픕니다. 당신이 혼자가 아니라는 것을 알아주었으면 합니다."
- 공감(Empathy): "제 경험상 당신이 좌절, 불안, 그리고 수치심과 같은 다양한 감정을 느낄 것임을 압니다. 자신의 감정을 알아차릴 수 있도록 스스로에게 허락해 주세요."
- 비판단(Non-judgment): "당신이 지금 어려움을 겪는 것은 당신의 잘못이 아니며, 이러한 고난은 인간 삶의 일부라는 것을 다시 한번 알려 주고 싶습니다."
- 고통에 대한 감내(Distress tolerance): "힘들겠지만, 이 상황을 조금 더 쉽게 견딜 수 있도록 시도하는 방법도 있다는 것을 상기시켜 주고 싶습니다."

내담자(그리고 우리 자신에게도)에게 스스로를 위한 자비로운 편지를 써 보도록 권유하는 것의 유용한 점 하나는 우리 자신이 힘들 때 가장 필요한 것이 무엇이고, 무엇이 가장 도움이 될지 잘 알고 있다는 것이다. 그래서 자비로운 편지를 쓸 때, 이러한 지혜를 바탕으로 이해, 타당화, 격려, 그리고 우리의 경험에 비추어 가장 도움이 될 만한 제안을 전달하는 것이 중요하다. 또 이 편지의 '목소리의 톤' 역시 따뜻함이 스며들어 있어야 한다.

편지를 쓰면서, 당신은 자비의 두 번째 심리로 넘어가게 된다. 즉, 어려움을 겪고 있는 자신에게 도움이 될 만한 것들을 떠올리고, 자신의 경험에 비추어 이 어려운 문제를 해결하는 데 도움이 되는 구체적인 제안 단계로 넘어갈 수 있다. 다음은 자비로운 편지 쓰기에 포함될 수 있는 이러한 요소의 몇 가지 예시들이다.

- 진정되거나 도움이 되는 것들을 상기시켜 주는 리마인더(reminders).
- 가까운 사람이나 당신을 지지해 줄 수 있는 사람들과 연결되도록 하는 리마인더.

- 힘들어하는 당신을 자비로운 마음가짐으로 전환하도록 하는 데 도움 되는 리마인더.
- 과거에 도움이 되었던 것들의 실용적인 제안들(예: 작은 단계로 나누기, 효과가 있었던 구체적인 대처 행동).
- 자기돌봄 행동에 관한 제안들(예: 연습, 호흡).
- 이전의 성공적인 대처 노력을 상기시키며 용기를 북돋는 말("당신이 할 수 있다는 것을 알고 있습니다. 당신은 이전에 어려운 상황에 직면했었고 잘 대처했습니다."), 그리고 왜 나아지려고 노력하고 있는지, 즉 이러한 노력이 당신에게 중요한 가치에 깊이 결부되어 있다는 점을 상기하는 리마인더.
- 당신의 감정에 대한 알아차림을 넓히고 감정을 이해하고 인내할 수 있도록 돕는 제안들.

파티마의 편지를 예시로 살펴보자.

파티마에게,

만약 네가 이 글을 읽고 있다면, 아마도 지금 상당히 끔찍한 기분을 느끼고 있을 것 같아. 어쩌면 알렉스나 다른 내담자에게 무슨 일이 생겨서 네 안의 부적절한 느낌이 건드려졌거나, 다른 문제로 허우적대고 있겠지. 내가 너를 염려하고 있고 너만 그런 느낌이 드는 것은 아니라는 것을 알아주면 좋겠어. 과거를 생각해 보면, 비난받거나 일이 원하는 대로 진행되지 않을 때 정말 화가 나는 것은 당연해, 그렇지 않아? 너는 자라면서 많은 비난을 받았고, 그 때문에 너의 잘못이 아닌 일에도 먼저 스스로를 탓하는 법을 배웠으니까.
하지만 너는 헌신적이고 열정적인 치료자이며, 이런 일로 화를 낸다는 사실 자체가 네가 내담자를 얼마나 아끼고 그들을 돕고 싶어 하는지를 보여 주는 증거야. 네가 매일 내담자들에게 보여 주는 친절함, 자비, 이해심을 너 자신에게 조금이라도 베풀 수 있는지 살펴봐 봐. 지금 당장 그럴 자격이 없다고 느껴지더라도 이렇게 하면 기분이 나아져서 내담자에게도 도움이 될 수 있다는 것을 알고 있잖아.
누구나 때때로 힘든 감정과 싸우고 있다는 것을 기억하면서 네가 느끼는 감정을 친절하게 바라보고, 그 감정이 얼마나 타당한지 이해하려고 노력해 봐. 너는 아무 문제 없어. 그런 감정들을 위한 공간을 마련하고, 그 감정들을 받아들이고, 그 감정들과 함께 작업하고, 그 감정들을 촉발시킨 문제에 대처하는 데 무엇이 도움이 될 수 있는지 생각해 봐.
과거에 도움이 되었던 많은 방법들이 있다는 것을 기억하고, 진정 리듬 호흡, 안전한 장소 심상화, 힙합 듣기, <프렌즈>의 에피소드 시청하기처럼 기분을 편안하게 하고 밝게 하는 데 도움이 되는 방법들을 시도해 보자. 레이철이나 아리엘, 심지어 에리카에게 전화할 수도 있어. 그들이 너의 말을 들어주고, 이해하고, 기분이 나아지게 도와줄 것이라는 것을 알고 있어. 또한 치유를 위해 달리기를 하거나 태국 음식이나 굴랍

자문(남아시아 디저트 볼)을 만들어서 먹어 보는 것도 좋아. 지금 느끼고 있는 위협감으로부터 균형을 맞추기 위해 진정 시스템을 작동시킬 수 있는지 살펴봐.

무엇보다도, 항상 이런 감정을 느끼는 것은 아니라는 것을 알아 둬. 너는 치료자로서 자신을 발전시키고 스스로에게 자비로워지는 방법을 배우기 위해 많은 작업을 해 왔고 그 노력들은 효과가 있었어. 삶에는 그저 견뎌내야만 하는 힘든 순간들이 있어. 너는 할 수 있고, 난 너를 위해 여기 있을 거야!

사랑을 담아,
파티마

〈연습〉 자비로운 편지 쓰기

잠시 동안 방해받지 않을 수 있는 편안하고 조용한 환경을 만드는 것부터 시작한다. 편지를 쓸 때, 좋아하는 펜이 있다면 그 펜을 사용하고, 바로 쉽게 쓸 수 있는 종이, 즉 접었다 펼쳐지는 일일 플래너나 소중한 일기장 같은 것을 선택하라. 진정 리듬 호흡에 집중하라. 돌봄과 현명함 그리고 자신감 있는 자비로운 자기의 관점으로 전환하고(도움이 된다면 모듈 19의 연습을 다시 보라), 함께 작업할 도전적인 상황을 선택하고, 이 상황에서 어려움을 겪고 있는 자신의 모습과 그로 인해 일어나는 감정들을 떠올려 보라. 그런 다음 이전의 제안들과 예시를 상기하며, 당신이 어려움을 겪고 있을 때 도움이 될 것이라고 생각되는 모든 것을 포함하여, 당신 자신에게 자비로운 편지를 써 보자. 당신 자신에 대해 알고 있는 장점, 그런 상황에 도움 되었던 것들, 그리고 그 순간 어떤 말을 들으면 가장 도움이 될 것 같은지, 가능한 각각에 대해 써 보라. 내담자에게 이 연습을 소개할 때와 마찬가지로, "완벽하게 해내야 한다"는 부담을 느끼지 않는 것이 중요하다. 내담자들은 그들이 원하는 만큼 편지를 쓸 수 있으며 당신도 그렇다.

일단 편지를 작성한 후에는 그 과정을 되돌아보는 것이 도움이 된다. 그러기 위해 성찰 질문을 두 부분으로 나누었는데, 하나는 편지 완성된 직후에 작성하는 질문과 다른 하나는 며칠 후에 편지를 다시 읽고 후 작성하는 질문이다. 편지를 읽을 때는 큰 소리로 읽거나 상상 속에서 읽을 때 내용의 따뜻함을 반영하는 온정적인 어조의 목소리로 읽어 보라. 파티마의 예를 들어 살펴보자.

예시: 파티마(Fatima)의 성찰: 파트 1–편지 작성 직후

편지를 쓰면서 어떤 경험을 했나요? 어떤 감정이 일어났나요? 몸에서 무엇을 알아차렸나요? 이 외에 어떤 것을 알아차렸나요?

편지를 쓰는 것은 저에게 정말 힘이 되었습니다. 처음에는 조금 이상한 느낌이 들었고, 약간의 거부감이 있었습니다. 매번 연습을 통해 저의 힘든 모습을 상상할 때마다, 약간 이상하게 느껴지긴 하지만, 점점 더 쉬워지고 있습니다. 인내심을 가져 보니 할 수 있었고, 알렉스와 이 일에 대해 정말 끔찍하게 느꼈던 그 시절의 제 모습을 상상할 수 있었을 때 실제로 그때의 저에게 자비를 느낄 수 있었어요. 제가 그 일로 얼마나 괴로워했는지 보였고, 그 괴로움은 그녀를 돕고자 하는 강한 열망과 그렇게 하는 데 실패하고 있다는 두려움에서 비롯되었다는 것도 보였어요. 그런 깨달음이 저에게 따뜻함을 느끼게 해 주었고, 그 후 편지는 그냥 이어져 갔습니다. 그 순간 제 몸이 평온하고 따뜻해지는 느낌과 함께 만족감과 결심이 생겼습니다. 자비로운 관점으로 전환하고 스스로를 도울 방법을 생각하니 기분이 좋았습니다. 또한 저에게 도움이 될 수 있는 것이 무엇인지를 생각해 보니 많은 것들이 떠올랐고, 생각해 보면 위로가 되고 도움이 되는 것들이 많다는 것에 놀랐습니다. 또한 제 주변에는 저를 정말 소중하게 여기고, 이해해 주며, 필요할 때 곁에 있어 주는 사람들이 있다는 사실을 상기할 수 있어서 기분이 좋았습니다.

편지를 작성하는 데 장애물은 없었나요? 있었다면 어떻게 해결했나요?

편지를 쓸 때, 초반에 조금 거북스러웠습니다. 그렇지만 제가 계속 쓴다면 할 수 있다는 것을 알았습니다.

〈연습〉 자비로운 편지 쓰기 성찰하기, 파트 1–편지 쓴 직후

편지를 쓰면서 무슨 경험을 했나요? 어떤 기분이 들었나요? 몸에서 무엇을 알아차렸나요? 이 외에 어떤 것을 알아차렸나요?

편지를 쓸 때 장애물은 없었나요? 있었다면 어떻게 해결했나요?

내담자에게 항상 강조해야 할 한 가지는 편지를 쓸 때 미처 생각하지 못했을 수 있는 요소를 다시 추가하거나, 원하는 만큼 추가 편지(예: 다양한 문제를 해결하기 위해)를 작성해도 된다는 것이다. 편지를 쓴 후에는 며칠 동안, 자유롭게 수정해도 괜찮다. 단, 수정의 기준은 자기비난이나 완벽주의가 아니라 편지가 더 도움이 되게 하려는 자비로운 동기에 기반해야 한다. 며칠이 지나면 파티마처럼 편지를 읽고 다시 한번 되돌아보는 시간을 갖는 것이 좋다.

예시: 파티마의 성찰, 파트 2—며칠 뒤 편지를 읽은 후

편지를 읽으면서 어떤 경험을 했나요? 편지를 읽을 때 어떤 감정과 신체적 경험이 떠올랐나요?

편지를 읽는 것은 놀랍게도 감동적이었습니다. 목이 메고 눈물이 났습니다. 편지를 쓰면서, 제가 힘들 때 내면에서 어떤 일이 일어나는지 잘 알고 썼다는 게 분명해졌습니다. 왜냐하면 그 편지는 정말로 제 자신의 민감한 부분을 말해 주고 있었거든요. 특히, 제가 직접 쓴 편지가 얼마나 저에게 위로가 될 수 있는지 흥미로웠고, 읽으면서 몸이 편안해지는 것을 느낄 수 있었습니다. 편지를 읽을 때 크게 괴롭지는 않았지만(너무 오래 기다려서 모듈 작업하는 데 동력을 잃고 싶지 않았습니다), 다음에 힘든 시기가 오면 이 편지는 큰 도움이 될 것 같습니다.

편지를 읽으면서 어떠한 장애물이 있었나요? 만약 있었다면, 어떻게 그 장애물을 해결했나요?

처음에는 "오, 저기 봐요, 저한테서 격려 편지가 왔네요!"와 같이 약간 우스꽝스럽게 느껴졌습니다. 하지만 생각보다 편지에 빨리 빠져들어서 놀랐어요.

준비되면, 조용한 시간을 가지면서 따뜻하고 보살피는 내면의 목소리로 당신에게 보내는 자비로운 편지를 읽어 보라. 편지를 읽으면서 자신에게 편지를 쓸 때 느꼈던 보살핌, 즉 당신을 아끼고 돕고 싶어 하는 누군가의 친절한 메시지를 받아들일 수 있는지 살펴보라. 내면의 '목소리 톤'을 신경 쓰는 것이 중요하다. 편지의 어조가 자비로운 자기의 말투와 일치해야 하며, 따뜻한 말투와 매서운 말투는 우리의 정서 조절 시스템에 매우 강력한 영향을 주기 때문이다(Gilbert, 2010).

〈연습〉 나의 성찰, 파트 2–자비로운 편지 읽기

편지를 읽으면서 어떤 경험을 했나요? 편지를 읽을 때 어떤 감정과 신체적 경험이 떠올랐나요?

편지를 읽으면서 어떠한 장해물이 있었나요? 만약 있었다면, 어떻게 그 장해물을 해결했나요?

자기성찰 질문

편지 쓰기 연습을 하면서 전반적으로 무엇을 경험하였나요? 이런 방식으로 자신에게 자비를 전달하고, 또 자신에게서 자비를 받는 것은 어떤 느낌이었나요? 무엇이 가장 인상 깊었나요?

이 연습을 통해 당신은 자기 자신과 관계 맺는 방법과 스스로에게 자비와 돌봄을 전달하는 능력에 대해 어떤 통찰을 얻었나요? 이러한 통찰이 당신에게 어떤 의미가 있나요? 당신이 배운 것이 미래의 당신 행동에 어떤 영향을 미칠 것 같나요?

자신의 경험을 고려해 볼 때, 이 연습을 임상 연습에 어떻게 통합할 수 있을까요? 이 연습이 도움이 될 만한 내담자가 있습니까? 그들과 함께 어떻게 활용할 수 있을까요?

자기에서 자기로 흐르는 자비에 대한 당신의 경험이 CFT에 대한 당신의 이해와 어떤 관련이 있나요?

Part Ⅳ

다중 자기에 자비롭게 대하기

모듈 29
다중 자기에 대해 알아보기

모듈 18과 19에서 우리는 각기 다른 정서와 동기가 어떻게 우리의 마음과 몸을 매우 다른 방식으로 조직화하여, 다른 방식으로 주의를 기울이고, 생각하고, 느끼고, 상상하고, 행동하도록 동기를 부여하는 다양한 '버전'의 우리를 만들어 낼 수 있는지 살펴보았다. 다중 자기연습은 최근의 위협적 사건을 떠올릴 때 우리의 마음과 몸으로 나타나는 세 가지 핵심 정서를 알아가는 내용을 포함한다. 이러한 감정을 '불안한 자기', '화난 자기', 그리고 '슬픈 자기'라는 용어로 지칭하며, 이러한 다양한 감정/자기가 운전석에서 우리의 마음과 몸을 어떻게 조직화할 수 있는지 탐구한다. 현대 과학은 우리의 자기가 하나의 '자기'가 아니라, 다른 진화의 단계에 의해 형성된 각기 다른 마음 모드, 즉 상호작용하는 여러 하위 시스템으로 구성되어 있다는 생각을 지지한다(Carter, 2008; Teasdale, 1999). 본 연습은 특히 위협 시스템이 촉발될 때 공통적으로 경험되는 감정이 만들어 내는 마음가짐에 초점을 맞추었다.

연습의 첫 단계는 최근 위협에 기반한 반응을 경험했던 상황을 선택하고, 심상을 이용하여 마음의 눈으로 그 장면을 재현하는 것이다. 그런 다음 모듈 18의 위협 기반 자기연습과 모듈 19의 자비로운 자기연습에서 했던 것처럼, 감정(슬픔, 불안, 또는 화 중 가장 눈에 띄는 것에서 시작할 수 있다)을 선택하고, 그 감정을 캐릭터 또는 배역으로서 취하는 자신을 상상한다. 이 때, 당신의 역할은 각 감정을 의인화하고 체화하는 것이다. 마치 각 감정이 당신에게 깃들어 그 정서의 렌즈를 통해 지각하고, 이해하고, 상황에 어떻게 반응할지 성찰하는 것처럼 말이다. 이 연습의 목적은 마치 그 감정을 경험한 것처럼 그 감정의 마음가짐으로 상황을 상상하는 것이다. 이 과정을 촉진하려면 스스로에게 다음과 같은 질문을 하라. "만약 내가 이 상황에서 불안/분노/슬픔을 충분히 경험하도록 나 자신을 허용한다면, 생각하고, 느끼고, 행동하는 데 어떻게 영향을 미쳤을까?" 특히, 당신이 어려움을 겪고 있다면, "이 상황에서 불안/분노/슬픔을 자유롭게 통제할 수 있다면, 어떻게 생각하고, 느끼고 행동할까?"라는 질문을 추가해 보는 것도 좋다. 마음 속으로 상황을 떠올리면서 감정에 상응하는 자기의 몸 자세 또는 움직임을 취하면 감정적 연결이 더 깊어질 수 있다. 예를 들어, '슬픈 자기'는 어깨를 축 늘어트리고 고개를 숙이고 있을 것이다.

연습을 해 나가면서, 각각의 감정 자기 사이에 심호흡을 하길 바란다. 이들이 멀어져 가도록 두는 동안 자신의 관점을 공유해 준 것에 대해 심적으로 감사하면서, 어쩌면 심지어 고개를 숙이거나 마음속으로 경의를 표하며 "잘 가"라고 해 보라. 어떤 감정의 자기들이 떠나지 않고 계속 붙어 있으려고 애쓰더라도 걱정하지 않아도 된다. 만약 이런 일이 일어난다면, 다음 '자기'로 넘어가기 전에 그 감정에 대해 마음챙김을 시도하고, 이것이 일어날 만하다는 것을 자비롭게 인정하라. 294쪽의 표를 사용하여 각각의 감정 자기 경험을 기록해 보라. 연습의 마지막 단계에서 당신은 자비로운 자기를 그 상황에 데려와 다른 자기 및 상황을 자비로운 관점에서 바라보는 것을 상상할 것이다. 마지막 표의 칸은 그래서 당신의 자비로운 자기 경험으로 끝나게 되며, 자비로운 동기에 의해 만들어진 마음가짐과 위협 기반 감정들에 의해 만들어진 마음가짐을 비교 및 대조할 수 있게 한다.

다중 자기연습에서 조의 경험을 살펴보자.

예시: 조(Joe)의 다중 자기

조는 최근 힘들었던 슈퍼비전 회기에 초점을 맞추기로 하였다. 조는 슈퍼비전에서 자신의 회복 속도에 의문을 제기하는 내담자 사례를 가져갔다. 마음속으로 시나리오를 회상했을 때, 처음에는 당시 가장 두드러진 '화난 자기'에 접근했다. 조는 마음속에 화난 자기에 완전히 이입되어 슈퍼바이저에게 감정을 토로하였다. 그는 분노의 감정이 머리와 어깨로 되돌아오는 것을 느꼈고, 심지어 그 장면을 회상하면서 주먹을 불끈 쥐기도 했다. 화난 자기를 경험한 지 몇 분이 흘러, 그는 눈을 뜨고 심호흡을 몇 번 했다. 조는 스트레칭하고, 손가락을 벌리고, 어깨를 굴린 다음, 표에 화난 자기 경험에 대해 썼다.

그 장면에서 다른 감정이 있었는지 의문을 가지면서, 그는 만약 '불안한 자기'에 주의를 기울이고 말할 수 있게 해 준다면 그 자기가 어떻게 슈퍼비전을 경험할지 상상해 보았다. 조는 곧 슈퍼바이저의 평가에 대한 두려움과 위장이 꼬이는 느낌이 있음을 확인할 수 있었다. 불안한 자기의 관점에서 그 장면을 상상했을 때, 그 방을 도망치고 싶은 욕구와 연결되었다. 그는 연습을 하면서 호흡이 빨라지는 것을 알아차렸다.

조는 연습을 재개했고, 슬픈 자기와 자비로운 자기의 관점에서 그 장면을 경험하였다. 각각의 '자기' 사이에서, 다음의 표를 작성하기 전에 스트레칭하고 심호흡하였다.

<table>
<tr><td colspan="2">도전적 상황: 최근 슈퍼비전에서 어려운 사례를 논의할 때*</td></tr>
<tr><td>나의 화난 자기
몸의 느낌:
머리와 어깨에 긴장이 올라감.
동요.
주먹 불끈 쥠.
생각과 심상:
내가 이 업무량을 감당해야 하는 것은 너무 불공평하다. 그는 이 사실을 알면서도 왜 모든 것이 가능한 것처럼 계속 진행하지? 마치 그가 더 잘할 수 있는 것처럼. 내 이야기를 듣지 않는 그를 나의 치료자로 두고 싶지 않다.
행동 욕구:
슈퍼바이저를 비난하고 공격하고 싶음. 찢어버리고 싶음.
화난 자기가 진정으로 원하는 것:
방어하고 공격하는 것.</td><td>나의 불안한 자기
몸의 느낌:
속이 울렁거리고, 몽롱하고, 어지러움.
생각과 심상:
나는 틀렸어.
나는 망신당할 거야.
나는 통제 불능이야.
떨고 있는 내 모습을 누군가 빤히 쳐다보는 느낌.
행동 욕구:
내가 겪고 있는 어려움을 말하지 않고 내담자에 대해 거짓말하고 싶음.
이 방을 벗어나고 싶음.
불안한 자기가 진정으로 원하는 것:
탈출하기. 숨기. 피하기.</td></tr>
<tr><td>나의 슬픈 자기
몸의 느낌:
모든 것이 무겁게 느껴짐.
속이 울렁거림. 머리가 아래로 떨어짐. 기분이 안 좋음.
생각과 심상:
나는 제대로 할 수 없어.
나는 항상 모두를 실망시키는 것 같아. 이렇게 되고 싶지 않았어. 슈퍼바이저는 내가 무능력하다고 생각하고 있고, 어쩌면 그가 맞아. 아마도 난 이 일이 안 맞나 봐.
행동 욕구:
집에 가서 자고 싶음.
슬픈 자기가 진정으로 원하는 것:
포기하기. 혼자 있기.</td><td>나의 자비로운 자기
몸의 느낌:
침착함, 느긋해짐, 강함.
생각과 심상:
이것은 힘든 상황이고 내가 강렬하게 느끼는 건 당연해. 힘든 한 주였어. 그는 나를 도와주려고 노력하고 있고, 난 슈퍼바이저에게 배움을 얻을 수 있고 그는 사실 나를 도와주려고 하는 거야.
행동 욕구:
느리게 호흡하고 어깨를 펴면서 안전하다고 느낄 수 있게 돕기. 내가 이 작업으로 돌아올 수 있게 스스로 좋은 의도를 상기시키기. 슈퍼바이저와 다시 연결되기.
자비로운 자기가 진정으로 원하는 것:
보살피기. 차단하지 않고 어려움과 작업하기.</td></tr>
</table>

이제 스스로 연습을 해 보라. 자비로운 자기에 접근하기 전에 다른 감정들을 차례로 작업해 보라. 연습을 위해 개인적 예시나 임상 사례를 선택할 수 있다. 하지만 어느 정도 강한 감정을 일으켰던 상황을 선택할 수 있도록 하라. 특히, 대인관계 상황일 때 연습이 더 잘된다.

도전적 상황:

나의 화난 자기	나의 불안한 자기
몸의 느낌:	몸의 느낌:
생각과 심상:	생각과 심상:
행동 욕구:	행동 욕구:
화난 자기가 진정으로 원하는 것:	불안한 자기가 진정으로 원하는 것:

* 역자 주: 제5장, 57-58쪽 참고.

나의 슬픈 자기	나의 자비로운 자기
몸의 느낌:	몸의 느낌:
생각과 심상:	생각과 심상:
행동 욕구:	행동 욕구:
슬픈 자기가 진정으로 원하는 것:	자비로운 자기가 진정으로 원하는 것:

감정에 대한 감정

앞의 연습을 끝내고 나면, 한 감정이 다른 감정보다 더 강하게 일어나는 것을 알아차릴 수 있다. 조의 경우, 화 감정에 즉시 접근 가능했고 그 상황에서 화 반응이 지배하였다. 당신은 또한 어떤 감정들이 다른 것보다 더 접근하기 어렵다는 점, 특정 정서로 전환시키는 것이 그 자체로 아주 위협적이라는 것도 알아차렸을 것이다. 많은 내담자들은 자라면서 특정 정서가 허용될 수 없다고 학습해 왔으며, 그러한 느낌들을 경험하기를 두려워하거나 피해 왔을 것이다. 조의 경우, 슈퍼비전에서 느꼈던 취약성이나 그런 자신의 일부로부터 탈출하거나 숨고 싶다고 생각해 본 적이 없기 때문에, 그 상황에서 경험한 불안을 인정하고 탐색하는 것이 너무 두렵고 낯설게 느껴졌다. 조는 또한 이러한 방식으로 취약하다고 생각하는 것이, 자신에 대한 분노("이런 감정을 느끼는 것은 바보 같아"), 그리고 슈퍼바이저에 대한 분노("나를 이렇게 느끼도록 만들다니 믿을 수 없어")로 빠르게 바뀌는 것을 알아차렸다.

이러한 종류의 반응에 대해 생각해 보는 한 가지 방법은 우리가 감정에 대한 감정을 가질 수 있다는 것이다. 슬픔을 느낄 때 불안할 수 있고, 불안을 느낄 때 화가 날 수 있고, 화를 경험할 때 불안을 느끼는 식이다(예: Greenberg, 2002). 이러한 감정적 '자기들' 간의 상호작용을 고려하면, "화난 자기는 불안한 자기에 어떻게 느끼는가?" 또는 "슬픈 자기는 화난 자기에게 뭐라고 말할까?"와 같은 질문을 고려함으로써 자기비난의 감정적 역동을 탐색하기 위한 창구를 제공할 수 있다(Kolts, 2016).

자비와 다중 자기

그런 의미에서 자비는 고통을 달래는 것이 아니라 고통의 본질을 자각하고 그것에 대해 무언가를 하려는 의도나 욕구를 일깨우는 법을 배우는 것이다. 예를 들어, 자비는 '화난 자기'의 실제 마음속에 떠오르는 폭력적인 상상, 분노, 주먹을 휘두르고 싶은 충동, 주먹과 머리에 치밀어오르는 힘에 대한 알아차리는 민감성을 기르는 것을 포함할 수 있다. 또는 인정하기 두려워하는 거절, 실패, 숨거나 도망치려는 충동 같은 불안한 자기를 알아차리고, 움츠러들고, 포기하고, 사라지고 싶은 욕망을 지닌 슬픈 버전의 자기를 알아차리는것까지 포함할 수 있다. 이처럼 자비는 우리 안에 다양한 자기들을 회피하거나 행동으로 옮기기보다는 용인하고, 이해하며 함께 다루어 나갈 수 있게 한다.

다중 자기와 작업할 때 도움이 되는 은유는 자비로운 자기를 '배의 선장'으로 상상하는 것이다(Kolts, 2011). 이 은유에서 배는 우리의 마음으로, 불안한 자기, 화난 자기, 그리고 슬픈 자기의 모습을 한 다양한 승객들(초대받지 않았지만 안전한 운행을 위해서 필수적인 역할을 하는 승객들)을 태운다. 비록 이들의 기능은 필수불가결하지만, 이들 중 그 누구도 혼자서 배를 이끌기에는 적합하지 않다. 불안한 자기는 훌륭한 초기 경보 알람 시스템이지만, 위험과 도피에만 초점을 맞추는 바람에 곤란할 때 숨어 버리고 배가 가야 할 방향을 잃게 된다. 화난 자기는 배의 공격 및 방어 시스템이지만, 취약하다고 느껴질 때마다 분노하고 공격하거나 일이 잘못되어 갈 때 비난한다. 슬픈 자기는 상실과 고통의 신호를 향하지만 압도될 때 움츠러들고 차단해 버린다. 그러나 자비로운 자기(배의 선장)는 친절하고, 현명하고, 용감하며, 선원들의 모든 반응을 능숙하게 이해할 수 있다. 이러한 이해와 민감성으로, 자비로운 자기는 승객들을 안심시킬 수 있고 그들이 안전하다고 느끼기 위해 필요한 것들을 줄 수 있다(타당화, 공감, 지지, 격려). 그리고 바다에 폭풍이 몰아치더라도 배를 안전하게 이끌 수 있다.

자기성찰 질문

다중 자기연습에서의 경험은 어땠나요? 놀라웠던 부분이 있나요?

특정 감정 자기에서 강한 반응 또는 힘든 반응을 알아차렸나요? 회피를 알아차렸나요? 어떤 특정 감정 자기를 더 선호하는지 알아차렸나요? 그 반응들이 당신에게 어떤 의미인가요?

다중 자기연습 경험이 당신을 이해하는 데 어떤 영향을 미쳤나요? 그 새로운 이해는 매일매일 스스로에게 일어나는 반응과 경험을 이해하는 데 어떤 시사점을 주나요?

치료자로서, 각각의 감정 자기를 탐색하는 것이 당신의 치료 또는 슈퍼비전에 어떻게 영향을 미칠까요? 앞으로는 이 영역을 어떻게 탐색할 것인가요? 연습 경험을 이용한다면, 치료에서 당신에게 영향을 미치는 정서적 반응에 대해 어떻게 작업할 것인가요?

모듈 30
다중 자기의 관점에서 글쓰기

이 연습은 모듈 29에서 제시된 다중 자기연습의 연장선에 있지만 정서 처리, 연결 및 표현을 돕는 심리치료에서 글쓰기를 연구하는 광범위한 문헌에서 가져온 것이다(예: Pennebaker, 1997, 2004). 이 연습에서는 각 감정적 자기들의 관점에서 문제 상황에 대해 적어 본 다음, 자비로운 자기를 통해 이러한 감정적 관점들을 이해하고 통합해 볼 것이다.

〈연습〉 다중 자기의 관점에서 글쓰기

1. 대인관계 문제를 생각해 봅시다. 내담자, 직장 동료, 감독자 또는 관리자와의 의견 차이 또는 어려움일 수 있습니다. 연습 중에 다루기 어려울 정도로 감정이 올라오는 문제는 선택하지 않도록 합니다. 상상 속에서 그 장면에서 보고, 듣고, 냄새 맡고 또는 느꼈던 세부적인 감각적 경험을 자세하게 그려 보세요.

2. 다음으로 그 상황에 대한 당신의 반응에서 가장 두드러진 '감정적 자기'(불안한 자기, 슬픈 자기, 분노한 자기)를 하나를 선택하세요. 이 자기의 관점에서 문제에 대해 쓰고, 그 관점에서 감정을 충분히 발산시키세요. 쓰는 것을 멈추지 말고 4~5분 동안 글을 쓰도록 노력해 보세요. 같은 말을 되풀이하거나 말이 이해되지 않더라도 걱정하지 마세요. 거듭되는 욕설도 괜찮습니다(이 글쓰기는 오직 여러분만을 위한 것으로 의식의 흐름에 따라 씁니다). 이 연습의 목적은 문제에 대해 글을 쓰면서 감정적인 자기를 자유롭게 구현하고 표현하는 것입니다. 당신이 선택한 감정적인 자기에 솔직하도록 노력해 보세요. 즉, 화난 자기는 자기가 초점을 맞춘 주제에 대해서만 화가 난 것입니다. 문제 상황의 외적인 측면(예: 다른 사람들은 어떻게 행동하는지)과 현재 내적으로 경험하고 있는 어려움(예: 어쩌면 화난 자기는 당신 자신에게 화가 났을 수 있는데, 그 상황에서 당신은 무엇을 생각하고 어떻게 느꼈는지) 모두에 초점을 맞추어 자유롭게 씁니다.

3. 이제 다른 감정적 자기 관점에서 그 문제에 대해 써 보세요. 만약 분노로 시작했다면, 슬프거나 불안한 자기의 경험에서 글을 써 보세요. 다시 한번 의식의 흐름을 표현하듯이 글을 써 보세요.

4. 이제 마지막 남은 감정으로 다시 그 문제에 대해 쓰세요.

5. 마지막으로, 이 책의 앞부분에서 배운 방법으로 자비로운 자기와 연결해 보세요. 몸과 마음을 가다듬어 보세요. 필요한 만큼의 시간을 갖고, 준비가 되었다면 자비를 구성하는 다양한 자질과 기술(예: 돌봄 동기, 민감성, 동정, 공감, 고통 감내, 그리고 고통에 관여하는 지혜, 용기 그리고 헌신)을 활용하여 자비로운 자기의 관점에서 글을 써 보세요. 당신의 자비로운 자기 관점에서 다양한 감정의 자기들과 그것의 반응을 숙고하여 다룬 다음, 문제 상황에 대처하는 가장 좋은 방법을 고려해 보세요. 이 감정적인 자아들이 겪은 경험과 반응이, 당신의 과거와 현재 상황 맥락 속에서 어떻게 이해될 수 있는지 생각해 보세요(이러한 힘든 경험과 관련하여 느끼는 분노, 걱정 그리고 또는 슬픔을 얼마나 이해할 수 있을지). 이러한 정서들이 안전하다고 느끼기 위해 필요한 것이 무엇인지, 그리고 자비로운 자기가 어떻게 그것을 지지하고 안심시킬 수 있을지 생각해 보세요. 마지막으로 자비로운 관점에서 어떻게 앞으로 이 상황에 대처할 수 있을지 생각해 보세요.

이제 에리카의 예를 살펴보자(욕설은 삭제되었고, 분량 조정을 위해 내용이 편집됨).

예시: 에리카(Erica)의 다중 자기 글쓰기 연습

상황: 몇 주 전, 어머니가 돌아가신 지 6개월이 되었을 때 수전(우울증 환자)과 힘든 회기

가장 두드러진 감정을 선택하십시오(불안한 자기/슬픈 자기/화난 자기). 선택한 감정적 자기의 관점에서 문제에 대해 글을 쓰십시오. 당신의 내적 경험(감정, 이미지, 생각, 신체 반응, 동기 등)뿐만 아니라 외부 상황에 대해서도 쓰십시오.

선택한 자기: 불안한 자기

회기가 잘 진행되지 않았다. 그녀는 계속 말을 하고 있었고 나는 정신이 없었다……. 그저 생각이 정신없이 돌아가고 있어서 긴장되었다. 그런 나를 그녀도 알 수 있었을 것 같았다. 그날은 정말로 힘들었고, 수전의 어머니나 아버지에 대해 다시 듣고 싶지 않았다. 나는 이렇게 하는 것이 낫다고 생각했다. 만약 어머니가 돌아가신 직후의 감정으로 돌아가 빠지면 어떡하나? 이렇게 내담자에게 집중할 수 없다면, 더 이상 치료할 자격이 없다고.

그리고 이렇게 슬퍼지면 더 슬퍼질까 봐 불안하다. 그 슬픔이 나를 장악할 것 같은 기분이 든다. 슬픔이 너무 많아서 건드릴 수가 없다. 한번 그 감정에 빠지게 되면 나는 벗어날 수 없을 거고. 그 감정에 다시 빠

져들까 봐 걱정되었다. 그것은 나의 하루, 일주일을 망칠 것 같고, 어머니에 대한 생각을 지울 수가 없다……. 지금 이런 생각을 하고 싶지 않다.
그러다가 다시 원점으로 와서, 내가 이런 식으로 정신을 딴 데 팔고 있다면, 무슨 치료자란 말인가? 정말 어떻게 해야 할까?

또 다른 감정적 자기(불안/슬픔/분노)의 관점에서 글을 써 보세요.

선택한 자기: 화난 자기

이런 기분이 들 때면 수전이 가족에 대해 계속해서 이야기하는 것에 대해 너무 화가 난다. 그녀는 왜 징징거리는 걸 멈추고 다른 이야기를 할 수 없는 걸까? 그녀의 부모님이 다 살아계신다는 것은 행운이지 않나. 그래도 나는 그녀가 스스로 아침을 만드는 것이 얼마나 힘든지에 대해서 들어야 한다. 차라리 나도 그녀와 같은 문제를 가졌으면 좋겠어! 수전은 숙제를 끝내려고도 하지 않았고, 심지어 노력도 하지 않는다……. 이렇게 글을 쓰고 있다는 것조차도 나 자신에게 화가 나려고 한다. 어떤 끔찍한 치료자가 내담자에 대해 이런 생각을 할까? 난 그녀를 도와야 하는데 그냥 입을 다물었으면 좋겠다.

또 다른 감정적 자기(불안/슬픔/분노) 관점에서 글을 써 보세요.

선택한 자기: 슬픈 자기

슬픔이 너무 커서 어디서부터 시작해야 할지 모르겠다. 지금 이 순간 너무 외롭다. 내가 느끼는 모든 것에서 혼자 감당하고 있고 그 모든 것들이 너무 고통스럽다. 예전의 내가 아니라는 것이 슬프다. 치료자로서 가끔 계속 이야기를 들어줄 힘이 없고 포기하고 싶을 때가 있다. 수전과 그녀가 느끼고 있는 고통에 대해 정말로 안타깝고 그녀의 절망감을 이해하지만, 나 역시 가족이 그립고, 인간관계가 그립다. 수전과 함께는 있으면, 내가 잃어버린 모든 것을 다시는 되돌릴 수 없다는 것을 깨닫게 된다.

당신의 자비로운 자기에 접근하여 이를 구현시키기 위한 충분한 시간을 가지세요. 준비되면, 외부 상황뿐만 아니라 각각의 감정적인 자기를 다루면서 자비로운 자기의 관점에서 글을 써 보세요. 자비로운 관점에서 이러한 힘든 상황과 관련하여 감정적인 자기들의 관점을 어떻게 이해할 수 있을까요? 어떻게 이러한 각각의 감정적 자기들에 용기와 지지, 이해를 제공할 수 있을까요? 친절하고 현명하며 용기 있는 당신의 자비로운 버전은 이 도전적인 상황을 어떻게 다룰 수 있을까요?

불안하고 화나며 슬픈 것을 이해할 수 있다. 지난 한 해 동안 많은 일을 겪었고 정말 힘들었다. 치료자란 직업 특성상 내 안에 여러 가지 감정을 촉발시킬 수밖에 없다. 심지어 내 자신조차도 받아들이기 힘들지만, 불안, 분노 그리고 슬픔을 느낀다는 것은 당연한 일이다. 사실 최근 몇 달 동안 더 괜찮아지고 있지만, 사랑하는 사람을 잃는다는 건 모든 사람들에게 힘든 일이다. 어머니의 기일에 내가 힘들어하는 것은 당연하다. 그런 내가 가끔 힘들어한다는 것을 알아차린다고 해서 나쁜 치료자라는 것을 의미하는 것은 아니다. 오히려 이런 고민을 한다는 것은 내담자들에게 얼마나 헌신적인지를 보여 주는 증거이기도 하다…….
이런 걱정과 불안을 위협 시스템의 일부로 이해할 수 있다. 내 마음은 위험과 두려움을 감시하고 보호하려고 노력하고 있다. 잘못된 건 아무것도 없다. 마음이 그곳으로 가는 것은 내 잘못은 아니지만, 어떻게 반응할지는 선택할 수 있다.

자비로운 자기의 관점에서, 여전히 슬픔과 고통을 피하는 측면이 있다는 것을 알고 있다. 어쩌면 어머니가 돌아가신 직후처럼 슬픔을 감당할 수 없을 것 같아 두렵다. 전에는 이런 감정을 느껴 본 적이 없어서 너무 무서웠고 때로는 슬픔에 갇혀서 도저히 헤어나오지 못할 것 같았다. 그러나 슬픔에 갇히는 것을 두려워한다는 것은 이해가 된다. 시간이 지남에 따라 상황은 훨씬 나아졌고, 최근에는 손을 놓았던 일들에 다시 참여하기 시작했다. 가끔 특히 어머니 기일 즈음, 슬픔에 휩싸이는 건 괜찮다. 사랑하는 사람을 잃어도 영향을 받지 않는 그런 사람이 되고 싶지는 않으니까. 다른 사람을 돌보고 연결할 수 있는 능력이 부족하다고 여겨져 상처가 되었던 것 같다. 그러나 나는 누군가를 돌보듯이 나 자신도 잘 돌봐 왔다. 계속 그렇게 해 나갈 필요가 있다. 작년에 어머니를 잃은 친구 샬럿과 대화하는 것이 도움이 되었는데, 그녀와 다시 연락하는 것이 좋겠다. 우리 모두 힘든 시기이다. 무엇보다도, 내가 느끼는 감정을 있는 그대로 받아들이고 도움이 되었던 일을 계속하는 것이 유용할 것이라고 생각된다. 그것이 어머니가 나에게 원하는 것이고, 내가 엄마를 기억하는 가장 좋은 방법일 것이다.

준비되면, 잠시 동안 방해받지 않는 조용하고 편안한 공간을 찾고 직접 연습을 해 보자.

〈연습〉: 다중 자기의 관점에서 글쓰기

상황:
가장 두드러진 감정을 선택하십시오(불안한 자기/슬픈 자기/화난 자기). 선택한 감정적 자기의 관점에서 문제에 대해 글을 쓰십시오. 당신의 내적 경험(감정, 이미지, 생각, 신체 반응, 동기 등)뿐만 아니라 외부 상황에 대해서도 쓰십시오. **선택한 자기:**

또 다른 감정적 자기(불안/슬픔/분노)의 관점에서 글을 써 보세요.

선택한 자기:

또 다른 감정적 자기(불안/슬픔/분노) 관점에서 글을 써 보세요.

선택한 자기:

당신의 자비로운 자기에 접근하여 이를 구현시키기 위한 충분한 시간을 가지세요. 준비되면, 외부 상황뿐만 아니라 각각의 감정적인 자기를 다루면서 자비로운 자기의 관점에서 글을 써 보세요. 자비로운 관점에서 이러한 힘든 상황과 관련하여 감정적인 자기들의 관점을 어떻게 이해할 수 있을까요? 어떻게 이러한 각각의 감정적 자기들에 용기와 지지, 이해를 제공할 수 있을까요? 친절하고 현명하며 용기 있는 당신의 자비로운 버전은 이 도전적인 상황을 어떻게 다룰 수 있을까요?

지면 관계상 시연할 수는 없지만, 한시적 공동 치료자로 이 연습을 진행해도 유용할 것이다. 치료자는 이 연습을 하는 개인에게 상황에 대한 다양한 감정적 관점들을 탐색하고 전환할 수 있도록 촉진하고, 그런 다음 다양한 감정적 자기에 자비를 가져오도록 자비로운 자기 역량을 활성화할 것이다(이러한 대화의 예는 Kolts, 2016, 183-191쪽에 포함되어 있다).

자기성찰 질문

다중 자기 글쓰기 연습에서 어떤 경험을 했습니까? 자유롭게 글을 쓰는 것이 어떠했나요? 생각과 경험을 적는 과정이 각각의 감정과의 연결성을 더해 주었나요? 이것이 임상적으로 어떤 의미가 있나요?

특정 감정적 자기에 대해 강렬하거나 어려운 반응들을 알아차렸나요? 어떤 회피를 알아차렸나요? 당신은 특정한 감정적 자기에 대한 선호를 알아차렸나요? 그 반응들은 당신에게 어떤 의미가 있습니까?

다양한 자기들에 자비를 불러일으키는 것은 어땠나요? 어떠한 장애물이나 어려움들을 알아차렸나요? 만약 그랬다면, 그것들을 어떻게 다루었나요?

치료자로서, 다른 감정적 자기의 존재가 당신의 치료 또는 슈퍼비전에 어떤 영향을 미칠까요? 이러한 탐색이 도움 될 만한 내담자가 떠오르나요? 어떤 점에서 도움이 될까요?

당신의 다중 자기연습 경험은 CFT 모델의 이해와 어떠한 관련이 있습니까?

모듈 31
애착과 전문가적 자기

우리는 책 전반에 걸쳐서 당신이 SP/SR을 사용하여 자신과 임상 적용(inside-out)을 통해 CFT를 배우도록 돕는 데 중점을 두었다. 이를 통해 당신이 개인적인 삶과 직업적 삶 모두에 자비롭게 주의를 기울이게 되었길 바란다. 그동안의 연습들 대부분은 당신이 개인적인 삶에서 겪는 문제들을 탐색하고, 그에 자비를 불러일으킬 수 있도록 이끌어 주었을 것이다. 또한 우리는 당신이 전문적인 내담자와의 작업에 당신의 개인적 경험을 어떻게 끌어올 수 있을지, 그리고 CFT에 대한 당신의 이해를 어떻게 넓힐 수 있을지 생각해 볼 수 있도록 유도하고자 성찰 과정에서 연결 질문(bridging question)을 사용하였다. 이제 책의 막바지에 접어들면서 몇 가지 모듈들은 치료자로서 전문가적 자기(the professional self)에 조금 더 초점을 맞추고, 어떻게 자비로운 탐색을 통해 자신을 이해하고 발전시킬 수 있는지에 중점을 둔다.

모듈 10에서는 개인적인 삶 안의 애착 역동을 탐색하는 데 초점을 두었다. 본 모듈은 애착의 렌즈로 직업적 생활에서 관계적 역동을 살펴본다. 먼저 지금까지 여러번 보았던 간단한 애착 질문지를 다시 점검해 보자. 하지만 이 버전의 질문지가 내담자, 동료, 슈퍼바이저, 슈퍼바이지 등 직업적 관계를 나타내도록 바뀌었다는 것을 알아차렸을 것이다. 답변할 때, 한 번에 하나의 관계(예: 내담자 또는 직장 동료)에 집중하라. 각각의 상호작용 유형에 따른 적절성에 대해 직업적인 판단을 내리고, 질문이 관계에 적절한 정보를 나타내는지 해석해서 사용하라(예: 내담자와 치료 관련 문제 및 우려를 논의하는 것은 적절하지만, 직장 내 문제를 나누는 것은 적절하지 않다—대신 그러한 대화는 슈퍼바이저 또는 동료와 나누는 것이 더 바람직하다). 또한, 처음 네 문항이 역채점되기 때문에 측정 중간의 숫자 방향이 바뀐다는 것을 기억해야 할 것이다. 그런 다음 질문지 완료 후 동그라미로 친 점수들을 합하기만 하면 된다.

ECR-RS

다음 각 문장을 읽고 각 문장이 일반적으로 친밀한 관계에 대한 당신의 감정을 가장 잘 설명한다고 생각되는 정도를 평가해 주세요.

문항	매우 그렇지 않다						매우 그렇다
1. 도움이 필요할 때 다른 사람에게 의지하는 것이 도움이 된다.	7	6	5	4	3	2	1
2. 나는 대체로 다른 사람과 문제나 걱정거리를 의논한다.	7	6	5	4	3	2	1
3. 나는 대체로 다른 사람과 상의한다.	7	6	5	4	3	2	1
4. 나는 다른 사람에게 의지하는 것이 쉽다.	7	6	5	4	3	2	1
5. 나는 다른 사람에게 마음을 여는 것이 불편하다.	1	2	3	4	5	6	7
6. 나는 다른 사람에게 속내를 보여 주고 싶지 않다.	1	2	3	4	5	6	7
7. 나는 종종 다른 사람이 나에게 진심으로 관심을 기울이지 않을까 봐 염려한다.	1	2	3	4	5	6	7
8. 다른 사람들이 나를 버릴까 봐 두렵다.	1	2	3	4	5	6	7
9. 내가 다른 사람에게 관심을 기울이는 만큼, 그들이 나에게 관심을 써 주지 않을까 봐 걱정한다.	1	2	3	4	5	6	7

애착 회피(1~6번의 합):
애착 불안(7~9번의 합):

지금까지 살펴본 것처럼, CFT의 주제는 우리의 삶의 경험들이 우리가 선택하거나 설계할 수 없는 방식으로 우리를 형성하지만 다양한 삶의 영역에서 우리의 기능에 깊게 영향을 미친다는 것이다. 그리고 치료자의 직업적 삶에서 우리의 애착 패턴보다 더 관련된 예시를 찾기는 힘들 것이다. 많은 직장에서 다른 사람과 상호작용을 하지만, 치료 관계의 질이 내담자의 치료 성과에 주요한 결정 요인이라는 증거에 따르면 타인과 지지적인 관계를 형성하고 유지하는 능력은 특히 치료자의 직업적인 삶과 관련된다(Martin, Garske, & Davis, 2000). 치료자와 동료 및 상사와의 관계에 대한 직접적 영향에 관한 연구는 많지 않지만, 이러한 관계가 우리의 직업 생활에 중요한 영향을 미칠 수 있다는 것은 확실하다. 이 모듈 초반에 완료한 애착 불안 및 회피에 대한 질문들로 시작하여, 나머지 모듈에서는 자신의 애착 경험과 그것이 내담자, 동료, 슈퍼바이저와의 관계에서 어떻게 영향을 미치는지 성찰하도록 안내하였다. 조의 사례부터 살펴보자.

예시: 조의 전문가적 애착

현재 당신의 직업적 입장에서, 내담자, 동료, 슈퍼바이저와의 관계가 어떻게 경험되나요? 그 관계가 편안하게 느껴지나요?

어려운 질문이네요. 이전 직업이었으면 문제없다고 말했을 거예요. 지금의 위치가 되기 전까지는요. 저는 항상 직장에서 내담자, 동료, 슈퍼바이저들과 관계가 좋다고 느꼈어요. 물론 당연히 친해지기 어려운 사람들도 있었지만, 그건 예상할 수 있는 일이었어요. 그러나 새 직장에서 역동은 좀 달라요. 특히, 슈퍼바이저와의 관계에서는 확실히 벼랑 끝으로 몰린 느낌이죠. 하지만 동료들과 내담자들과도 다소 그런 편이에요.

내담자들과의 관계는 어떻습니까? 내담자와 관계를 형성하는 것이 쉽거나 어려운가요? 내담자와의 관계에서 나타나는 장해물이 있나요?

저는 대체적으로 내담자들과의 관계 형성은 잘 해 왔어요. 그리고 지금도 대부분의 사례에서 그래요. 내담자들은 늘 그래왔던 것처럼 똑같이 저한테 도움을 받으러 와요. 가끔 내담자와의 관계가 도전적일 때가 있긴 하지만 치료 작업의 일부라고 받아들여서 진짜 힘들게 하지는 않아요. 하지만 새 직장에서 상담 직전에 슈퍼바이저와 관계에서 마찰이 있었을 경우에는 집중하는 게 어려워요. 그렇지만 얼마 전부터 회기 전에 몇 분간 호흡을 하고 들어오는 내담자에게 마음을 집중하기 시작했는데 그게 도움이 되는 것 같아요.

동료들과의 관계는 어떻습니까? 당신의 어려움이나 문제에 대해 안전하게 이야기를 나눌 수 있는 동료가 있나요? 당신은 동료들과 가깝게 느끼는 것이 쉽거나 어려운가요?

동료들과는 많이 나아지고 있어요. 한동안 우리들 사이에 경쟁적인 역동이 있었던 것 같아요. 너무 실적 위주로 돌아가는 데서 오는 스트레스로 인해 서로 믿거나 유대감을 느끼지 못했던 것 같고 한동안 개인플레이 분위기였죠. 우리는 전부 책상에 고개를 파묻고 있다가 내담자를 만나고 서로 상호작용 없이 집에 갔죠. 심지어 직원회의 하는 동안에도요. 게리(Gary, 슈퍼바이저)는 뭔가를 계속 주도하려고만 했죠. 저는 그게 맘에 안 들었고 사례에 대해 상의해야 하는데 너무 불편했죠. 예전 직장처럼 사람들이 서로 어울릴 때가 더 좋았어요. 운 좋게도, 우리는 한 달 전에 다 같이 술을 마시러 갔고 게리에 대해서 얘기하게 됐어요. 그리고 이 상황이 얼마나 우리 모두에게 좌절스러운지 얘기했고, 직장에서 겪는 이런 종류의 트라우마에 대해 유대감을 느꼈죠. 그게 도움이 되어 지금은 훨씬 나아진 것 같아요. 저는 몇몇 동료들과 사례에 대해 상의했고 그래서 훨씬 더 편하게 느껴졌어요. 심지어 친한 친구가 된 동료 한 명이랑 조깅도 다니고 있어요.

슈퍼바이저와의 관계는 어떻습니까? 당신의 어려움이나 문제에 대해 안전하게 이야기할 수 있는 슈퍼바이저가 있나요? 당신은 슈퍼바이저와 가깝게 느끼는 것이 쉽거나 어려운가요?

이건 여전히 어려워요. 지금까지 저는 슈퍼바이저들이랑 잘 지냈고 상당히 가깝다고 느끼거나 적어도 제 편이 되어 준다고 느꼈어요. 물론 게리는 전혀 그렇지 않았는데, 동료들은 그건 제가 아니라 그 사람 문제라고 얘기해요. 그는 여전히 지겹도록 성과에 대해서만 말하지만 모든 수치가 허용 가능한 범위 안에 있어서 그를 무시하고 일에 집중하는 방법을 터득했죠. 이 연습을 통해 그에 대한 분노에 집착하지 않고, 동료나 가족처럼 도움되는 관계에 더 에너지를 쓸 수 있었죠. 진짜 많이 도움 됐죠. 저는 게리가 다른 직위로 갔으면 하는 바람이에요. 만약 그렇게 된다면 저는 새로운 슈퍼바이저랑 좋은 관계를 맺을 수 있을 거예요.

앞의 질문에 대한 답변을 고려할 때, 당신이 직업적인 관계를 이해하기 위해 어떻게 자비를 불러일으킬 수 있을까요? 이러한 관계와 당신의 애착 과거력을 고려할 때, 당신의 가장 친절하고 현명하며 용기 있는 자비로운 자기는 당신이 이러한 관계를 어떻게 이해하길 바라나요?

몇 가지가 떠오르네요. 먼저 저의 자비로운 자기는 제 직업에서 특히 슈퍼바이저와 그의 행동을 제가 통제할 수 없고 그건 제 잘못이 아니며, 바뀔 것 같지도 않다는 것을 상키시켜 줄 거예요. 그런 것들을 고려하면, 이러한 것들을 수용하고 제가 영향을 미칠 수 있는 일에 더 집중하여 일에서 최대한 보람을 얻는 것이 합리적인 것 같아요. 저는 최근에 이렇게 하고 있어서 마음 졸이는 일도 덜해졌어요(호흡과 심상 연습이 도움 됐어요). 제 스스로 '내 문제가 아니야, 다른 사람들도 같은 문제로 힘들어하고 있어'라고 상기하는 게 도움이 돼요. 그래서 기분이 좋아집니다. 드디어 직장 동료들과 만족스런 관계를 맺고 있어서 그 관계에서 더 노력하고 싶어요. 심지어 아내까지도 알아차릴 정도로 잘 해 나가고 있어서 자비로운 자기가 그 점을 상시키겨 주고 계속 이렇게 해나갈 수 있게 격려할 것 같아요.

이러한 상황에 대해 자비롭게 작업하게 될 때 더 성장하거나 함양하고 싶은 영역이 있나요? 그 방향으로 한 걸음 다가가기 위해 당신이 취할 수 있는 행동은 무엇인가요?

무엇보다도 저는 지금까지 이룬 진전을 유지하고 이를 바탕으로 더 발전하고 싶어요. 동료인 앨리슨(Alison)한테 더 주기적으로 조깅하고 싶은지 물어볼 생각입니다. 그리고 이전 직장에서 한동안 저널 클럽에 참여했었는데, 최신 문헌들을 접하면서 동료들과도 즐겁게 교류할 수 있어서 좋았었죠. 저널 클럽이나 독서 클럽을 만드는 것도 좋겠네요. 그러면 저도 내담자들에게 최선을 다하기 위해 뭔가 하고 있다는 느낌을 받는 것 같아요. 그런 의미에서 한달에 한두 번 정도 외부 슈퍼비전을 받는 것도 생각해 보고 있어요. 게리는 딱히 도움이 안 되지만, 그게 제가 의미 있는 슈퍼비전을 받을 길이 없다는 뜻은 아니니까요.

조의 경험을 고려한 뒤, 잠시 ECR 질문지의 답변을 검토하는 시간을 가져라. 그런 다음 당신의 직장생활에서 애착 경험에 대해 성찰해 보라.

〈연습〉 나의 직업적 애착 탐구하기

현재 당신의 직업적 입장에서, 내담자, 동료, 슈퍼바이저의 관계가 어떻게 경험되나요? 그 관계가 편안하게 느껴지나요?

내담자들과의 관계는 어떻습니까? 내담자와 관계를 형성하는 것이 쉽거나 어려운가요? 내담자와의 관계에서 나타나는 장해물이 있나요?

동료들과의 관계는 어떻습니까? 당신의 어려움이나 문제에 대해 안전하게 이야기를 나눌 수 있는 동료가 있나요? 당신은 동료들과 가깝게 느끼는 것이 쉽거나 어려운가요?

슈퍼바이저와의 관계는 어떻습니까? 당신의 어려움이나 문제에 대해 안전하게 이야기를 나눌 수 있는 슈퍼바이저가 있나요? 당신은 슈퍼바이저들과 가깝게 느끼는 것이 쉽거나 어려운가요?

앞의 질문에 대한 답변을 고려할 때, 당신이 직업적인 관계를 이해하기 위해 어떻게 자비를 불러일으킬 수 있을까요? 이러한 관계와 당신의 애착 과거력을 고려할 때, 당신의 가장 친절하고 현명하며 용기 있는 자비로운 자기는 당신이 이러한 관계를 어떻게 이해하길 바라나요?

이러한 상황에 대해 자비롭게 작업하게 될 때 더 성장하거나 함양하고 싶은 영역이 있나요? 그 방향으로 한 걸음 다가가기 위해 당신이 취할 수 있는 행동은 무엇인가요?

자기성찰 질문

당신의 애착 양식이 당신의 직장생활에서 어떤 역할을 하는지 살펴보았을 때 어땠나요? 앞의 질문을 성찰하면서 어떤 생각과 느낌이 스쳐 지나갔나요? 어떤 동기 시스템이 올라왔나요?

연습을 하면서 어떤 방해물이 나타났다면, 당신은 그것을 어떻게 다루었나요?

당신의 직업적 삶에서의 애착 관계 경험은 개인적인 삶에서의 애착 관계 경험과 어떻게 비슷하거나 다른가요? 이러한 점들에 대해 당신은 어떻게 이해하고 있나요?

직업적 맥락에서 스스로에게 자비롭게 느끼는 것이 쉬웠나요, 어려웠나요? 앞서 SP/SR 프로그램에서 느꼈던 것과 비교했을 때 지금은 어떻게 느끼나요? 내담자와 작업하는 것에 어떤 시사점이 있을까요?

이 모듈에서 당신의 경험이 애착 이론을 이해하는 데 영향을 주었나요?

모듈 32
내면의 자비로운 존재(supervisor)

앞에서 언급했듯이, 특정 기술에 치료의 중점을 두기보다는 과정 수준 목표(예: 마음 챙김의 증가, 자비로운 동기의 함양, 고통 감내 구축)에 중점을 두는 것이 유용하다. 대부분의 치료자들이 자비를 타인에게 확장하는 것은 편안하게 느끼지만, 종종 타인으로부터 자비를 받거나 이용하는 데 어려움을 겪는다는 것을 관찰하였다. 이를 바탕으로 벨, 딕슨, 그리고 콜츠(Bell, Dixon, & Kolts, 2016)는 특별히 치료자와 관계하는 방식에서 타인에게서 자기로 흐르는 자비를 목표로 내면의 자비로운 존재 연습을 개발하였다. 이 연습은 심리학자 데보라 리(Deborah Lee)가 개발한 '완벽한 양육자(Perfect nurturer)' 연습(2005; 그것 자체는 폴 길버트의 자비로운 이미지 연습을 각색함)를 각색한 것으로서, 내담자는 자신을 수용하고, 이해하며, 도움 주는 이상적인 자비로운 존재로부터 양육되는 것을 상상한다. 이 시각화 연습은 기도를 통해 영적 존재에 집중하고 연결되는 수많은 영적 전통들에서 사용되는 연습과 유사하다(예: Leighton, 2003). CFT에서는 우리의 진화적 유산이 다른 사람들에 의해 돌봄과 지지를 받을 때 긍정적으로 반응하도록 뇌를 조형해 왔다는 것을 이해한다. 완벽한 양육자 연습은 우리가 안전하고 지지받고 진정될 수 있게 돕는 수단으로써 무조건적으로 돌봄을 받는 경험에 접근하고 이용하기 위해 심상 이미지를 사용한다. 내면의 슈퍼바이저(자비로운 존재로 번역함)라는 용어는 패트릭 케이스먼트(Patrick Casement, 1985)가 슈퍼비전 과정과 그들의 내면화된 슈퍼바이저(자비로운 존재) 표상을 형성하는 방식을 설명하기 위해 처음 사용하였다. 이 연습에서는 이미지를 활용하여 자비로운 존재를 만드는 데 중점을 둔다. 내면의 자비로운 존재는 치료자로서 임상 작업을 지원하는 자비로운 자질을 구현하고 표현하는 이상적인 사람이 될 것이다. 이러한 자질은 치료에서 회피하고 싶은 문제를 직면하고, 견디며, 해결하도록 돕는 강인함과 고통에 대한 감내력을 포함할 수 있다. 또 당신이 안전하고 격려받는다고 느낄 수 있도록 따뜻함과 친절함을 선택할 수도 있다. 당신 내면의 자비로운 존재는 당신의 돌봄 전문가로서 어려움에 직면하는데 자비로운 관점을 갖도록 도와주는 지혜의 자질을 구현할 수도 있다. 당신의 자비로운 존재는 자신이 만든 창조물이므로 자신에게 무엇이 필요한지, 무엇이 도움 될지 가장 잘 알고 있다는 것을 기억하는 것이 중요하다. 연습을 하면서, 내면 슈퍼바이저의 자비로운 헌신과 의도에 집중하는 것이 유익할 수 있다. 이 내면의 창조물이 오롯이 당신을 돕고자 하며, 당신을 완전히 이해하고, 당신을 실망시키거나 비판하지 않는다고 상상해 보라. 만약 당신이 만든 이상적인 이미지가 비판적이고 불친절하고 권위가 부족하거나 당신에게 도움이 되지 않는 자질을 가지고 있다고 생각되면, 도움을 받을 수 있는 자질을 만들기 위해 다시 마음을 집중하도록 노력한다. 이미지 연습을 시작하기 전에 다음 박스 안의(Gilbert, 2010에서 수정) 질문을 사용하여 이상적인 자비로운 존재를 만드는 방법을 생각해 보자.

내면의 자비로운 슈퍼바이저

당신의 자비로운 슈퍼바이저가 어떤 모습(예: 신체적 외모, 얼굴 표정)이길 원하나요?

당신의 자비로운 슈퍼바이저가 어떻게 말하길 원하나요(예: 목소리 톤)?

당신이 치료자로서 어려움을 겪을 때 당신의 자비로운 슈퍼바이저가 당신에게 어떤 태도와 자질들(예: 비판단, 힘, 지혜, 주의, 진정성)을 갖추고 표현해 주길 원하나요?

당신의 자비로운 슈퍼바이저가 당신과 어떻게 관계를 맺거나 상호작용을 하길 원하나요?

당신은 자비로운 슈퍼바이저와 어떻게 관계를 맺고 싶나요? 어떤 방식으로 상호작용하고 싶나요?

이제 방해받지 않을 만한 조용한 장소를 찾아보라. 아래의 연습은 약 15분 정도 소요된다. 연습을 하다가 언제든지 잠시 멈추고 필요한 만큼 진정 리듬 호흡을 하다 다시 연습으로 돌아올 수 있다.

〈연습〉 당신 내면의 자비로운 슈퍼바이저 만들기

1. 먼저 척추를 펴고 개방적이고 편안하며 깨어 있는 자세를 취합니다. 눈을 감고(또는 시선을 내리고) 얼굴에 긴장을 풀고 입가에 살짝 따뜻한 미소를 짓습니다. 1분간 진정 리듬 호흡을 연습하세요.
2. 당신의 자비로운 존재를 만나고 싶은 편안하고 안전한 장소를 떠올려 보세요.
3. 안전한 장소에서 마음이 안정되었다고 느끼면, 자비로운 슈퍼바이저가 당신 앞에 나타난다고 상상해 보세요. 앞서 언급했듯이, 자비로운 슈퍼바이저의 자비로운 표정, 자세 및 동작과 같은 신체적인 외관을 상상해 보세요. 그 또는 그녀의 자비로운 어조의 목소리를 듣는 것을 상상해 보세요(아마도 진정시키는 방식으로 당신의 이름을 부를 겁니다). 자비로운 슈퍼바이저가 당신 옆에 앉거나 서 있는 모습을 상상해 보세요. 진정으로 자비로운 이 사람의 존재에 당신이 어떻게 느낄지 초점을 맞추고, 그분의 친절한 주의와 관심에 개방적일 수 있도록 해 보세요.
4. 당신의 슈퍼바이저가 당신에게 이상적이라고 여겨지는 모든 자비로운 특성을 지니고 있다고 상

상해 보세요. 그 특성은 치료자로서의 당신의 일을 인정해 주고, 지지하며, 격려해 주는 데 도움이 될 것이다. 당신의 슈퍼바이저는 그러한 자질들을 당신에게 어떻게 표현하고 보여 줄지 그리고 당신은 그러한 자비를 받았을 때 어떤 느낌일지 상상해 보세요.

5. 이제 당신 내면에 있는 자비로운 슈퍼바이저의 특정한 자질 및 속성들에 집중해 봅시다. 이러한 특성과 자질이 치료자로서 당신의 역할과 어떻게 연결되어 있는지 살펴보세요.
   - **지혜**: 당신의 자비로운 존재가 개인적인 고통과 아픈 경험 혹은 오랜 시간 동안 치료자로서 성장하며 얻은 깊은 지혜를 가지고 있다고 상상해 보세요. 자비로운 존재는 치료자로서 당신이 경험하는 힘든 것들을 진정으로 이해하며, 항상 지혜롭고 자비로운 관점을 취할 수 있도록 당신을 도울 것입니다. 이 자비로운 존재는 우리가 인간으로서 삶의 흐름에 휩쓸리며, 감당하기 어려운 마음과 감정을 가지고 있다는 통찰력으로 당신의 경험을 보다 더 넓은 맥락에서 바라볼 것입니다. 슈퍼바이저의 공감을 상상해 보세요. 그리고 당신이 깊이 이해받고 있다는 느낌을 떠올려 보세요.
   - **따뜻함**: 당신의 자비로운 존재는 또한 무조건적인 돌봄과 깊은 친절함, 따뜻함을 가지고 있습니다. 당신이 자비로운 존재와 함께 있을 때 완전히 안전하고 받아들여지는 느낌을 상상해 보세요(만약 당신이 안전하고 받아들여진다고 느끼거나 또는 그렇지 않더라도 걱정하지 마세요. 연습의 핵심은 당신이 그렇게 된다면 어떨지 상상하는 것입니다). 당신 안에서 일어나는 감정에 주목하세요.
   - **강인함**: 당신의 자비로운 존재에게 성숙함, 권위, 그리고 자신감이 체화되어 있다고 상상해 보세요. 자비로운 존재는 당신의 어려운 경험이나 두려움, 좌절감에 압도되지 않고 당신이 가져온 문제에 관심을 가지고 반응합니다. 그리고 당신의 내부와 당신의 능력에서 그분의 자신감을 느끼고, 당신이 치료에서 어려움을 느낄 때 그러한 자질을 가지고 작업한다고 상상해 보세요. 당신이 될 수 있는 최고의 치료자가 되기 위해 자비로운 존재가 당신에게 주는 강인함에 집중해 보세요.
   - **헌신**: 당신의 자비로운 존재가 당신이 힘든 경험을 다룰 수 있도록 돕고, 당신이 할 수 있도록 이해와 지지, 격려하기 위해 깊이 헌신하고 있다고 상상해 보세요.
6. 당신의 자비로운 존재가 따뜻하고 지지적인 목소리로 당신에게 다음과 같은 바람을 말하고 당신을 위해 돌봄과 헌신을 전달한다고 상상해 보세요.
   - "[당신의 이름]이 고통에서 벗어나기를 바랍니다."
   - "[당신의 이름]이 행복하기를 바랍니다."
   - "[당신의 이름]이 잘 지내기를 바랍니다."
   - "[당신의 이름]이 평안을 찾기를 바랍니다."
   - 앞으로 몇 분간 이러한 바람과 희망이 당신에게 전달되는 것을 상상해 보세요.
7. 준비가 되면, 슈퍼바이저의 모습이 천천히 흐려지도록 놓아 주세요. 진정 리듬 호흡으로 다시 연결하면서 연습을 끝마칩니다. 천천히 눈을 뜨고 공간에 적응하세요.

연습을 마친 후 아래에 자신의 경험을 기록한다. 다음 조의 예시에서, 그는 자동적이고 일차적인 경험들(예: 불안함을 느끼고 손이 긴장됨)과 그러한 경험들에 대한 반응(예: 처음에는 비판적이었지만 주의를 전환하고 신체를 이용하여 연습에 재연결함)을 확인하였다. 당신은 이 두 단계, 즉 자동적이고 일차적인 경험(예: 신체 감각, 감정/느낌, 초기 생각 또는 이미지)과 그러한 경험에 대한 반응에 대해 성찰해 볼 수 있을 것이다.

예시: 내면의 자비로운 존재 연습에 대한 조의 성찰

당신의 경험은 무엇이었습니까? 당신은 무엇을 상상했나요? 당신의 몸과 감정에서 무엇을 알게 되었나요? 당신의 경험에 대해 어떻게 반응했나요?

저는 현재 슈퍼바이저가 지지적이지 않아서 이 연습이 매우 어려울 것이라고 생각했습니다. 슈퍼바이저라는 단어가 주는 연상 때문에 처음에는 조금 거슬렸습니다. 하지만 연습을 하는 동안 저는 슈퍼바이저에게 필요로 하는 것, 즉 제가 치료를 하는 데 어려움을 느끼는 것들을 꺼낼 수 있을 만큼 충분히 안전하다고 느끼기 위해 필요한 것이 무엇인지 생각했습니다. 그때 예전 슈퍼바이저가 갑자기 떠오르긴 했지만 곧 자질을 많이 갖춘 다른 누군가의 이미지가 떠올랐습니다. 판단하지 않는 것이 핵심이었습니다. 제가 말하고, 생각하고, 느끼는 모든 것들이 괜찮고 이해받을 수 있을 것 같은 느낌이 들기 시작했습니다. 자유로움을 느꼈죠. 그러자 그분으로부터 그러한 바람을 듣는 것이 이상하게 느껴졌고, 실제로 제 이름을 말할 때 약간 긴장이 됐습니다. 몸이 위축되고 손이 긴장되는 것을 알아차렸고, 불안함이 느꼈습니다. 저 자신에게 조금 비판적이기 시작했지만, 주의를 돌리고 어깨와 손을 펴고 머리를 들어 올리는 연습을 했습니다. 뭔가 다시 돌아가고 싶은 연습이었습니다.

〈연습〉 내면의 자비로운 존재 연습에 대한 나의 성찰

당신의 경험은 무엇이었습니까? 당신은 무엇을 상상했나요? 당신의 몸과 감정에서 무엇을 알게 되었나요? 당신의 경험에 대해 어떻게 반응했나요?

자기성찰 질문

앞으로 어떤 상황에서 내면의 자비로운 존재를 사용할 수 있을지 상상할 수 있나요?

이러한 다양한 상황에서 당신이 다르게 반응할 어떤 것들이 있을까요?

모듈 33
내면의 자비로운 존재를 활용하여 어려움 다루기

이전 모듈에서는 내면의 자비로운 존재와 친숙해지도록 연습했다. 이제 내면의 자비로운 존재를 작동하는 데 초점을 맞출 것이다. 이 연습을 하기 전에 자비로운 존재에 대한 감각을 익히려면, 모듈 32의 '자비로운 존재 만들기' 연습을 필요한 만큼 반복하는 것이 좋다. 모든 CFT 심상 연습과 마찬가지로, 이 연습의 목적은 사진처럼 선명한 이미지를 만드는 것이 아니라 정신적 경험을 만드는 데 있으므로, 이미지가 유발하는 느낌 감각(the felt sense)과 자비 경험을 계발하려는 의도 및 의지에 집중하는 것이다.

이 연습에서는 당신이 치료자로서 경험한 어려움을 마음속에 떠올릴 것이다. 이 어려움은 특정 내담자와 작업하는 것일 수도 있고, 치료에 특정 개입을 적용하거나, 치료자로서 당신의 역할에 관한 좀 더 일반적인 것일 수도 있다. 이 연습이 처음이라면, 큰 고통이나 불편감을 느끼지 않을 난이도의 주제를 선택하라.

〈연습〉 내면의 자비로운 존재: 어려움과 작업하기

1. 이전 연습에서처럼 눈을 감고 진정 리듬 호흡을 합니다. 친절한 표정과 개방적이고 편안한 자세를 취합니다. 이제 당신의 자비로운 존재의 이미지를 떠올려 보세요. 당신이 선정한 환경에서 그분이 어떻게 보이고, 들리고, 움직이며 당신과 상호작용하는지, 충분한 시간을 가지고 상상해 보세요.
2. 이제 당신이 치료자로서 경험한 특정한 어려움을 마음속에 떠올려 보세요. 특정 내담자와의 작업이 있을 수도 있고, 치료 중 막막하거나 반응이 느리다고 느꼈던 경험일 수도 있습니다. 이러한 어려움을 당신의 자비로운 존재와 공유한다고 상상해 보세요. 그 분에게 문제의 본질과 발생한 상황의 자세한 사항, 그리고 그때 내면에서 경험한 생각, 느낌, 충동에 대해 공유해 보세요. 당신은 그 상황에 대해 불안, 분노, 상처받음, 실망과 같은 여러 감정들이 섞여 있음을 알아차릴 수도

있습니다. 이 모든 감정을 허용하고 공유할 수 있는지 살펴보세요.

당신의 자비로운 존재가 다음과 같은 질문을 부드럽게 던지며 도와준다고 상상해 보세요:

- 그 상황에서 무엇이 화나고 위협적이라고 생각하나요?
- 당신이 두려워하는 것은 무엇인가요?
- 당신의 가장 취약하다고 느끼는 부분은 무엇인가요?
- 이 어려움이 치료자로서의 당신과 당신의 능력에 대해 무엇을 말해 준다고 생각하나요?
- 당신과 당신의 경험에서 수용이 필요한 부분은 무엇인가요?

당신이 이 특정 문제나 시나리오에 대해 어렵거나 두렵다고 느껴진 것들을 공유한다고 상상해 보세요. 당신의 자비로운 존재가 진심 어린 민감성, 수용, 격려로 자신의 이야기를 들어준다는 느낌을 가져 보세요. 당신의 환상, 두려움, 바람, 좌절과 같은 경험의 어떤 측면이라도 당신의 자비로운 존재에게 말할 수 있고, 그분이 모든 것을 판단하지 않고 지지하며 경청한다고 상상해 보세요.

3. 다음으로, 당신의 자비로운 존재가 당신이 경험하는 어려움에 관하여 **친절함, 돌봄, 따뜻함**을 보여 준다고 상상해 보세요. 당신의 자비로운 존재가 이러한 보살핌을 어떻게 표현할 것 같나요? 그 분의 자비로운 동기를 기억하세요. 그분은 오로지 당신과 당신이 하는 치료 작업을 지지하기 위해 그곳에 있습니다. 당신에게 진심 어린 보살핌과 지지를 표현할 때 나타나는 자비로운 존재의 따뜻한 목소리와 표정을 상상해 보세요. 친절과 돌봄을 받는 기분이 어떤지 알아차려 보세요. 만약 당신이 이 돌봄과 친절을 수용하기 어려울 경우 이를 **받아들일 수 있다면** 어떨 것 같은지 상상해 보세요. 또는 당신의 자비로운 존재가 그러한 보살핌을 저항하는 당신의 어떤 부분까지도 수용하고 따뜻함을 주고 있는 모습을 상상해 볼 수 있습니다.
4. 이제 당신의 자비로운 존재가 당신의 경험을 **깊이 이해**하고 있다고 상상해 보세요. 그분은 고통과 어려움이 인간의 까다로운 뇌, 감정 및 동기의 본성을 통해 당신 안에 흐르고, 또 타인을 돌보는 전문가로서 타인의 고통에 관여하는 것, 이러한 것이 인간 조건의 일부라는 것을 이해합니다. 당신의 자비로운 존재는 치료에서 발생할 수 있는 어려움과 이러한 어려움이 우리에게 유발하는 감정들을 이해하고 있으며, 당신이 사람들을 돕기 위해 그들의 고통과 직접적으로 접촉하는 직업을 선택한 사실에 깊은 존경심을 가집니다. 당신의 자비로운 존재가 당신의 위협 시스템의 반응과, 이런 반응이 당신의 내담자나 동료들과 뒤얽힐 수 있는 방식을 이해하고 공감한다고 상상해 보세요. 그분이 깊은 자비로운 관점에서 당신의 어려움을 어떻게 바라보는지 상상해 보세요.
5. 다음으로 **강인함, 권위, 성숙함**이 체화된 자비로운 존재가 당신과 공유하고 있는 것에 집중해 봅니다. 당신의 자비로운 존재가 당신이 고통을 유발하는 그 일들을 견디고 접근하도록 도와주며, 안정감과 강인함을 가지고 직면하도록 돕는다고 상상해 보세요. 그리고 당신의 경험, 상처 혹은 취약성을 진정으로 받아들이고, 경청할 수 있는 성숙함과 자신감 그리고 이러한 어려움을 통해 배울 수 있는 강인함과 자신감을 주는 당신의 자비로운 존재와 당신이 함께하고 있다고 상상해

보세요. 그분은 당신의 능력과 탄력성을 신뢰하고, 이 경험을 통해 당신이 성장하는 모습을 볼 수 있습니다.

6. 이제 따뜻함, 이해, 강인함을 지닌 자비로운 존재를 통해 자신에게 무엇이 필요한지 숙고해 보세요. 아마도 당신이 확인했던 개인적 두려움이나 취약성을 바탕으로 이야기한다고 상상해 보세요. 이러한 두려움이나 위협이 평화나 수용을 찾기 위해 필요한 것은 무엇인가요? 당신이 돌봄과 안전을 느끼기 위해 필요한 것은 무엇인가요? 어떤 감정들이나 경험들이 보살핌을 필요로 하나요? 당신의 자비로운 존재가 당신에게 필요한 돌봄을 제공하고 당신 스스로 돌봄을 최대한 경험하도록 허용한다고 상상해 보세요. 만약 당신의 감정이나 생각에서 어떤 저항을 발견한다면, 이 부분이 안전하다고 느끼기 위해 당신에게 무엇이 필요한가요? 당신이 받아들여지고 지지받는다고 느끼기 위해, 어떤 자비로운 메시지가 필요할까요? 당신의 자비로운 존재가 이 메시지를 당신에게 말한다고 상상해 보세요.
7. 마지막으로, 당신이 취할 수 있는 가장 노련한 행동에 관해 자비로운 존재와 논의한다고 상상해 보세요. 당신의 자비로운 존재는 오로지 타인을 돕고자 하는 당신의 전념 행동에 대해 깊이 존중하며 당신이 원하는 치료자가 되도록 돕기 위한 동기를 가지고 있습니다. 당신이 치료에서 당신 자신과 내담자 모두를 지원할 수 있고 또 치료자로서 지속적으로 성장하도록 지원하는 행동이 무엇일지에 대해 그분과 함께 성찰하는 모습을 상상해 보세요. 이 행동은 다음에 이와 같은 어려움이 발생했을 때 그것들을 어떻게 자비롭게 다룰 수 있는지에 초점을 맞춥니다. 또한 내담자와 함께 이 어려움을 어떻게 다룰지 성찰해 보는 것도 좋습니다. 이 행동은 치료실 밖에서 스스로 안전 및 연결 경험을 하도록, 자기돌봄을 포함하여 당신 자신을 지지하는 법을 배우는 것입니다. 다음 30초 동안 당신이 치료자로서 자비심을 계발하기 위해 할 수 있는 잠재적 행동에 관해 성찰해 봅니다.
8. 다시 진정 리듬 호흡을 이어 가다가, 당신을 위한 자비로운 존재의 무조건적인 염원으로 마무리합니다.
   - 당신이 고통에서 자유롭길 바랍니다.
   - 당신이 행복해지길 바랍니다.
   - 당신이 잘 지내길 바랍니다.
   - 당신이 평안을 찾길 바랍니다.

   진정 리듬 호흡으로 필요한 만큼 휴식 시간을 가지세요. 준비가 되면 당신의 자비로운 존재의 이미지가 천천히 희미해지도록 놓아 주세요. 그런 다음 천천히 눈을 뜨고 주변 환경에 다시 주의를 기울여 봅니다.

앞의 연습을 실습했다면, 파티마가 완성한 자비로운 존재 작업기록지(325쪽)를 보고, 그녀가 이 연습에 어떻게 참여했는지 살펴보라. 그다음 자비로운 존재 작업기록지(326쪽)를 내면의 자비로운 존재의 지지적 관점으로 조금 더 탐색해 보라. 이와 관련한 연구(Bell et al., 2016)에 참여한 참가자들은 2주간 매일 모듈 32과 모듈 33의 '자비로운 존재 만들기'와 '어려움과 작업하기' 연습이 가장 유용했다고 보고하였다. 2주 후, 참가자들은 내면의 자비로운 존재에게 빠르게 자발적으로 접근할 수 있었기 때문에 이 연습을 업무에 통합할 수 있었다(예: 어려운 내담자를 만나기 전후에 작업기록지 사용). 따라서 우리는 처음 2주간은 매일 내면의 자비로운 존재 연습 중 하나를 실습하고, 그 후에 자신에게 맞는 연습을 사용하기를 제안한다. 이 연습을 선택한 경우, 처음 며칠 동안 심상 연습을 한 다음, 임상 작업을 하기 전 또는 후 자비로운 존재 작업기록지 중 하나를 매일 2주간 작성할 것을 권장한다.

파티마의 자비로운 존재 작업기록지

힘든 상황	위협 반응과 관련된 두려움, 자기비난적 생각	내면의 자비로운 존재를 마음속에 떠올리고 그분의 지지와 돌봄, 자비로운 동기를 느껴 보세요. 당신의 슈퍼바이저가 자신의 자비로운 관점과 지혜를 공유하여, 안전하고 강인한 자세로 당신의 경험과 반응을 이해하도록 돕는다고 상상해 보세요. 자비로운 존재의 입장으로, 당신의 자기비난적 생각을 재구성하고 최고의 치료자가 될 수 있는 당신의 잠재력에 집중하도록 해 보세요. 당신의 자비로운 존재가 이 연습의 모든 측면을 받아들여, 당신의 주의를 긍정적인 요소와 가능성으로 확장한다고 상상해 보세요.
모든 걱정에서 벗어나길 원하는 범불안장애 내담자와 상담 작업	전 회기를 정말 많이 진행했는데 아직도 내담자를 어떻게 도와야 할지 모른다는 것이 부끄러워서 지금까지 이 사례를 슈퍼비전 받지 않았어요. 범불안장애 내담자와 작업하는 것이 싫어요. 책을 더 많이 읽어야 하고 준비도 더 해야만 하거든요. 회기 중에 그녀의 말을 끊는 것이 불안했어요. 무례할 것 같았고, 그러다 보니 타이밍도 놓친 것 같아서 그냥 내버려두었죠. 전 내담자가 다른 상담자에게 가는 게 더 낫다고 계속 생각해요. 잘 대처하지 못하는 것은 아닌지 걱정됩니다.	당신이 내담자와의 치료에서 어려움이 있다고 하니 안타까워요. 그렇지만 당신이 직장 안팎으로 얼마나 바빴는지 생각해 보면, 지금은 당신의 자원이 별로 없다고 느껴지는 것도 당연한 일이 아닐까요? 당신이 뭔가 잘못되어 간다는 느낌에 마음이 쏠리는 것도 당연해요. 당신이 다른 치료자와 비교하는 것은 치료자로서 위협하는 요소를 모니터링하여 당신을 돕기 위해 위협 보호 시스템이 작동하는 것임을 기억하세요. 그러나 당신이 내담자의 안녕과 치료 진행 상황에 대해 걱정해 주는 것은 당신의 자비와 헌신을 보여 주는 증거라서 기뻐요. 당신은 많은 것들을 잘하고 있어요. 이 내담자뿐만 아니라 다른 내담자들에게도 잘하고 있는데, 불안하고 위협받는다고 느낄 때는 당연히 이런 것들을 기억하기 어려울 수 있어요. 그러나 당신은 내담자에게 잘 개입했고 변화를 일으키기 시작했어요. 당신은 이 내담자와 작업하면서 변화하고자 하는 영역들을 파악할 수 있었죠. 이것을 인정하고, 여기에 대해 당신이 어떻게 느끼는지 인식하는 것이 자비의 시작이며, 당신은 그렇게 함으로써 진정한 강인함과 정직함을 보여 주었어요. 당신은 이전에도 다른 내담자를 치료하면서 불확실함을 느낀 적이 있었지만, 그런 경험을 통해 배우고 성장했어요. 당신이 이 영역에서 자신감을 높이기 위해 첫 번째로 무엇을 해 볼 수 있을까요? 어쩌면 당신이 느끼는 압도감과 '신경을 꺼버리는' 느낌이 내담자가 느끼는 감정과 비슷하다면, 이러한 통찰을 치료에 사용해 볼 수 있어요. 당신이 경험하고 있는 어려움에 대해 동료들과 이야기할 수도 있죠. 비록 치료가 어떻게 진행되고 있는지 불안할 때는 그렇게 하는 것이 어렵겠지만, 동료들은 당신을 이해할 거예요. 그들 역시 치료자로서 비슷한 경험을 했으니까요. 사실 당신은 과거에 이런 상황에서 동료들을 도와준 적이 있지 않나요? 고통 속에 있는 내담자를 치료하면서 속상하고 스트레스를 받을 수 있어요. 당신은 당신이 지원하는 내담자들과 당신의 일에 정말 많이 신경 써요. 그러나 당신도 지지가 필요하죠. 앞으로 몇 분, 며칠간 그리고 한 주간 당신에게도 필요한 것이 무엇인지 생각하는 것이 도움이 될 수 있어요. 저는 치료자로서 계속 성장하고 발전하는 당신의 능력을 전적으로 믿어요. 당신에게 잘못된 건 하나도 없어요.

나의 자비로운 존재 작업기록지

힘든 상황	위협 반응과 관련된 두려움, 자기비난적 생각	내면의 자비로운 존재를 마음속에 떠올리고 그분의 지지와 돌봄, 자비로운 동기를 느껴 보세요. 당신의 슈퍼바이저가 자신의 자비로운 관점과 지혜를 공유하여, 안전하고 강인한 자세로 당신의 경험과 반응을 이해하도록 돕는다고 상상해 보세요. 자비로운 존재의 입장으로, 당신의 자기비난적 생각을 재구성하고 최고의 치료자가 될 수 있는 당신의 잠재력에 집중하도록 해 보세요. 당신의 자비로운 존재가 이 연습의 모든 측면을 받아들여, 당신의 주의를 긍정적인 요소와 가능성으로 확장한다고 상상해 보세요.

자기성찰 질문

내면의 자비로운 존재를 이용해 본 경험이 어땠나요? 놀라웠던 점이 있었나요? 어떤 어려움을 경험했나요?

내면의 자비로운 존재를 개발하고 이용하는 경험을 통해 당신이 치료자로서 자주 경험하는 주요 위협, 두려움 또는 불안정감을 확인할 수 있었나요? 연습이 이런 부분들을 더욱 알아차리게 해 주었나요?

치료 회기 동안 혹은 치료 회기 전후로 당신을 지지하기 위해 내면의 자비로운 존재를 어떻게 활용했나요?

이 연습 경험을 바탕으로, 내담자나 수련생이 그들만의 '완벽한 양육자' 혹은 이상적인 자비로운 이미지를 발달시키도록 돕기 위해서 당신은 어떻게 도와줄 것인가요? 심상 연습을 사용할 때 그들이 직면하는 어려움들과 작업하는 것을 어떻게 도울 것인가요?

최근 모듈의 여러 연습에서 심상화를 사용해 왔습니다. 이 경험이 당신에게 어땠나요? 이 경험을 통해 자비를 계발하는 데 심상을 이용하는 것의 가치가 무엇이라 생각하나요? 이것이 당신이 이해한 CFT와 어떤 관련이 있나요?

Part V

자비중심치료의 자기연습 및 성찰(SP/SR) 훈련 여정

모듈 34
자비 성장의 유지와 함양

CFT의 주요 목표는 내담자가 현재의 문제들과 앞으로의 삶에서 당면하는 모든 문제를 해결하는 데 도움이 될 자비로운 강점을 계발할 수 있도록 하는 것이다. 앞에서 논의하였듯이 CFT는 자비 기술을 가르치는 것이 아니라, 힘들고 불편하더라도 친절한 호기심, 마음챙김, 자비로운 지혜 그리고 경험에 기꺼이 참여하고 함께하려는 용기를 통해 존재 방식을 자비로운 삶의 방식으로 계발하도록 돕는 데 주안점을 두었다.

치료 과정이 끝나갈 때 내담자와의 여정을 되돌아보고 향후에 발생할 수 있는 잠재적인 장애물과 어려움들에 대해 자비롭게 대처할 수 있는 계획을 세우는 것은 치료가 끝난 후에도 자비 성장의 과정을 계속할 수 있도록 준비하는 데 유용하다. 마지막 모듈에서는 진행 상황을 추적하기 위해 실시했던 척도를 다시 검토하고, 파악한 어려운 문제들을 숙고하여 프로그램 중에 관찰되었던 성장을 어떻게 구축할 수 있을지 고려하는 과정을 반영하였다.

이 최종 모듈의 두 번째 목적은 CFT에서 당신의 전문성 발전과 관련하여 SP/SR의 경험을 숙고하는 것이다. 당신은 다양한 이유로 어쩌면 전문가 그리고 개인적 이유로 CFT의 자기연습 및 성찰에 참여하기로 선택했을 것이다. 당신은 이런 경험을 통해 무엇을 알아차렸는가? 경험의 어떤 측면들이 당신에게 가치가 있었는가? 이러한 과정은 향후 당신의 전문가 혹은 개인적인 삶에 어떠한 영향을 주겠는가? 우리는 당신이 CFT와 함께한 SP/SR 경험을 통해, 직업적 성장뿐만 아니라 한 인간으로서의 개인적 삶에도 도움이 되는 무언가를 얻어 가길 바란다. 당신 역시 다른 사람들과 마찬가지로 행복해지길 바라고 고통받지 않길 바라는 존재이니 말이다.

〈연습〉 재평가

이전에 했던 방식과 마찬가지로, 마지막 치료 회기에서 당신이 내담자에게 요청하는 것처럼, 아래의 척도에 재평가해 보자.

ECR-RS: 사후 검사

다음 각 문장을 읽고 각 문장이 일반적으로 친밀한 관계에 대한 당신의 감정을 가장 잘 설명한다고 생각되는 정도를 평가해 주세요.

문항	매우 그렇지 않다						매우 그렇다
1. 도움이 필요할 때 다른 사람에게 의지하는 것이 도움이 된다.	7	6	5	4	3	2	1
2. 나는 대체로 다른 사람과 문제나 걱정거리를 의논한다.	7	6	5	4	3	2	1
3. 나는 대체로 다른 사람과 상의한다.	7	6	5	4	3	2	1
4. 나는 다른 사람에게 의지하는 것이 쉽다.	7	6	5	4	3	2	1
5. 나는 다른 사람에게 마음을 여는 것이 불편하다.	1	2	3	4	5	6	7
6. 나는 다른 사람에게 속내를 보여 주고 싶지 않다.	1	2	3	4	5	6	7
7. 나는 종종 다른 사람이 나에게 진심으로 관심을 기울이지 않을까 봐 염려한다.	1	2	3	4	5	6	7
8. 다른 사람들이 나를 버릴까 봐 두렵다.	1	2	3	4	5	6	7
9. 내가 다른 사람에게 관심을 기울이는 만큼, 그들이 나에게 관심을 써 주지 않을까 봐 걱정한다.	1	2	3	4	5	6	7

애착 회피(1~6번의 합):
애착 불안(7~9번의 합):

FOC: 사후 검사

다음 문장을 읽고 당신이 동의하는 정도에 체크해 주세요.

문항	매우 그렇지 않다		보통이다		매우 그렇다
1. 자비로우면 사람이 나약해지고 남에게 이용당하기 쉬워진다.	0	1	2	3	4
2. 자비로워지면 만만한 상대가 될까 봐 두렵다.	0	1	2	3	4
3. 내가 자비로우면 어떤 사람들은 나에게 너무 의지할까 봐 두렵다.	0	1	2	3	4
4. 다른 사람에게 자비를 느끼고 표현하는 것을 스스로 억누르는 편이다.	0	1	2	3	4
5. 나는 사람들이 친절하다는 걸 알 때조차도 거리를 두려고 한다.	0	1	2	3	4
6. 다른 사람의 친절이 약간 두렵게 느껴지기도 한다.	0	1	2	3	4
7. 사람들이 친절하거나 자비로우면, 나는 '벽을 친다'.	0	1	2	3	4
8. 나는 다른 사람의 친절과 보살핌을 받아들이는 것이 힘들다.	0	1	2	3	4
9. 나 자신에게 자비로워지면 거기에 의존하게 될까 봐 걱정된다.	0	1	2	3	4
10. 나 자신에게 자비로워지면 스스로를 비난하지 않게 되어 결점들이 드러나게 될까 봐 두렵다.	0	1	2	3	4
11. 나 자신에게 더 자비로워지면 약한 사람이 되거나 스스로의 기준이 무너질까 봐 두렵다.	0	1	2	3	4
12. 나 자신에게 친절하고 자비롭게 대하는 것이 어렵다.	0	1	2	3	4

주: 이 각색본은 FOC 척도 문항의 일부 항목과 이 책을 위해 개발된 추가적인 약식 문항을 포함하고 있다. 이는 책의 독자들이 모듈 작업을 하면서 자신들의 진전을 간단한 방식으로 추적할 수 있도록 돕기 위해 개발되었다. 따라서 선택된 문항들은 타당화되지 않았으며 연구 또는 임상적 작업에 사용하기 적합하지 않다. 연구나 임상적 목적에 적합한 타당화된 완전한 버전의 척도는 https://compassionatemind.co.uk/resources/scales에서 얻을 수 있다.

자비 보내는 것에 대한 두려움(1~4번의 합):
자비 받는 것에 대한 두려움(5~8번의 합):
자기자비에 대한 두려움(9~12번의 합):

이제 마지막으로 간편 자비 관여 및 행동 척도(CEAS-SC)의 측정이다.

CEAS-SC: 사후 검사

내가 고통스럽거나 속상할 때…….

문항	절대 하지 않는다									항상 그렇다
1. 고통스러움이 일어나면 이에 대해 개입하고 해결하고자 한다.	1	2	3	4	5	6	7	8	9	10
2. 내 안에서 고통이 일어나면 고통을 알아차리고 민감해진다.	1	2	3	4	5	6	7	8	9	10
3. 나의 고통스러운 느낌이나 상황에 정서적으로 동요한다.	1	2	3	4	5	6	7	8	9	10
4. 나의 고통스러운 부분들에 대한 다양한 느낌을 견딘다.	1	2	3	4	5	6	7	8	9	10
5. 나의 고통스러운 느낌을 성찰하고 이해한다.	1	2	3	4	5	6	7	8	9	10
6. 나의 고통스러운 느낌을 수용하고 비난하지 않으며, 판단하지 않는다.	1	2	3	4	5	6	7	8	9	10
7. 나에게 도움이 될 것 같은 것에 주의를 기울인다.	1	2	3	4	5	6	7	8	9	10
8. 나의 고통에 대처할 수 있는 도움 되는 방법들을 생각하고 찾는다.	1	2	3	4	5	6	7	8	9	10
9. 나에게 도움이 될 만한 일에 대한 행동을 취하고 실천한다.	1	2	3	4	5	6	7	8	9	10
10. 나는 내면에 지지하고, 도움이 되며 격려하는 느낌을 만든다.	1	2	3	4	5	6	7	8	9	10

자비 관여(1~6번의 합):

자비 행동(7~10번의 합):

이전에 당신이 직면한 어려움이나 문제에 더 잘 맞는 다른 척도들을 선택했었다면, 그 척도들도 다시 한번 작성해 보는 것이 좋다. 이제 CFT SP/SR 프로그램에서 경험을 되돌아보며, 처음에 당신이 확인했던 문제들에 대해 공식적으로 다시 살펴보도록 하자.

〈연습〉 나의 힘든 문제에 대한 성찰

나의 힘든 문제:

지금의 힘든 문제 혹은 삶의 어려움을 경험하는 방식에서 어떤 변화가 있었나요?

이 프로그램을 경험해 보았을 때, 가장 도움이 되었던 자비 기반 전략이나 연습은 무엇이었습니까? 어떻게 도움이 되었나요?

향후 삶에 자비롭게 참여하기 위한 당신의 동기와 능력을 어떻게 지지하고 발전시키며 강화해 나갈 수 있을까요?

내적(생각이나 감정) 또는 외적(사람들, 삶의 어려움과 위기) 요인 중 당신의 자비로운 삶의 방식을 방해하는 요인은 무엇인가요?

이러한 장애물이나 방해물을 해결하는 데 도움이 되는 지원, 자원 또는 연습은 무엇인가요?

이러한 어려움이나 문제 외에 CFT의 SP/SR 프로그램에 참여함으로써 개인적인 생활에서 어떤 효과가 있었나요?

이제 개인적인 삶에서 SP/SR에 대한 경험을 숙고해 보았으니, 당신의 전문가적 삶에서 무엇을 얻었는지 살펴보자.

〈연습〉 전문가적 삶에 자비 가져오기

치료자를 위한 자기연습 및 성찰 프로그램의 참여가 내담자(또는 동료)의 어려움 및 문제 그리고 그들의 경험을 이해하는 데 어떻게 영향을 미쳤나요?

CFT의 SP/SR 프로그램에 대한 경험을 되돌아보면, 당신이 배운 것 중 내담자와의 작업이나 당신의 전문가적 삶의 다른 측면에 유용할 만한 것은 무엇인가요?

이 프로그램에서 배운 전략이나 실천 중에서 앞으로 내담자와 지속적인 작업을 해 나갈 때 도움이 될 만한 것은 무엇인가요?

결론

지금까지 인사이드 아웃으로 CFT를 경험하는 여정에 참여해 주어 감사하다. 여기서 도움이 되고 유용한 정보를 얻었기를 바란다. 자비는 삶이 고통이고 우리 모두가 때때로 힘들고 고통스럽다는 사실을 깨닫는 데 기반하고 있다. 이 책에서 당신이 친절함, 용기, 그리고 자신의 모든 측면을 기꺼이 받아들이고 포용하려는 의지 그리고 무슨 일이 일어나든 이겨낼 수 있다는 자신감을 가지고, 개인적 삶과 전문가적 삶에서 가장 힘든 순간을 만났을 때 도움을 줄 수 있는 무언가를 발견했기를 바란다. 또한 이러한 방식으로 CFT를 탐색함으로써 내담자와의 작업에서 도움이 될 몇 가지 경험을 얻었기를 바란다. 마지막으로, 우리는 한 가지 마지막 연습을 제안하고자 한다. 친절하고, 현명하고, 용기 있는 자비로운 자기의 관점에서 고통받는 다른 사람들을 돕고자 하는 당신의 아름다운 헌신을 존중해 주어라. 그 헌신이 당신을 이 책과 지금의 일로 이끌어 주었기 때문이다. 이 용기 있는 헌신은 자비의 핵심이며, 축하할 만한 가치가 있다.

자기성찰 질문

CFT 인사이드 아웃에 대한 당신의 경험을 어떻게 요약할 수 있을까요?

프로그램을 수료한 경험을 되돌아볼 때, 가장 중요하게 '가져갈' 메시지는 무엇이라고 생각하나요?
당신의 전문가적 삶을 위해:

당신의 개인적 삶을 위해:

향후에도 SP/SR 접근 방식을 계속 사용하는 것이 가치가 있다고 생각하시나요? 어떤 점에서 그렇다고 느끼나요? 그리고 앞으로 어떻게 활용해 볼 것인가요? 당신의 직업적인 삶에 접목하기 위해 무엇을 할 수 있을까요? 방해될 수 있는 장애물은 무엇이며, 어떻게 해결할 수 있을까요?

참고문헌

Bandura, A. (1977). *Social learning theory*. Englewood Cliffs, NJ: Prentice Hall.

Bell, T., Dixon, A., & Kolts, R. (2016). Developing a compassionate internal supervisor: Compassion-focused therapy for trainee therapists. *Clinical Psychology and Psychotherapy, 24*, 632-648.

Bennett-Levy, J. (2006). Therapist skills: A cognitive model of their acquisition and refinement. *Behavioural and Cognitive Psychotherapy, 34*, 57-78.

Bennett-Levy, J., Butler, G., Fennell, M., Hackmann, A., Mueller, M., & Westbrook, D. (Eds.). (2004). *The Oxford guide to behavioural experiments in cognitive therapy*. Oxford, UK: Oxford University Press.

Bennett-Levy, J., & Finlay-Jones, A. (in press). The role of personal practice in therapist skill development: A model to guide therapists, educators, supervisors and researchers. *Cognitive Behavior Therapy*.

Bennett-Levy, J., & Haarhoff, B. (in press). Why therapists need to take a good look at themselves: Self-practice/self-reflection as an integrative training strategy for evidence-based practices. In S. Dimidjian (Ed.), *Evidence-based behavioral practice in action*. New York: Guilford Press.

Bennett-Levy, J., & Lee, N. (2014). Self-practice and self-reflection in cognitive behaviour therapy training: What factors influence trainees' engagement and experience of benefit? *Behavioural and Cognitive Psychotherapy, 42*, 48-64.

Bennett-Levy, J., Lee, N., Travers, K., Pohlman, S., & Hamernik, E. (2003). Cognitive therapy from the inside: Enhancing therapist skills through practising what we preach. *Behavioural and Cognitive Psychotherapy, 31*, 145-163.

Bennett-Levy, J., McManus, F., Westling, B., & Fennell, M. J. V. (2009). Acquiring and refining CBT skills and competencies: Which training methods are perceived to be most effective? *Behavioural and Cognitive Psychotherapy, 37*, 571-583.

Bennett-Levy, J., Thwaites, R., Chaddock, A., & Davis, M. (2009). Reflective practice in cognitive behavioural therapy: The engine of lifelong learning. In J. Stedmon & R. Dallos (Eds.), *Reflective practice in psychotherapy and counselling* (pp. 115-135). Maidenhead, UK: Open University Press.

Bennett-Levy, J., Thwaites, R., Haarhoff, B., & Perry, H. (2015). *Experiencing CBT from the Inside Out: A self-practice/self-reflection workbook for therapists*. New York: Guilford Press.

Bennett-Levy, J., Turner, F., Beaty, T., Smith, M., Paterson, B., & Farmer, S. (2001). The value of self-practice of cognitive therapy techniques and self-reflection in the training of cognitive therapists. *Behavioural and Cognitive Psychotherapy, 29*, 203-220.

Berntson, G. G., Cacioppo, J. T., & Quigley, K. S. (1993). Respiratory sinus arrhythmia: Autonomic origins, physiological mechanisms, and psychophysiological implications. *Psychophysiology, 30*, 183-196.

Berry, K., & Danquah, A. (2016). Attachment-informed therapy for adults: Towards a unifying perspective on practice. *Psychology and Psychotherapy, 89*, 15-32.

Black, S., Hardy, G., Turpin, G., & Parry, G. (2005). Self-reported attachment styles and therapeutic orientation of therapists and their relationship with reported general alliance quality and problems in therapy. *Psychology and Psychotherapy, 78*, 363-377.

Bolton, G. (2010). *Reflective practice: Writing and professional development* (3rd ed.). London: SAGE.

Bowlby, J. (1980). *Attachment and loss: Vol. 3. Loss, sadness and depression*. London: Hogarth Press.

Bowlby, J. (1982) *Attachment and loss: Vol. 1. Attachment*. London: Hogarth Press and the Institute of Psycho-Analysis. (Original work published 1969)

Bowlby, J. (1988). *A secure base: Clinical applications of attachment theory*. London: Routledge.

Brown, R. P., & Gerbarg, P. L. (2005). Sudarshan Kriya yogic breathing in the treatment of stress, anxiety, and depression: Part I-neurophysiologic model. *Journal of Alternative and Complementary Medicine, 11*, 189-201.

Burns, D. D. (1980). *Feeling good: The new mood therapy*. New York: New American Library.

Cameron, K., Mora, C., Leutscher, T., & Calarco, M. (2011). Effects of positive practices on organizational effectiveness. *Journal of Applied Behavioral Science, 47*, 266-308.

Carter, R. (2008). *Multiplicity: The new science of personality*. London: Little Brown.

Casement, P. (1985). *On learning from the patient*. London: Tavistock.

Chaddock, A., Thwaites, R., Bennett-Levy, J., & Freeston, M. (2014). Understanding individual differences in response to self-practice and self-reflection (SP/SR) during CBT training. *The Cognitive Behaviour Therapist, 7*, e14.

Davis, M. L., Thwaites, R., Freeston, M. H., & Bennett-Levy, J. (2015). A measurable impact of a self-practice/self-reflection programme on the therapeutic skills of experienced cognitive-behavioural therapists. *Clinical Psychology and Psychotherapy, 22*, 176-184.

Desbordes, G., Negi, L. T., Pace, T. W., Wallace, B. A., Raison, C. L., & Schwartz, E. L. (2012). Effects of mindful-attention and compassion meditation training on amygdala response to emotional stimuli in an ordinary, non-meditative state. *Frontiers in Human Neuroscience, 6*, 292.

Farrand, P., Perry, J., & Linsley, S. (2010). Enhancing self-practice/self-reflection (SP/SR) approach to cognitive behaviour training through the use of reflective blogs. *Behavioural and Cognitive Psychotherapy, 38*, 473-477.

Feeney, B. C., & Thrush, R. L. (2010). Relationship influences upon exploration in adulthood: The characteristics and function of a secure base. *Journal of Personality and Social Psychology, 98*, 57-76.

Finlay-Jones, A. L., Rees, C. S., & Kane, R. T. (2015). Self-compassion, emotion regulation and stress among Australian psychologists: Testing an emotion regulation model of self-compassion using structural equation modeling. *PLOS ONE, 10*, e0133481.

Fraley, R. C., Hefferman, M. E., Vicary, A. M., & Brumbaugh, C. C. (2011). The Experiences in Close Relationships-Relationship Structures Questionnaire: A method for assessing attachment orientations across relationships. *Psychological Assessment, 23*, 612-625.

Frederickson, B. L., Cohn, M. A., Coffee, K. A., Pek, J., & Finkel, S. M. (2008). Open hearts build lives: Positive emotions, induced through loving-kindness meditation, build consequential personal resources. *Journal of Personality and Social Psychology, 95*, 1045-1062.

Gale, C., & Schröder, T. (2014). Experiences of self-practice/self-reflection in cognitive behavioural therapy: A meta-synthesis of qualitative studies. *Psychology and Psychotherapy: Theory, Research and Practice, 87*, 373-392.

Gale, C., Schröder, T., & Gilbert, P. (2017). "Do you practice what you preach?": A qualitative exploration of therapists' personal practice of compassion focused therapy. *Clinical Psychology and Psychotherapy, 24*, 171-185.

Germer, C. K., & Neff, K. (2013). Self-compassion in clinical practice. *Journal of Clinical*

Psychology: In Session, 69, 856-867.

Germer, C. K., & Neff, K. (2017). *Mindful self-compassion teacher guide*. San Diego: Center for MSC.

Gilbert, P. (1984). *Depression: From psychology to brain state*. Mahwah, NJ: Erlbaum.

Gilbert, P. (2009). *The compassionate mind*. London: Constable & Robinson.

Gilbert, P. (2010). *Compassion-focused therapy: Distinctive features*. London: Routledge.

Gilbert, P. (2014). The origins and nature of compassion focused therapy. *British Journal of Clinical Psychology, 53*, 6-41.

Gilbert, P. (2015). The evolution and social dynamics of compassion. *Social and Personality Psychology Compass, 9*, 239-254.

Gilbert, P., Caterino, F., Duarte, C., Matos, M., Kolts, R., Stubbs, J., et al. (2017). The development of compassionate engagement and action scales for self and others. *Journal of Compassionate Health Care, 4*.

Gilbert, P., & Choden. (2013). *Mindful compassion*. London: Robinson.

Gilbert, P., & Irons, C. (2005). Focused therapies and compassionate mind training for shame and self-attacking. In P. Gilbert (Ed.), *Compassion: Conceptualisations, research and use in psychotherapy* (pp. 9-74). London: Routledge.

Gilbert, P., McEwan, K., Catarino, F., Baião, R., & Palmeira, L. (2014). Fears of happiness and compassion in relationship with depression, alexithymia, and attachment security in a depressed sample. *British Journal of Clinical Psychology, 53*, 228-244.

Gilbert, P., McEwan, K., Matos, M., & Rivis, A. (2011). Fears of compassion: Development of three self-report measures. *Psychology and Psychotherapy: Theory, Research and Practice, 84*, 239-255.

Gillath, O., Shaver, P. R., & Mikulincer, M. (2005). An attachment-theoretical approach to compassion and altruism. In P. Gilbert (Ed.), *Compassion: Conceptualisations, research, and use in psychotherapy* (pp. 121-147). London: Routledge.

Greenberg, L. S. (2002). *Emotion-focused therapy: Coaching clients to work through their feelings*. Washington, DC: American Psychological Association.

Greenberger, D., & Padesky, C. A. (2015). *Mind over mood* (2nd ed.). New York: Guilford Press.

Haarhoff, B. (2006). The importance of identifying and understanding therapist schema in cognitive therapy training and supervision. *New Zealand Journal of Psychology, 35*, 126-131.

Haarhoff, B., Gibson, K., & Flett, R. (2011). Improving the quality of cognitive behaviour therapy case conceptualization: The role of self-practice/ self-reflection. *Behavioural and Cognitive Psychotherapy, 39*, 323-339.

Haarhoff, B., & Thwaites, R. (2016). *Reflection in CBT*. London: Sage.

Haarhoff, B., Thwaites, R., & Bennett-Levy, J. (2015). Engagement with self-practice/ self-reflection as professional development: The role of therapist beliefs. *Australian Psychologist, 50*, 322-328.

Hanson, R., & Mendius, R. (2009). *Buddha's brain: The practical neuroscience of happiness, love and wisdom*. Oakland, CA: New Harbinger.

Hutcherson, C. A., Seppälä, E. M., & Gross, J. J. (2008). Loving-kindness meditation increases social connectedness. *Emotion, 8*, 720-724.

Hutcherson, C. A., Seppälä, E. M., & Gross, J. J. (2015). The neural correlates of social connection. *Cognitive, Affective, and Behavioral Neuroscience, 15*, 1-15.

Irons, C., & Beaumont, E. (2017). *The compassionate mind workbook*. London: Robinson.

Jazaieri, H., McGonigal, K., Jinpa, T., Doty, J. R., Gross, J. J., & Goldin, P. R. (2013). A randomized controlled trial of compassion cultivation training: Effects on mindfulness, affect, and emotion regulation. *Motivation and Emotion, 38*, 23-35.

Jerath, R., Edry, J. W., Barnes, V. A., & Jerath, V. (2006). Physiology of long pranayamic breathing: Neural respiratory elements may provide a mechanism that explains how slow deep breathing shifts the autonomic nervous system. *Medical Hypotheses, 67*, 566-571.

Kabat-Zinn, J. (2013). *Full catastrophe living: How to cope with stress, pain and illness using mindfulness meditation* (2nd ed.). London: Piatkus.

Kaeding, A., Sougleris, C., Reid, C., van Vreeswijk, M. F., Hayes, C., Dorrian, J., et al. (2017). Professional burnout, early maladaptive schemas, and physical health in clinical and counseling psychology trainees. *Journal of Clinical Psychology, 73*, 1782-1796.

Kaushik, R. M., Kaushik, R., Mahajan, S. K., & Rajesh, V. (2006). Effects of mental relaxation and slow breathing in essential hypertension. *Complementary Therapies in Medicine, 14*, 120-126.

Kemeny, M. E., Foltz, C., Cavanagh, J. F., Cullen, M., Giese-Davis, J., Jennings, P., et al. (2012). Contemplative/emotion training reduces negative emotional behavior and promotes prosocial responses. *Emotion, 12*, 338-350.

Knox, J. (2010). *Self-agency in psychotherapy: Attachment, autonomy, and intimacy*. New York: Norton.

Kok, B. E., & Frederickson, B. L. (2010). Upwards spirals of the heart: Autonomic flexibility, as indexed by vagal tone, reciprocally and prospectively predicts positive emotions and social connectedness. *Biological Psychology, 85*, 432-436.

Kolts, R. L. (2011). *The compassionate mind approach to managing your anger*. London: Robinson.

Kolts, R. L. (2016). *CFT made simple*. Oakland, CA: New Harbinger.

LeDoux, J. (1998). *The emotional brain*. London: Weidenfeld & Nicolson.

Lee, D. A. (2005). The perfect nurturer: A model to develop compassionate mind within the context of cognitive therapy. In P. Gilbert (Ed.), *Compassion: Conceptualisations, research and use in psychotherapy* (pp. 236-251). Hove, UK: Routledge.

Leiberg, S., Limecki, O., & Singer, T. (2011). Short-term compassion training increases prosocial behavior in a newly developed prosocial game. *PLOS ONE, 6*, e17798.

Leighton, T. (2003). *Faces of compassion: Classic Bodhisattva archetypes and their modern expression*. Boston: Wisdom.

Lutz, A., Brefczynski-Lewis, J., Johnstone, T., & Davidson, R. J. (2008). Regulation of the neural circuitry of emotion by compassion meditation: Effects of meditative expertise. *PLOS ONE*, e1897.

Martin, D. J., Garske, J. P., & Davis, K. M. (2000). Relation of the therapeutic alliance with outcome and other variables: A meta-analytic review. *Journal of Consulting and Clinical Psychology, 68*, 438-450.

Mascaro, J. S., Rilling, J. K., Negi, L. T., & Raison, C. I. (2013). Compassion meditation enhances empathic accuracy and related neural activity. *Social Cognitive and Affective Neuroscience, 8*, 48-55.

McMillan, D., & Lee, R. (2010). A systematic review of behavioral experiments vs. exposure alone in the treatment of anxiety disorders: A case of exposure while wearing the emperor's new clothes? *Clinical Psychology Review, 30*, 467-478.

Mikulincer, M., Gillath, O., Halevy, V., Avihou, N., Avidan, S., & Eshkoli, N. (2001). Attachment theory and reactions to others' needs: Evidence that activation of the sense of attachment security promotes empathic responses. *Journal of Personality and Social Psychology, 81*, 1205-1224.

Mikulincer, M., & Shaver, P. R. (2005). Attachment security, compassion, and altruism. *Current Directions in Psychological Science, 14*, 34-38.

Mikulincer, M., & Shaver, P. R. (2007). *Attachment in adulthood: Structure, dynamics, and change*. New York: Guilford Press.

Mikulincer, M., & Shaver, P. R. (2012). An attachment perspective on psychopathology. *World Psychiatry, 11*, 11-15.

Mikulincer, M., & Shaver, P. R. (2016). *Attachment in adulthood: Structure, dynamics, and change* (2nd ed.). New York: Guilford Press.

Mikulincer, M., Shaver, P. R., & Berant, E. (2013). An attachment perspective on therapeutic processes and outcomes. *Journal of Personality, 81*, 606-616.

Neff, K. (2011). *Self-compassion: The proven power of being kind to yourself*. New York: William Morrow.

Neff, K. D., Kirkpatrick, K., & Rude, S. S. (2007). Self-compassion and its link to adaptive psychological functioning. *Journal of Research in Personality, 41*, 139-154.

Neff, K. D., & McGehee, P. (2010). Self-compassion and psychological resilience among adolescents and young adults, *Self and Identity, 9*, 225-240.

Pace, T. W. W., Negi, L. T., Adame, D. D., Cole, S. P., Sivilli, T. I., Brown, T. D., et al. (2009). Effect of compassion meditation on neuroendocrine, innate immune and behavioral responses to psychological stress. *Psychoneuroendocrinology, 34*, 87-98.

Pace, T. W. W., Negi, L. T., Dodson-Lavelle, B., Ozawa-de Silva, B., Reddy, S. D., Cole, S. P., et al. (2013). Engagement with cognitively-based compassion training is associated with reduced salivary C-reactive protein from before to after training in foster care program adolescents. *Psychoneuroendocrinology, 38*, 294-299.

Pakenham, K. I. (2015). Effects of acceptance and commitment therapy (ACT) training on clinical psychology trainee stress, therapist skills and attributes, and ACT processes. *Clinical Psychology and Psychotherapy, 22*, 647-655.

Pal, G. K., & Velkumary, S. (2004). Effect of short-term practice of breathing exercises on autonomic functions in normal human volunteers. *Indian Journal of Medical Research, 120*, 115-121.

Panksepp, J., & Biven, L. (2012). *The archaeology of mind: Neuroevolutionary origins of human emotions*. New York: Norton.

Patsiopoulos, A. T., & Buchanan, M. J. (2011). The practice of self-compassion in counseling: A narrative inquiry. *Professional Psychology: Research and Practice, 42*, 301-307.

Pennebaker, J. W. (1997). Writing about emotional experiences as a therapeutic process. *Psychological Science, 8*, 162-166.

Pennebaker, J. W. (2004). *Writing to heal: A guided journal for recovering from trauma and emotional upheaval*. Oakland, CA: New Harbinger.

Pepping, C. A., Davis, P. J., O'Donovan, A., & Pal, J. (2014). Individual difference in self-compassion: The role of attachment and experiences of parenting in childhood. *Self and Identity, 14*, 104-117.

Porges, S. W., Doussard-Roosevelt, J. A., & Maiti, A. K. (1994). Vagal tone and the physiological regulation of emotion. *Monographs of the Society for Research in Child Development, 59*, 167-186.

Raab, K. (2014). Mindfulness, self-compassion, and empathy among health care professionals: A review of the literature. *Journal of Health Care Chaplaincy, 20*, 95-108.

Ramnerö, J., & Törneke, N. (2008). *The ABCs of human behavior: Behavioral principles for the practicing clinician*. Oakland, CA: New Harbinger.

Reese, R. J., Norsworthy, L. A., & Rowlands, S. R. (2009). Does a continuous feedback system improve psychotherapy outcome? *Psychotherapy: Theory, Research, Practice, and Training, 4*, 418-431.

Rogers, C. R. (1951). *Client-centred therapy*. Boston: Houghton Mifflin.

Rønnestad, M. H., & Skovholt, T. M. (2003). The journey of the counselor and therapist: Research findings and perspectives on professional development. *Journal of Career Development, 30*, 5-44.

Salkovskis, P. M., Hackmann, A., Wells, A., Gelder, M. G., & Clark, D. M. (2007). Belief disconfirmation versus habituation approaches to situational exposure in panic disorder with agoraphobia: A pilot study. *Behaviour Research and Therapy, 45*, 877-885.

Salzberg, S. (2002). *Lovingkindness: The revolutionary art or happiness*. Boston: Shambhala.

Sanders, D., & Bennett-Levy, J. (2010). When therapists have problems: What can CBT do for us? In M. Mueller, H. Kennerley, F. McManus, & D. Westbrook (Eds.), *The Oxford guide to surviving as a CBT therapist* (pp. 457-480). Oxford, UK: Oxford University Press.

Schön, D. A. (1983). *The reflective practitioner*. New York: Basic Books.

Segal, Z. V., Williams, J. M. G., & Teasdale, J. D. (2012). *Mindfulness-based cognitive therapy for depression*. New York: Guilford Press.

Seppälä, E. (2016). *The happiness track*. New York: HarperCollins.

Skinner, B. F. (1953). *Science and human behavior*. New York: Macmillan.

Spafford, S., & Haarhoff, B. (2015). What are the conditions needed to facilitate online self-reflection for CBT trainees? *Australian Psychologist, 50*, 232-240.

Spendelow, J. S., & Butler, L. J. (2016). Reported positive and negative outcomes associated with a self-practice/self-reflection cognitive-behavioural therapy exercise for CBT trainees. *Psychotherapy Research, 26*, 602-611.

Stott, R. (2007). When head and heart do not agree: A theoretical and clinical analysis of rational-emotional dissociation (RED) in cognitive therapy. *Journal of Cognitive Psychotherapy: An International Quarterly, 21*, 37-50.

Teasdale, J. D. (1996). Clinically relevant theory: Integrating clinical insight with cognitive science. In P. M. Salkovskis (Ed.), *Frontiers of cognitive therapy* (pp. 26-47). New York: Guilford Press.

Teasdale, J. D. (1999). Metacognition, mindfulness and the modification of mood disorders. *Clinical Psychology and Psychotherapy, 6*, 146-155.

Thwaites, R., Bennett-Levy, J., Cairns, L., Lowrie, R., Robinson, A., Haarhoff, B., et al. (2017). Self-practice/self-reflection (SP/SR) as a training strategy to enhance therapeutic empathy in low intensity CBT practitioners. *New Zealand Journal of Psychology, 46*, 63-70.

Thwaites, R., Bennett-Levy, J., Davis, M., & Chaddock, A. (2014). Using self-practice and self-reflection (SP/SR) to enhance CBT competence and meta-competence. In A. Whittington & N. Grey (Eds.), *How to become a more effective CBT therapist: Mastering metacompetence in clinical practice* (pp. 241-254). Chichester, UK: Wiley-Blackwell.

Thwaites, R., Cairns, L., Bennett-Levy, J., Johnston, L., Lowrie, R., Robinson, A., et al. (2015). Developing metacompetence in low intensity CBT interventions: Evaluating a self-practice/self-reflection program for experienced low intensity CBT practitioners. *Australian Psychologist, 50*, 311-321.

Villatte, M., Villatte, J. L., & Hayes, S. C. (2016). *Mastering the clinical conversation*. New York: Guilford Press.

Wallin, D. J. (2007). *Attachment in psychotherapy*. New York: Guilford Press.

Welford, M. (2016). *Compassion focused therapy for dummies*. Chichester, UK: Wiley.

찾아보기

인명

내용

저자 소개

Russell L. Kolts, PhD.

이스턴 위싱턴 대학교의 심리학 교수이다. 국제공인 CFT 트레이너이며, CFT를 문제성 분노치료에 적용한 선구자이다. 그는 『불교심리학과 CBT: 임상가를 위한 안내』를 포함하여 전문가와 일반 독자를 위한 수많은 학술 논문과 책을 저술하거나 공동 집필하였다. '분노, 자비 그리고 강하다는 것의 의미'라는 제목으로 TEDx 강연을 한 바 있으며, 워싱턴주의 자비로운 마음센터 창립자이다.

Tobyn Bell, MSc.

영국 그레이터 맨체스터 CFT 및 CBT 임상가이다. 자비로운 마음재단 CFT 트레이너이자 맨체스터 대학교와 맨체스터 대학교와 연계된 국립보건서비스 CBT 훈련, 감독, 리더이다. 심상화와 자비 관련 연구를 발표하고, 정신건강간호사 및 마음챙김 교사 자격증을 보유하고 있다.

James Bennett-Levy, PhD.

호수 시드니 대학교의 정신건강 및 심리복지학과 교수이다. 심리치료사로 22개 상담소에서 강의하고, 치료사 교육 분야에서 가장 많은 논문을 발표한 연구자 중 한 사람이다. 특히, SP/SR 관련 광범위한 연구와 저술 활동을 하고 있다. 베넷-레비 박사는 『인사이드아웃 CBT 경험하기』를 비롯하여 여러 CBT 관련 공동 저자이자 편집자이다. 심리치료사를 위한 SP/SR 가이드 길포드 시리즈의 편집자이다.

Chirs Irons, 임상심리학 PhD.

영국 런던에서 CFT 서비스, 교육 및 자원 제공하는 기관인 Balanced Minds의 공동 설립자이다. 자비로운 마음재단 이사이자 영국 더비 대학교 초빙 강사이다. 2000년대부터 폴 길버트 및 다른 동료들과 CFT 관련 연구 및 임상 개발을 위해 노력해 왔다. 자비, 애착, 수치심, 자기비판 관련 수많은 논문과 책 챕터, 저서를 출간했으며, 전 세계에서 CFT 교육, 훈련, 워크숍, 수련회를 정기적으로 진행하고 있다.

역자 소개

조현주(Cho Hyunju)

고려대학교 심리학 박사(임상 및 상담 전공)

임상심리전문가/상담심리사 1급

전 순천향대학교 천안병원 및 중앙대학교 병원 정신과 임상심리사/연구교수

가톨릭대학교 예방의학과 연구교수

59대 한국임상심리학회 학회장

현 영남대학교 심리학과 교수

〈주요 저서 및 논문〉

자비중심치료(2014, 공역, 학지사)

마음챙김과 자비(2020, 공역, 학지사)

임상가를 위한 자비중심치료가이드북(2021, 공역, 학지사)

멈추고 느끼고 사랑하라(2021, 공저, 학지사)

Cho et al. (2018). The development an validation of the lovingkindness-compassion scale. *Personality and Individual Differences, 124*, 141-144.

Noh & Cho (2020). Psychological and Physiological effects of the mindful lovingkindness compassion program(MLCP) on highly self-critical university students in South Korea. *Frontiers in Psychology, 14*, 585743.

강민정(Kang Minjeong)
영남대학교 심리학 박사 수료(상담 전공)
청소년상담사 2급
산업인력공단 임상심리사 2급
현 영남대학교 심리학과 객원교수

〈주요 논문〉

강민정, 조현주(2021). 애착외상과 대인관계문제의 관계에서 자비두려움과 정서조절곤란의 이중매개효과. 한국심리학회지: 학교, 18(1), 71-97.

강민정, 변서영, 조현주(2024). 한국판 외적 및 내적 수치심 척도의 타당화 연구. 한국심리학회지: 건강, 29(5), 889-908.

변서영(Byeon Seoyoung)
영남대학교 심리학 박사 수료(상담 전공)
임상심리전문가/정신건강임상심리사 2급
전 대구 아동해바라기센터 임상심리사
현 차의과대학교 부속 구미차병원 임상심리사

〈주요 논문〉

변서영, 강민정, 조현주(2023). 대학생의 애착 및 거부민감성과 정신건강 문제와의 관계에서 수치심의 매개효과. 인지행동치료, 23(4), 295-316.

자비중심치료 경험하기
치료자를 위한 자기연습·자기성찰 훈련 워크북

Experiencing Compassion-Focused Therapy from the Inside Out
A Self-Practice/Self-Reflection Workbook for Therapists

2025년 9월 5일 1판 1쇄 인쇄
2025년 9월 12일 1판 1쇄 발행

지은이 • Russell L. Kolts · Tobyn Bell · James Bennett-Levy · Chris Irons
옮긴이 • 조현주 · 강민정 · 변서영
펴낸이 • 김진환
펴낸곳 • ㈜학지사
04031 서울특별시 마포구 양화로 15길 20 마인드월드빌딩
대표전화 • 02-330-5114 팩스 • 02-324-2345
등록번호 • 제313-2006-000265호

홈페이지 • http://www.hakjisa.co.kr
인스타그램 • https://www.instagram.com/hakjisabook

ISBN 978-89-997-3482-3 93180

정가 24,000원

역자와의 협약으로 인지는 생략합니다.
파본은 구입처에서 교환해 드립니다.